HARALD WELZER

SELBST DENKEN

EINE ANLEITUNG ZUM WIDERSTAND

S. FISCHER

Für Hanna und Dieter Paulmann

Erschienen bei S. FISCHER

© S. Fischer Verlag GmbH, Frankfurt am Main 2013

Printed in Germany
Satz: Dörlemann Satz, Lemförde
Druck: CPI – Clausen & Bosse, Leck
ISBN 978-3-10-089435-9

INHALT

Die Zukunft als Versprechen **7**   Die Zukunft als Vergangenheit **11**   Wo geht's zurück zur Zukunft? **15**   Extraktivismus **18**   Zerstörung von Sozialität **21**   Wohnst du noch, oder zerstörst du schon? **23**   Sorry, Umwelt! **30**   Postideologie **35**   Warum wir nicht so sein wollen, wie wir waren **42**   Wachstumsreligion **49**   Warum Sie immer noch glauben, anders zu sein, als Sie sind **53**   Die Textur der Erwartungen an die Welt **55**   Tiefe Industrialisierung **57**   Mentale Infrastrukturen **64**   Kulturelle Bindungen **66**   Wissenschaft **70**   Die Moralisierung des Marktes **72**   Konsumethik **75**   Der Konsument konsumiert nicht **80**   Selbstentmündigung **83**   Selbstentmündigung in Grün **86**   Ein kurzer Ausflug in die Geschichte der Ökologiebewegung **89**   Protest **95**   Das Politische wird antiutopisch. **100**   Geschichtslosigkeit **104**   Das Wunder des grünen Puddings **109**   Warum ist der Klimawandel eigentlich so toll? **114**   Zurück zum Politischen **126**   Die zivilisatorische Aufgabe **129**   Selbst denken **132**   Utopien **136**   Achtsamkeit **141**   Ohne Masterplan **146**   Lebenskunst, schon bald **150**   Lebenskunst, zwanzig Jahre später **154**   Eine nicht ganz so schöne Geschichte aus dem Jahr 2033 **160**   Hypothetisches Leben **172**   Produktivkräfte des Beginnens **174**   Moralische Ökonomie **178**   Lokale Kulturen **182**   Communities of practice **185**   Resilienzgemeinschaften und Commons **188**   Alphabetisierung für eine nachhaltige Moderne **199**   Zeit **199**   Sparsamkeit **204**   Verantwortung **206**   Tod **208**

Reparieren, Nutzungsinnovationen **211** Genossen-
schaften **215** Bündnisse **219** Handlungsspielräume **222**
Unbequemlichkeit **226** Sich selbst ernst nehmen **231**
Politik und Geschichte **239** Die Gegengeschichte **248**
Vorbilder **254** Staudinger denkt selbst **258**
Sladeks denken selbst **260** Christian Felber
denkt selbst **262** GLS: Eine Bank denkt selbst **264**
Kowalsky denkt selbst **265** Schridde denkt selbst **268**
Paulmanns denken selbst **270** Ein Mobilitätsdienstleister
denkt selbst **275** Rimini Protokoll denkt selbst **277**
Yes Men denken selbst **280** Eine Anleitung zum
Widerstand **282** 12 Regeln für erfolgreichen Widerstand **293**

Anmerkungen **295**
Literaturangaben **310**
Abbildungsnachweis **319**
Personenregister **321**
Sachregister **324**

DIE ZUKUNFT ALS VERSPRECHEN

Bei uns zu Hause hatten wir alte Mickymaus-Hefte aus den 1950er Jahren, die ich als Kind wieder und wieder gelesen habe. Nicht nur der großartigen Geschichten aus Entenhausen wegen; im Mittelteil, zwischen den Comics, gab es noch die »MMK-Nachrichten«. Da fand sich zum Beispiel die Serie »Unser Freund – das Atom«. Sie erzählte von der Atomphysik und den Segnungen der friedlichen Nutzung der Kernenergie. »Unser Freund – das Atom« war eine von Heft zu Heft weitererzählte Fortsetzungsgeschichte von Verheißungen; wie man mit Atomenergie zum Beispiel Äcker heizen und ungeheure Ertragssteigerungen erzielen könne, wie man mit atomgetriebenen Raketen das Weltall erschließen und überhaupt alle Fragen der Energieversorgung ein für alle Mal hinter sich lassen könne.

»Unser Freund – das Atom«, das es übrigens – von Disney übernommen und leicht modifiziert – auch als Serie im deutschen Fernsehen gab, war weniger die Beschreibung einer neuartigen Technologie, als eine Geschichte über die Machbarkeit von Zukunft, einer guten Zukunft. »Es liegt in unserer eigenen Hand«, heißt es in der 27. Folge, »die Schätze des Atoms mit Weisheit zu nutzen. Dann wird die zauberhafte Energie des Atoms bald für die ganze Welt zu wirken beginnen. Sie wird die Gaben der Technik bis in die entferntesten Winkel der Erde tragen. Jeder wird seinen Teil an Energie, Nahrung und Gesundheit erhalten.«[1]

Was hier entworfen wurde, war nichts weniger als ein Versprechen auf die Gestaltbarkeit einer Welt, die besser sein würde als die, die man gerade hatte. Und Zukunft war für mich ein Versprechen, das sich unablässig einlöste. In den Autoquartetts gab es Maseratis und Ferraris, die 280 Stundenkilometer erreichten, in den Flugzeugquartetts Düsenjets, die mehrfache Schallgeschwindigkeit flogen. Beides existierte nicht nur als bunte Abbildung; wenn man Glück hatte, sah man tatsächlich einmal so ein unwahrscheinliches Auto, und das hatte dann beinahe etwas Sakrales. Manchmal donnerte ein Starfighter oder eine Phantom über unser Dorf, was ich als gewaltig, aber nie als bedrohlich empfand. Ich beneidete die Piloten, die diese wunderschönen und überirdisch schnellen und lauten Maschinen fliegen konnten, genauso wie die Fahrer der exotischen Boliden.

Dass man zum Fliegen und Fahren Treibstoff brauchte, war klar. Wir spielten »Öl für uns alle« und bekamen an den Tankstellen Sammelbilder von Oldtimern (bei Shell) oder Münzen mit aufgeprägten Autos und später Raumfahrzeugen (bei Aral), jedes Mal, wenn mein Vater tanken fuhr.

Schönes Spiel: »Öl für uns alle«. (Das Brettspiel war zunächst ein Werbegeschenk von BP, wurde aber ab 1960 wegen seines großen Erfolgs von »Ravensburger« vertrieben.)

Wenig später las ich »hobby«, gewissermaßen die auf Magazinformat erweiterten »MMK-Nachrichten«, in der Sprache der technischen Beschreibungen natürlich erheblich anspruchsvoller als die »Micky Maus« und eigentlich für Erwachsene gedacht: Berichte über Kameras, Schiffe, Architekturen, Autos, Motorräder – unglaublich vielfältig und doch radikal monothematisch. Es ging immer nur um das eine: das bessere, bequemere, erweiterte, schnellere Leben, das einem der technische Fortschritt eröffnen würde.

Ihre mentale Durchschlagskraft bezogen diese Berichte, die irgendwo im Zwischenraum zwischen einer gerade vergehenden Gegenwart und einer just begonnenen Zukunft spielten, nicht nur durch die tollen Bilder, mit denen »hobby« illustriert war, sondern wieder vor allem dadurch, dass die Versprechen, die hier gegeben wurden, auch tatsächlich eingelöst wurden.

Schließlich waren wir die ersten Menschen, die Zeugen einer Mondlandung sein durften. Wir erzählten uns morgens in der Schule aufgeregt und fiebrig von den zittrigen Bildern im Fernsehen, die wir nachts zuvor gesehen hatten. Die Zukunft, dafür stand der erste Mensch ja leibhaftig auf dem Mond, fand *tatsächlich* statt, und wenn die Apollo-Mission möglich war, dann war wirklich alles möglich.

Noch heute kann ich mich gut erinnern, dass Zukunft, technische Zukunft, die Eroberung höchster Höhen und tiefster Tiefen, etwas ungeheuer Aufregendes hatte, und das Tollste bei alldem war, dass man sogar als Schüler irgendwie Teil davon sein konnte. Apollo, das war nichts Vorgesetztes, Gelerntes, Anonymes und Fernes, sondern eine Geschichte vom Aufbruch, vom Entdecken neuer Welten. Von Macht. Von der Unbegrenztheit des Möglichen. Von uns.

Bei Jungen meiner Generation ist damals eine mentale Prägung entstanden, die die Phantasie technisch aufrüstete und die Entdeckungen von Christoph Columbus und die Eroberung des Wilden Westens in Gestalt von Apollo 11 und den Astronauten Armstrong, Aldrin und Collins in der Gegenwart so

20. Juli 1969. »Buzz« Aldrin auf dem Mond. Ich war zehn und dabei.

fortschrieb, dass man selbst ein Teil dieser unablässigen Erweiterung des Machbarkeits- und Erwartungshorizontes wurde. Auch auf diese Weise wurde die expansive Kultur der Moderne Teil unserer mentalen Innenausstattung (bei den Mädchen sah es wahrscheinlich ein wenig anders aus, aber ein anderes Verhältnis zu Gegenwart und Zukunft hat das bei denen auch nicht bewirkt).

Eine solche Prägung erzeugt Zukunftsgewissheit: Wir betrachteten die Welt als Labor künftiger Möglichkeiten. So eine Prägung macht die Gegenwart durchlässig und immer nur momentan zur *einen* Version von vielen möglichen Wirklichkeiten und zu einem Noch-Nicht, das schon auf das jeweils nächste Stadium vorausweist. Diese Form der Zukunftsgewissheit hat zwei Seiten: Einerseits ist sie die exakte Übersetzung eines expansiven Kulturmodells in die Gefühls- und Innenwelt und erzeugt eine kulturelle Bindung, aus der nicht leicht zu entkommen ist. Zugleich aber verankert sie die tiefe Überzeugung, dass immer alles auch anders sein könnte. Das heißt: Die Wirklichkeit ist nicht hermetisch, sondern porös. Und solange sie porös ist, ist sie zukunftsoffen.

DIE ZUKUNFT ALS VERGANGENHEIT

Ich erzähle das deswegen, weil Gesellschaften unseres Typs einstweilen ihre Zukunft verloren zu haben scheinen. Als Francis Fukuyama nach dem Zusammenbruch des Ostblocks »Das Ende der Geschichte«[2] ausrief, war das zwar voreilig, traf aber unabsichtlich doch einen richtigen Punkt: Mit dem Ende der Systemkonkurrenz begann nämlich auch das Ende der west-östlichen Hegemonie über die Welt. Die kapitalistische Wachstumswirtschaft breitete sich als fundierendes Prinzip über immer mehr Länder aus und zog sie, ganz unabhängig von ihrer politischen Verfasstheit, in eine bis heute anhaltende und sich noch beschleunigende Kurve von Modernisierung und Wohlstandserhöhung. Diese Kurve ähnelt der, die sich für die 1950er und 1960er Jahre für die westeuropäischen Nachkriegsgesellschaften zeichnen lässt; leider wuchs schon mit ihr nicht nur der Wohlstand, sondern auch die Zerstörung der Umwelt. Dasselbe geschieht heute global, und in den Wirkungen ist alles entsprechend maßstabsgerecht vergrößert. Bei den geopolitischen Umsortierungen, die der Aufstieg oder die Rückkehr von Ländern wie China oder Indien mit sich brachte, geraten die frühindustrialisierten Länder, also die des Westens, immer mehr unter Stress, zwar aus anderen Gründen, als es die »Grenzen des Wachstums«[3] 1972 prognostiziert hatten, aber mit denselben

Folgen. Es geht inzwischen, inmitten von Finanzkrise, Klimawandel, Ressourcenkonkurrenz und Globalisierung der Wirtschaftskreisläufe, schon längst nicht mehr um die Gestaltung einer offenen Zukunft: Aller Schwung ist dahin. Es geht nur mehr um Restauration; um die Aufrechterhaltung eines schon brüchig gewordenen Status quo, in diesem Sinn nicht mehr um Politik, sondern um hektisches Basteln.

Da Geschichte immer aus einer Gegenwart heraus verstanden wird, und dieses Verständnis seinerseits abhängig davon ist, auf welche Zukunft man sich zubewegen möchte, befinden wir uns mit dem radikalen Zukunftsverlust tatsächlich am Ende der Geschichte, genauer: *unserer* Geschichte. So hatte sich Fukuyama das natürlich nicht gedacht: Für ihn stellte 1989 den finalen Triumph des einen und künftig einzigen Gesellschafts- und Wirtschaftssystems dar. De facto begann 1989 aber der Abstieg des Westens, und er ist immer noch in vollem Gange. So ein Fehler kann schon mal passieren, wenn der Wunsch der Vater des Gedankens ist und, vor allem, wenn man meint, gesellschaftliche Transformationen mit dem Blick auf ein oder zwei Dekaden verstehen zu können. Was wirklich alles in den Strudel grundstürzender Veränderungen gezogen wird und was die entscheidenden Wegmarken historischer Transformationen sind, das erschließt sich ja erst in Betrachtungen, die ihre Optik auf längere Zeiträume einstellen, und dann sieht das Ganze anders aus, ernüchternder, aber klarer.

So sieht man, dass China bis etwa 1820 bereits genau den Anteil an der Weltwirtschaft hatte, den es in einigen Jahren wieder haben wird. Europa dagegen befindet sich in einer Abstiegsbewegung. Es handelt sich also nur aus europäischer Sicht um eine *neue* Entwicklung; was China erlebt, ist eine Renaissance. Immer, wenn sich Gesellschaften im Abstieg von ihrer ehemaligen Bedeutung befinden, kommt das Bewusstsein nicht hinterher. Man kann nur schwer verkraften, nicht mehr so bestimmend und mächtig zu sein wie einst, und zieht es daher vor, sich wenigstens noch bestimmend und mächtig zu *fühlen*. Der Sozio-

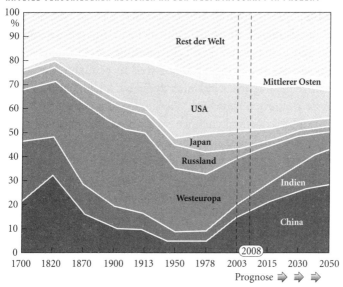

Wieder zurück. Der Aufstieg der Schwellenländer.

loge Norbert Elias hat das als »Nachhinkeffekt« des sozialen Habitus bezeichnet: Die Menschen verharren, trotz mit Händen zu greifender Veränderungsprozesse in Rolle, sozialer Lage und politischer Macht, »in ihrer Persönlichkeitsstruktur, in ihrem sozialen Habitus auf einer früheren Stufe«[4] – nämlich auf dem Höhepunkt ihrer gefühlten historischen Bedeutsamkeit. Das ging ehemals bedeutenden Seemächten wie Holland oder Portugal so, das geschah dem deindustrialisierten, durch den Neoliberalismus auf eine Finanzmarktfiliale heruntergeregelten England so, und das geht dem europäischen Westen und Nordamerika so. Aber die Menschen kommen nicht hinterher; sie glauben etwas zu sein, was sie schon lange nicht mehr sind. Das führt notwendigerweise zu politischem Irrationalismus: Man geht von falschen Voraussetzungen aus, zum Beispiel von der, dass man auch in der multipolaren Weltordnung ein gewichtiges Wort mitzureden habe, was aber unter veränderten Machtfigurationen dann leicht mal als Wichtigtuerei ohne tiefere Bedeutung wahrgenommen wird.[5]

Der Abstieg in die verringerte Bedeutsamkeit ist natürlich auch ein Verlust an Zukunft, jedenfalls an einer Zukunft, die man sich als eine immer bessere, weitere, schönere vorzustellen angewöhnt hatte. Und auch deshalb gilt alles politische Interesse in Europa heute der Wiederherstellung des Status quo ante: als das Wünschen noch von der Wirklichkeit bestätigt wurde. Der Übergang der Politik in einen restaurativen Illusionismus ist verhängnisvoll, weil sie kein Projekt mehr kennt, das über sich selbst hinausweist: Daher die Rede von der »Alternativlosigkeit«, daher die Missachtung der Eigenlogik demokratischer Verfahren, daher die Verachtung gegenüber all dem, was im 20. Jahrhundert mühsam erkämpft worden ist – zugunsten eines rein tagespolitischen Aktionismus, der Entscheidungen von ungeheurer Tragweite an den Öffnungszeiten der Börse ausrichtet. Die Politik ist gerade auf diese Weise, da sie so schnell und aktuell sein will, chronisch von gestern. Handlungsfähig wäre sie nur, wenn sie noch etwas zu gestalten vorhätte, aber dafür müsste sie eine Vorstellung von einer wünschbaren Zukunft haben. Eine wünschbare Vergangenheit reicht nicht.

Jared Diamond hat in seinem Buch »Kollaps«[6] gezeigt, woran Gesellschaften wie die der Mayas, der grönländischen Wikinger oder der Osterinsulaner historisch gescheitert sind. Ein gemeinsames Merkmal solchen Scheiterns lag darin, dass man in dem Augenblick, wo sich die Einsicht durchsetzte, dass die Überlebensbedingungen prekär wurden, alle Strategien zu intensivieren begann, mit denen man *bislang* erfolgreich gewesen war. Wenn die Böden schlechter wurden, baute man intensiver an und beschleunigte die Erosion. Man schlug mehr Holz, als nachwachsen konnte, um Boote für den Fischfang zu bauen. Man operierte im Modus der Erfahrung, aber die hilft nicht, wenn die Überlebensbedingungen sich verändert haben. Erfahrung wird dann zur Falle. Neue Überlebensbedingungen fordern neue Überlebensstrategien.

Dasselbe geschieht in unserer Kultur, die seit 200 Jahren expansiven Strategien folgt und deshalb besonders verletzlich ist. Heute fängt man in der Fischindustrie auch die noch nicht geschlechtsreifen Tiere, wenn die Bestände schon überfischt sind, und beschleunigt das Verschwinden einer Nahrungsressource, von der mehr als die Hälfte der Weltbevölkerung abhängig ist. Wenn *peak oil* überschritten ist, bohrt man tiefer unter größeren Umweltrisiken, wenn die Verschuldung katastrophal zu werden droht, flutet man den Geldmarkt. Die Unfähigkeit, sich kulturell, also in den Modi des Wahrnehmens und Handelns unter Stress auf die veränderten Bedingungen *anders* einzustellen als mit intensiviertem Erfahrungshandeln, führt regelmäßig zu so etwas wie einem gesellschaftlichen Tunnelblick und damit dazu, dass andere Möglichkeiten gar nicht mehr wahrgenommen werden *können*. Alternativlosigkeit empfanden auch die grönländischen Wikinger, als ihnen die Nahrung ausging. Sie hätten nur Fisch zu essen brauchen, aber der galt in ihrer Kultur nicht als essbar. So sinnlos stirbt man aus.

WO GEHT'S ZURÜCK ZUR ZUKUNFT?

In diesem Buch geht es darum, unseren Tunnelblick zu therapieren. Sein Titel »Selbst denken« ist natürlich ein Verweis auf das kantische Programm des »Ausgangs des Menschen aus seiner selbstverschuldeten Unmündigkeit«; dafür muss er denken, der Mensch, selbst denken. In einer Zeit, in der die gesellschaftliche Entwicklungsrichtung dem zuwiderläuft, was zukunftsfähig wäre, reicht Denken allein aber nicht aus: Es muss auch etwas *getan* werden, um die Richtung zu ändern. Nach mehr als zwei Jahrhunderten Aufklärung, Emanzipation und Freiheit steht Selbstaufklärung heute unter anderen Voraussetzungen als bei Kant: Sie muss sich gegen materielle, institutionelle und mentale Infrastrukturen behaupten, die sich der Erfolgsgeschichte einer Kultur verdanken, die jetzt in eine gefährliche Geschichte des Scheiterns umzuschlagen droht, weil dem System die Voraussetzungen abhandenkommen, auf die es gebaut ist. Und die Selbstaufklärung muss sich gegen eine mediale Benutzeroberfläche durchsetzen, die so dicht gewoben ist wie nie zuvor – was bedeutet, dass es noch nie so leicht war, sich mit Wissen zu versorgen wie heute, und noch nie so schwer, sich in der scheinbaren Unterschiedslosigkeit unendlich verfügbarer Informationen zurechtzufinden. Aufklärung bedeutet heute: Gewinnung von Unterscheidungsvermögen. Und vor allem: Selbstaufklärung muss sich gegen die allgegenwärtigen konsumistischen Verführungen durchsetzen, indem sie darauf beharrt, dass es nicht schon automatisch Sinn macht, alles haben zu wollen, nur weil man alles haben *kann*. Konsumismus ist heute totalitär geworden und treibt die Selbstentmündigung dadurch voran, dass er die Verbraucher, also Sie, zu ihren eigentlichen Produkten macht, indem er Sie mit immer neuen Wünschen ausstattet, Wünsche, von denen Sie vor kurzem nicht einmal ahnten, dass Sie sie jemals hegen würden.

Das Buch erzählt, wie man Exits aus dem Tunnel finden kann, Notausgänge, aber eben auch schmale Ritzen, Löcher und Durchblicke, die sich zu Ausgängen erweitern und ausbauen lassen: vom Suchen also nach den Stellen, an denen man die feste Wirklichkeit perforieren kann, die uns in der vermeintlichen Massivität ihres So-Seins im Griff zu haben scheint. Wobei das nicht richtig formuliert ist: Die Signatur unserer Gegenwart ist vielmehr, dass wir uns freiwillig in den Griff dieses hochmodernen Gehäuses der Hörigkeit begeben – niemand zwingt einen dazu, obwohl alles danach aussieht, als ob jede Menge Zwänge am Werk sind: der Wettbewerb, der Zeitdruck, der Markt, das Wachstum und noch ziemlich viel mehr.

Aber es herrscht kein Krieg in Deutschland, keine Gewaltherrschaft. Es gibt kein Erdbeben, keine Überschwemmung. Kein Hurrikan bedroht unsere Existenz, und trotzdem behaupten die meisten Leute, sie hätten keine Wahl. Das ist eine ziemlich arrogante Mitteilung, wenn man das Privileg hat, in einer freien und reichen Gesellschaft zu leben, aber das fällt nicht weiter auf, wenn alle so etwas sagen. Es ist übrigens auch eine arrogante Behauptung gegen sich selbst: Man erklärt sich selbst für so doof und inkompetent, dass man trotz einer guten Ausbildung, eines im Weltmaßstab exorbitanten Einkommens und Lebensstandards, trotz jeder Menge Freizeit, Mobilität und Wahl zu allem und jedem, »nichts machen« kann gegen die weitere Zerstörung der Welt. Und man weist empört jede Aufforderung zurück, man solle doch Verantwortung übernehmen dafür, dass die Welt besser und nicht permanent schlechter wird.

Augenblick: Denken Sie nach, was Sie gedacht haben, wenn Sie jetzt gerade »Gutmensch« gedacht haben. Sie haben es schon für eine Zumutung gehalten, dass jemand ernsthaft davon ausgeht, dass es Möglichkeiten und Verpflichtungen geben könnte, in seinem eigenen Einfluss- und Verantwortungsbereich dafür zu sorgen, dass die Zukunft nicht schlechter wird als die Gegenwart. Das dumpfe Einverstandensein mit aller Verschlechterung der Zukunftsaussichten zeigt sich vor allem darin, dass wir widerspruchslos in einer Kultur leben, in der »Gutmensch« genauso als Beleidigung gilt wie »Wutbürger«. Dabei sind das doch nur die Invektiven der mit allem Einverstandenen gegen die, die ihnen am eigenen Beispiel demonstrieren, dass es keinen, aber auch nicht den geringsten Grund gibt, stolz noch auf die eigene soziale Impotenz zu sein. Schließlich sind die so Apostrophierten ja Menschen, die *für* etwas eintreten, und dagegen kann man ja nur sein, weil das die eigene Lethargie in Frage stellt. Anders gefragt: Sind »Schlechtmenschen« das Rollenmodell, das Sie favorisieren? Wollen Sie selber einer sein?

EXTRAKTIVISMUS

Empirisch sind Sie zweifellos einer: Sie wissen ja schon lange, dass unsere Kultur jeden wesentlichen Bereich künftiger Existenz – Boden, Wasser, Artenvielfalt, Klima – mit täglich wachsender Geschwindigkeit zerstört, aber das beunruhigt Sie nicht wirklich. Sie glauben Ihrer Einsicht nicht, dass die Wissenschaft recht hat und was Sie an der Verschiebung von Klimazonen und dem Auftreten von Tornados in Mittelhessen schon selber spüren: dass unser grandios erfolgreiches Zivilisationsmodell mit Endlichkeiten konfrontiert ist, mit denen es nie gerechnet hatte. Weshalb es auch jetzt nicht mit ihnen rechnet, obwohl sie schon da sind. Aber unsere Zivilisationsmaschine überspielt das mit Leichtigkeit: Trotz der vielen Zeichen von Erosion, trotz des fühlbaren Näherkommens der Einschläge auf dem Finanzmarkt, im Sozialbereich, in der Umweltpolitik, trotz aller »Peaks« und aller Schulden – die Infrastrukturen funktionieren weiter tadellos.

Der Zusammenbruch des Ostblocks hätte einen darüber belehren können, dass Systeme lange über ihr eigentliches Verfallsdatum hinaus weiterexistieren können, um dann wie ein von Termiten ausgehöhltes Haus geräuschlos zusammenzubrechen. Aber wir bewältigen den gegenwärtigen Erosionsprozess genauso wie die Breschnews, Ceauşescus und Honeckers jener Zeit: durch souveränes Verachten der Wirklichkeit und durch Rücksichtslosigkeit gegenüber denen, an deren Zukunft man Raubbau betrieben hat. Die Wirklichkeit, die besteht in dem schlichten Umstand, dass eine endliche Welt keinen Raum für unendliches Wachstum bereithält, weshalb man konsequenterweise auch dazu übergegangen ist, nicht mehr, wie früher, im Raum, sondern in der Zeit zu expandieren.[7] Nichts anderes bedeutet es ja, wenn man nicht nachhaltig wirtschaftet: Für die später Kommenden wird leider weniger da sein. Oder gar nichts mehr. In einer Umfrage der Boston Consulting Group glauben nur noch 13 Prozent aller befragten Eltern, dass es ihren Kindern einmal bessergehen würde als ihnen selbst.[8] Wo nehmen die restlichen 87 Prozent die entspannte Haltung her, dagegen nichts zu tun?

Mit Endlichkeit sind Ihre Kinder und Enkel, und – wenn Sie noch keine 50 Jahre alt sind – auch Sie selbst, strukturell vor allem auf zwei Ebenen konfrontiert: auf der Ebene der vielen Peaks im Bereich der Rohstoffe und auf der Ebene der verschwindenden Tragfähigkeit der »Senken«, die die Emissionen absorbieren, die bei der rastlosen Produktion von Gütern aller denkbaren und undenkbaren Art anfallen: Regenwälder und Ozeane zum Beispiel. Was die Energie angeht, die unsere Komfortzone beständig erweitert, sieht es besser aus als vor ein paar Jahrzehnten prognostiziert, aber das ist ein Unglück: über Peak oil sind wir wahrscheinlich hinaus, aber die Kohle wird noch ein paar hundert Jahre reichen und die sogenannten Erneuerbaren sind stark auf dem Vormarsch. Und das heißt: Der uferlose Extraktivismus, der die Erde zerstört, wird mit Sicherheit nicht durch Mangel an Energie gebremst werden.

Extraktivismus: ein ungewohntes Wort, das aber ganz und gar nichts Abstraktes bezeichnet. Ihr Auto, Ihr Haus, Ihre Waschmaschine, Ihr iPhone, Ihre Kleidung, Ihre Möbel – alles

Nicht erneuerbar. Palabora-Kupfermine, Südafrika.

besteht aus Material, das auf irgendeine Weise aus dem Boden, aus den Wäldern, aus dem Meer geholt wurde – sei es in Form von Öl, Seltenen Erden, Sand, Metall, Wasser, Holz, Baumwolle, Mineralien, was auch immer. Sie aber sehen immer nur das Ding, das Sie gekauft haben und das Ihr Leben bereichert; die Rohstoffe und die sogenannte Wertschöpfungskette, die in ihm stecken, sehen Sie in aller Regel nicht.

Deshalb bemerken die allerwenigsten Menschen, dass sie aktive Teile einer Kultur sind, die permanent ihren Ressourcenbedarf erhöht, obwohl sie ihrem Selbstbild nach längst »grün«, »nachhaltig« oder gar »klimabewusst« ist. Parallel zum wachsenden Umweltbewusstsein, das sich in allen einschlägigen Umfragen abbildet,[9] verläuft die Kurve des Material- und Energieverbrauchs und der Emissionen. Mit Ausnahme von 2009, dem Jahr der Weltwirtschaftskrise, war in den vergangenen Jahrzehnten jedes Jahr ein neues Rekordjahr in Sachen Energie und Emissionen, ohne dass es beispielsweise irgendeiner Zeitung einen Aufmacher wert gewesen wäre, dass der Energieverbrauch 2010 um beinahe sechs Prozent im Vergleich zum Vorjahr zugelegt hatte. Woran das liegt? Weil es in jedem Haushalt sechs Bildschirme gibt, wo früher *ein* Fernseher stand. Weil Sie andauernd unterwegs sind. Weil pro Haushalt mehrere Autos gefahren werden, von denen jedes größer ist als das *eine*, das man je Familie vor 20 Jahren hatte.

Ein solcher Umbau der Lebenswelt vollzieht sich nahezu unbemerkt, unter anderem deswegen, weil es in unserer Kultur zu den selbstverständlichen Erwartungen zählt, dass es von allem immer mehr immer schneller immer billiger gibt. Und zum Nicht-Bemerken trägt sogar noch bei, dass ein Teil dieser Produkte, mit denen man sich die Welt vollstellt, auch noch »bio«, »fair«, »energieeffizient«, gar »nachhaltig« ist, weshalb gar nicht weiter auffällt, dass ihre schiere Vervielfältigung jeden ökologisch positiven Einspareffekt mühelos zunichtemacht. Ihren sichtbarsten Ausdruck fand die begrünte Verschwendungskultur, als Leute in der Wirtschaftskrise 2009 Geld dafür bekamen, wenn sie ihre funktionsfähigen Fahrzeuge verschrotten ließen und dafür neue kauften; diese Aufforderung zur kollektiven Ressourcenvernichtung hatte den Namen »Umweltprämie«.

ZERSTÖRUNG VON SOZIALITÄT

Die Aufkündigung des Generationenvertrags ist eine historische Erstmaligkeit. Wir wissen von keiner Gesellschaft, die sich selbst außerhalb eines generationenübergreifenden Geschichtsverhältnisses verstanden hätte. Wir kennen auch keine religiösen oder ideologischen Kosmologien, die die Gegenwart zum alleinigen Bezugspunkt für Denken, Entscheiden und Handeln genommen hätte. In gewisser Weise ist die heutige universale Masse von Ich-AGs eine konsequente Fortsetzung der Emanzipation von Naturverhältnissen, wie sie die Moderne seit je antreibt: Nun lebt und stirbt jede Generation für sich allein. Verpflichtungen, die das Selbst überschreiten, laufen den Funktionsbedingungen dieser Kultur zuwider. Genau deshalb hätte der Neoliberalismus so etwas wie Familie, Freundschaft, jede Form autonomer Sozialbeziehung nie erfinden können; genau deshalb versucht er auch alles zu zerstören, was sich dem Markt nicht fügt. Umgekehrt sind nichtinstrumentelle Beziehungen von Menschen zueinander prinzipiell Widerstandsnester gegen den Konsumismus und die Totalisierung des Marktes schlechthin.

Wenn man übrigens betrachtet, woraus totalitäre Systeme ihre Kraft bezogen haben, die Welt wenigstens für eine Weile nach ihren Vorstellungen einzurichten, dann war das zuallererst die Zerstörung von bestehenden Sozialbeziehungen: im Nationalsozialismus durch Gewalt gegen politische oder »rassische« Gegner und durch eine Politik der radikalen Ausgrenzung, die sich konkret in die Spaltung der Gesellschaft in Zugehörige und Ausgeschlossene übersetzte.

Der Stalinismus zerstörte die Sozialität durch die willkürlich wechselnde Definition dessen, wer gerade als »gut« bzw. »schlecht« galt, als konform oder kriminell. Solche Willkür zerstört die Basis jeder Sozialität: Vertrauen.[10] Beide Herrschaftssysteme bauten ihre soziale Macht auf die Destruktion autonomer, unkontrollierter Beziehungen zwischen den Menschen. Man zerstörte den bestehenden sozialen Zusammenhang, setzte die Teile anders wieder zusammen und verwandelte das soziale Beziehungsgefüge selbst in ein machtvolles Herrschaftsinstrument.

Dasselbe Prinzip war im China der Kulturrevolution wirksam, im Kambodscha der Roten Khmer, übrigens auch in der Sozialutopie des Behaviorismus: Die ideale Einrichtung der Welt erfordert im ersten Schritt immer die Zerstörung eigensinniger Sozialverhältnisse. Genau dort setzen auch die literarischen Dystopien von George Orwell oder Aldous Huxley an, und womöglich sollte man seine Aufmerksamkeit genau auf solche Zerstörungsprozesse richten, wenn man um das Abdriften von Gesellschaften in antisoziale, gegenmenschliche Richtungen besorgt ist. Und wahrscheinlich ist man zu romantisch, wenn man davon ausgeht, so etwas geschehe immer in Kopie historischer Vorläufer. Es könnte vielmehr sein, dass der heutige Totalitarismus ausgerechnet im Gewand der Freiheit auftritt: in jedem Augenblick alles haben und sein zu können, was man haben und sein zu wollen glaubt. Es gibt nur ein einziges Regelsystem, das solche Freiheit begrenzt: der Markt. Denn im Unterschied zu »1984« ist heute ja keine überwachende Instanz mehr nötig, die die Wünsche und Regungen der Menschen kontrolliert und eingreift, wo sie gefährlich werden. Es bedarf keiner Gestapo und keiner Tscheka mehr; im Zeitalter von Google und facebook liefert ja jeder einzelne Insasse des Netzes die nötigen Daten über sich freimütig, ohne jeden Zwang. Was das in der Konsequenz heißt, mag einem klarwerden, wenn man sich einen Augenblick lang den Faschismus mit facebook vorstellt. Kein einziger Jude wäre versteckt worden, kein einziger Verfolgter entkommen.

Wir haben es heute noch nicht mit der Zerstörung des sozialen Zusammenhangs zu tun, aber mit einem ungeheuren Potential dazu. Wenn diese Diagnose zutreffend ist, dann ist allerdings Widerstand nötig. Widerstand gegen die physische Zerstörung der künftigen Überlebensgrundlagen, gegen den Extraktivismus, Widerstand aber auch gegen die Okkupation des Sozialen. Widerstand gegen die freiwillige Hingabe der Freiheit. Widerstand gegen die Dummheit. Widerstand gegen die Verführbarkeit seiner selbst, leichthin zu sagen: »Ist ja egal, es kommt doch auf mich nicht an.«

Nichts ist egal. Nur auf Sie kommt es an.

WOHNST DU NOCH, ODER ZERSTÖRST DU SCHON?

Stellen Sie sich vor: Ein älteres Ehepaar geht zu IKEA, bleibt lange vor dem Schrank »Bjursta« stehen, öffnet und schließt die Türen, zieht und schiebt die Schubladen, prüft das Holz, streicht über die Oberflächen, geht um das Stück herum, überlegt, sinniert. Schließlich sagt die Frau zu ihrem Mann: »Den nehmen wir. Der ist schön und solide, von dem wird unser Enkelchen noch etwas haben!«

Wenn ich diese fiktive kleine Episode in Vorträgen erzähle, gibt das verlässlich einen Lacher. Warum? Weil heute die Vorstellung völlig absurd scheint, dass man ein Möbelstück *vererben* könnte, ja, dass man es in der Perspektive anschaffen könnte, es wäre nicht spätestens in fünf, sechs Jahren aus der Mode und würde ersetzt werden. Tatsächlich kauft man Möbel heute für den Sperrmüll, auf dem sie über kurz oder lang landen werden. Sie sind in Relation zu den verfügbaren Einkommen extrem billig, weshalb es nichts macht, sie wegzuschmeißen und à la mode zu ersetzen. Was IKEA und andere Billigmöbelhäuser geschafft haben, ist die Verwandlung von langlebigen in kurzlebige Konsumgüter. Während Durchschnittsfamilien früher lange sparten, um sich einen neuen Schrank leisten zu können, und sie ihn sich dann anfertigen ließen oder im Möbelhaus kauften, handelt es sich heute um Mitnahme- und Wegwerfartikel. Ökologisch betrachtet sind diese kurzlebigen Pseudomöbel nicht nur deswegen eine Katastrophe, weil sie nach kurzem Gebrauch entsorgt werden: In ihre Produktion geht auch wesentlich mehr Energie-, Material- und Transportaufwand ein als in jeden getischlerten Schrank. Die Ikeaisierung der Welt sieht in Zahlen so aus, dass der Konsum an Möbeln in den westlichen Gesellschaften alle zehn Jahre um 150 Prozent wächst.[11] Und IKEA ist inzwischen überall. Mit seinem ekelhaften Geduze, das den Kunden in genau dem infantilen Zustand anspricht, in den es ihn zu versetzen beabsichtigt.

Allein im 20. Jahrhundert wurde mehr Energie verbraucht als während der kompletten Menschheitsgeschichte davor. Im selben Zeitraum ist die Wirtschaft um das Vierzehnfache, die industrielle Produktion um das Vierzigfache angewachsen.[12] Die Menge an gekaufter Kleidung verdoppelt sich in den USA jahrzehntweise.[13] Aber wir verzeichnen nicht nur ein exorbitantes Mengenwachstum; viele Produkte fordern selbst immer mehr Material. Autos zum Beispiel verzeichnen über die letzten Jahrzehnte ein spektakuläres Wachstum. Ein VW Golf hat im Lauf seiner Bauzeit von 750 Kilogramm Gewicht auf 1,2 Tonnen zugelegt. Noch extremer ist der Mini. War der vor 40 Jahren tatsächlich klein und transportierte mit 34 PS und 617 Kilogramm Gewicht immerhin vier Personen, gibt es ihn heute als Limousine, Cabrio, Kombi, Coupe, Roadster und SUV, mit bis zu 211 PS und 1380 Kilogramm Gewicht.

Die Größe des heutigen Mini übertrifft lässig die des einstigen Inbegriffs des Oberklasse-Sportwagens Porsche 911. Der wiederum ist in seiner aktuellen Ausbaustufe so breit wie 1960 der legendäre Mercedes 300, der »Adenauer-Mercedes«. Für solches hypertrophes Wachstum, das von den surrealen »Stadtgeländewagen« Audi Q7, BMW X5, Porsche Cayenne und so

Hypertrophie: Mini.

weiter noch locker übertroffen wird, sind die Straßen, die Parkbuchten und die Autobahnen mittlerweile zu klein geworden. Folgerichtig fordert die größte und mächtigste NGO Deutschlands, der ADAC, eine Verbreiterung der Überholspuren in Autobahnbaustellen (die sich natürlich vervielfachen würden, wenn diese Forderung umgesetzt würde).

Und derlei Monsterautos, die in der Regel nach wie vor nur eine einzige Person transportieren, gibt es heute pro Haushalt nicht mehr nur einmal, sondern gleich zwei- bis dreifach, und in denselben Haushalten finden sich sechs Flatscreens, eine Klimaanlage, ein amerikanischer Kühlschrank mit Eiswürfelbereiter (falls mal Dean Martin vorbeikommt) und überhaupt eine sogenannte Landhausküche, mit deren technischer Ausrüstung man zwei vollbelegte Jugendherbergen mühelos versorgen könnte.

In mehr als 70 Prozent der amerikanischen Haushalte findet sich eine Bohrmaschine. Deren Nutzungsdauer beläuft sich auf durchschnittlich 13 Minuten, insgesamt.[14] In Deutschland

Sehr grün: Ökostromlabel, Auswahl.

prognostiziert man für das Jahr 2012 einen Absatz von 10 Millionen Flatscreen-Fernsehern.[15] Die Nutzungsdauer bei elektronischen Geräten verkürzt sich, den unermüdlichen Ingenieuren sei Dank, rasant, und mittlerweile werden in den USA 40 Prozent und in Europa 30 Prozent der Nahrungsmittel als Dreck entsorgt, weil sie nur noch gekauft, aber nicht mehr konsumiert werden.

Unermüdlich produziert die Nachhaltigkeitsindustrie Berechnungen und Labels zu Carbon footprints, ökologischen Rucksäcken, virtuellem Wasser und übersieht dabei völlig, dass alles dieses längst in Produkte eingeht, die erstens niemand braucht und die zweitens gar nicht mehr konsumiert, sondern nur noch gekauft und weggeschmissen werden. Oder so funktionieren wie die Abfallerzeugungsmaschinen vom Typ »Nespresso«. Erst setzt sich die Strategie am Markt durch, pro Tasse Kaffee eine aufwendige Kunststoffkapsel mit zu verkaufen, um so das Produkt mit einem exorbitanten Preis und einem noch grandioseren Müllfaktor versehen zu können. In den bis zu 43 Cent teuren Kapseln sind je nach Hersteller zwischen sieben und sechzehn Gramm Kaffee enthalten; das Pfund Kaffee kommt da auf 30 Euro. Die Kaffeemaschinen sind dagegen vergleichsweise günstig, weshalb allein in Deutschland im Jahr

2011 mehr als eine Million Kapselkaffeemaschinen verkauft wurden.[16] Für die Umweltkosten der Kapseln liegen mir keine Berechnungen vor, aber es war natürlich nur eine Frage der Zeit, bis jemandem auffiel, dass hier eine veritable Öko-Schweinerei vorliegt. Folgerichtig begann man, Ökokaffeekapseln für die Kapselkaffeemaschinen herzustellen. Schwupps konnte ein Produkt als »umweltfreundlich« gelten, das es vor kurzem noch gar nicht gab und das ausschließlich aufgrund seiner Inexistenz umweltfreundlich war. Die nächste Stufe hat Nestlé bereits eingeläutet (siehe unten).

Wahrscheinlich haben Sie beim Lesen der letzten Seiten das Gefühl gehabt, dass Sie längst etwas tun, was Sie freiwillig und bewusst nie beabsichtigt haben: Sie verzichten auf Ihre Freiheit, Ihr Leben nach Ihren eigenen Entscheidungen einzurichten. So wie Sie sich Ihren Lebensraum mit Produkten vollstellen, von denen Sie bis vor kurzem gar nicht wussten, dass Sie sie jemals haben wollen würden, so wenden Sie immer mehr Zeit dafür auf, sich in diesem Konsumuniversum für oder gegen irgendetwas zu entscheiden: Sie lesen Tests und Erfahrungsberichte,

BabyNes: Es handelt sich bei der abgebildeten Person nicht um eine Ministerin.

arbeiten sich durch Bedienungsanleitungen und Updates, rufen Preisvergleiche ab, schließen Verträge aller Art ab – weshalb Sie immer mehr kaufen, aber immer weniger konsumieren, was Sie gekauft haben (vgl. S. 80).

Sie befriedigen also in Wahrheit nicht *Ihre* Bedürfnisse, sondern die eines Marktes, den es ohne Sie gar nicht gäbe. Sie sind wie der Mieter eines 20-Quadratmeter-Apartments, der auf den Balkon gehen muss, um den »Tatort« auf seinem Fernseher mit 60-Zoll-Bildschirmdiagonale verzerrungsfrei sehen zu können. Sie schränken Ihre Freiheit ein, um Platz für Produkte zu machen. Oder um Wochenendtrips mit dem Billigflieger und Flughafentransfers und Sicherheitskontrollen zu absolvieren, anstatt zu Hause zu bleiben und sich von der Arbeitswoche zu erholen – hat Ihnen das jemand befohlen? Wer?

Ein Marketing-Mann von Harley-Davidson hat einmal gesagt: »Bei Harley kaufen sie ein Lebensgefühl und bekommen noch kostenlos ein Motorrad dazu.« Als Kunde von Lifestyle-Anbietern sind Sie längst Teil der Benutzeroberfläche von Unternehmensstrategien geworden, die Sie als ihr eigentliches Produkt erfunden haben: als unablässiger Neu-Bedürfnis-Haber, dem man in immer kürzeren Zeitabständen immer mehr Neues andreht. Zum Beispiel ist Apple kaum daran interessiert, welche Krankheiten die Arbeiter bekommen, die bei Foxconn die Displays imprägnieren, über die Ihre Finger dann so geschmeidig gleiten können, dafür umso mehr daran, wie sich die Produktion von immer mehr Geräten für immer absurdere Zwecke in Ihrer Innenwelt einrichtet. In der haben sich die Prioritäten, die Aufmerksamkeiten und die Wahrnehmungen bereits so verändert, dass Sie längst schon ein digitaler Junkie geworden sind, der Entzugserscheinungen bekommt, wenn das iPhone weg ist. Selbst auf Musikfestivals bilden sich die längsten Schlangen vor den Aufladestationen für Handys; nicht auszudenken, wenn man nicht online gehen kann. Der Anblick der szenigen jungen Paare, die in szenigen Berliner Bars nebeneinandersitzen und auf die Bildschirme ihrer MacBooks starren und von Zeit zu

Zeit irgendwelche Tasten auf ihren Tastaturen drücken, hat für mich etwas zutiefst Deprimierendes.

Mich verstört der leichtherzige Verzicht auf Freiheit und das freimütige Eintauschen von Autonomie gegen Produkte auch deswegen, weil hier ohne Not preisgegeben wird, was der wirkliche historische Gewinn des Aufstiegs der frühindustrialisierten Gesellschaften war. Das ist nicht primär der Wohlstand, der ja hinsichtlich seines Mehrwerts an Glück ab einem bestimmten Niveau ziemlich begrenzt ist, sondern eben das: bürgerliche Rechte, Demokratie, Rechtsstaatlichkeit, Bildungs- und Gesundheitsversorgung. Denn die kapitalistischen Gesellschaften produzieren ja beides zugleich: die Erfahrung von Freiheit und Teilhabe *und* Ungleichheit und Ungerechtigkeit. Die Steigerung des individuellen Glücks *und* die Zerstörung der Welt. Aufklärung *und* Selbstentmündigung.

Deshalb greift alle grüne Kritik an der ressourcenübernutzenden Kultur und jede Forderung nach mehr Nachhaltigkeit in der Wachstumswirtschaft gleich zweimal daneben: Erstens geht es heute nicht mehr um Korrekturen, sondern um eine Umkehr, und zweitens nicht um die Frage, was es zu vermeiden, sondern was es zu erhalten gilt. Denn eines ist ja klar: Gesellschaften unseres Typs werden in den kommenden Jahren und Jahrzehnten mehr und mehr unter Stress geraten, unter Ressourcenstress, Schuldenstress, Migrationsstress usw. Unter Bedingungen von erhöhtem Stress schrumpft der Raum zum Handeln: Man beginnt dann nur noch zu reagieren und hört auf zu gestalten – so wie es die europäischen Regierungen unter dem Druck der Finanzindustrie heute schon tun. Weshalb man vor einer einfachen Wahl steht: Da sich unsere Welt radikal verändern wird, stehen wir nicht vor der Frage, ob alles bleiben soll, wie es ist, oder nicht. Wir stehen nur vor der Frage, ob sich diese Veränderung durch Gestaltung oder Zerfall vollziehen wird – ob man sehenden Auges die sukzessive Verkleinerung des noch bestehenden Handlungsspielraums geschehen und damit Freiheit, Demokratie, Recht und Wohlstand über die Klinge springen lässt. Oder ob man seinen Handlungsspielraum nutzt, um Freiheit zu erhalten, also auch die Freiheit, die Dinge besser zu machen. Warum bevorzugen Sie die erste Variante?

SORRY, UMWELT!

Meine Kollege Peter Seele erzählte mir vor einigen Jahren die folgende Geschichte von einer Strandparty in den Düsseldorfer Rheinauen. Familien grillen, irgendwann machen ausgelassene Kinder ein Feuer. Schnell geht der Brennstoff aus, man macht sich auf die Suche. Nach kurzer Zeit schleppt ein etwa Zehnjähriger eine große, verdorrte Tanne an, vielleicht ein weggeworfener Weihnachtsbaum. »Der brennt bestimmt super!« Er wirft ihn komplett ins Feuer, kurze Zeit später lodert, qualmt und stinkt es über den Strand. Zufrieden blickt der Junge in die Flammen. Und sagt die denkwürdigen Worte: »Sorry, Umwelt, das musste jetzt mal sein!«

Wovon erzählt diese kleine Geschichte? Davon, dass Umweltbewusstsein und Handeln nur entfernt miteinander zu tun haben können und davon, dass das Unbehagen, das mitunter entsteht, wenn man Dinge tut, die *eigentlich* falsch sind, ausgesprochen leicht zu bewältigen ist. Menschen können zwischen ihr Wissen und ihr Handeln Abgründe von der Dimension des Marianengrabens legen und haben nicht das geringste Problem damit, die eklatantesten Widersprüche mühelos zu integrieren und im Alltag zu leben. Schon der Zehnjährige weiß, dass Wissen und Handeln nicht zwingend in Deckung gebracht werden müssen. Das Menschenbild, das voraussetzt, dass Menschen nach Widerspruchsfreiheit streben, hat sich aus Moralphilosophie und Theologie in unsere Vorstellungswelt eingeschlichen, ist aber völlig unzutreffend. Menschen verhalten sich in unterschiedlichen Situationen deshalb unterschiedlich, weil sie – im

Beruf, beim Sport, in der Familie, unter Freunden – jeweils differierende Anforderungen zu erfüllen haben und mit beständig wechselnden Rollenerwartungen konfrontiert sind.

Denn mit der funktionalen Differenzierung von Gesellschaften, die arbeitsteilig organisiert sind, ist ein höchst flexibler Subjekttypus entstanden, der in der Lage ist, wechselnde und oft sogar höchst widersprüchliche Rollenanforderungen in Familie, Beruf, Verein, Freundschaftsbeziehungen usw. geschmeidig zu bewältigen. Der Soziologe Erving Goffman hat sein ganzes Werk darauf verwandt, zu zeigen, dass Menschen in modernen Gesellschaften je nach Situation höchst unterschiedlich wahrnehmen, deuten und handeln und dass sie keinerlei Problem damit haben, sich in der einen Rolle von Normen zu distanzieren, denen sie in einer anderen Rolle folgen (»Fragen Sie mich als Politiker oder als Mensch?«). Und er hat die soziale Choreographie dechiffriert, die die Beziehungen, Rollenspiele und Inszenierungen der Menschen regelt. Es ist, außer im pathologischen Grenzfall, Unsinn, das Handeln von Menschen auf Motive zurückzuführen, die situationsunabhängig wirksam würden. Und moderne Gesellschaften können umgekehrt mit Normpathologen nichts anfangen. Jemand, der situationsunabhängig wechselnde Anforderungen mit der immer gleichen Antwort versieht, landet in modernen Gesellschaften in der Psychiatrie.

Der flexible Mensch ist aber keine pathologische Spielart des eigentlich starren, sondern genau jener, den alle Sozialisationsinstanzen und Bildungseinrichtungen in modernen Gesellschaften formen: weil sie genau ihn brauchen, um funktionieren zu können. Moralische Überzeugungen sind nicht handlungsleitend, sondern geben uns eine Richtschnur dafür, welche Begründung dafür geeignet ist, eine falsche Handlung mit einem richtigen Bewusstsein in Deckung zu bringen. Genauso war das, was der Junge in der kleine Geschichte vorführte, nicht mehr als ein besonders auffälliges Beispiel für einen ohne weiteres ausgehaltenen Widerspruch – bei ganz offenkundigem Bewusstsein darüber, dass er gerade eine ziemliche Sauerei angerichtet hatte.

Tatsächlich lieferte paradoxerweise der Umstand, dass er sich darüber klar war, dass seine Handlung »eigentlich« falsch war, ein moralisches Gefühl: denn immerhin konnte er sich ein richtiges Bewusstsein beim falschen Handeln attestieren.

Für den uferlosen Komplex solcher Deutungsweisen hat die Sozialpsychologie einen Begriff, nämlich den der Dissonanzreduktion. Er wurde von Leon Festinger aufgrund eines bemerkenswerten Geschehens geprägt. Vor etwa einem halben Jahrhundert veräußerten die Anhänger eines kultischen Glaubens in Wisconsin all ihre Habe, weil ihrer Anführerin prophezeit worden war, dass der Weltuntergang in Form einer gewaltigen Überschwemmung unmittelbar bevorstehe. Anschließend versammelten sich die Sektenmitglieder auf dem höchsten Berg der Umgebung, um gemeinsam die Apokalypse zu erwarten und als Auserwählte von einem UFO gerettet zu werden. Der Weltuntergang trat aber bekanntlich nicht ein, und die Gläubigen standen nun ratlos auf dem Berg.

Leon Festinger interessierte sich dafür, wie sie mit dieser herben Enttäuschung ihrer Erwartung zurechtkommen würden, und machte eine überraschende Entdeckung. Statt etwa frustriert zu sein, an ihrem Glauben zu zweifeln oder gar ihren grotesken Irrtum einzusehen, hatten die vermeintlichen Auserwählten umgehend eine neue Theorie entwickelt: Zweifellos handele es sich hier um eine Prüfung der Festigkeit ihres Glaubens. Damit war der Widerspruch zwischen Wirklichkeit und Überzeugung beseitigt, und Leon Festinger hatte das Phänomen der kognitiven Dissonanz entdeckt. Wenn Menschen eine Diskrepanz zwischen ihren Erwartungen und der Realität erleben, die sich praktisch nicht beseitigen lässt, erzeugt das ein tiefes Unbehagen und damit das dringende Bedürfnis, die Dissonanz zum Verschwinden zu bringen oder sie wenigstens zu reduzieren. Daher wird die Wahrnehmung der Wirklichkeit der eigenen Überzeugung angepasst, weshalb Raucher Lungenkrebsstatistiken für überbewertet halten und Anlieger von Kernkraftwerken das Strahlungs- und Unfallrisiko regelmäßig niedriger einschätzen als Menschen, die weit entfernt von Atommeilern leben.

Auch ein Phänomen wie der Klimawandel ist geeignet, erhebliche kognitive Dissonanz auszulösen. Die Bedrohung wird mit jedem Jahr dramatischer – das arktische Eis schmilzt schneller, als die pessimistischsten Modelle der Klimaforscher vorhergesagt hatten, und zugleich wachsen die Emissionsmengen weltweit in unverminderter Geschwindigkeit an. Das Bedrohungsgefühl wird nicht kleiner dadurch, dass die Klimaerwärmung auch deswegen der unmittelbaren Kontrolle entzogen ist, weil die augenblickliche Situation ihre Ursache in den Emissionen des Wirtschaftswunders und der Folgejahre hat (vgl. S. 44). Alles, was man jetzt tun würde, hätte Auswirkungen wiederum erst in ein paar Jahrzehnten. Die Ursache-und-Wirkungs-Kette ist auseinandergerissen, weil das Klima träge ist. Was kann man also tun?

Zum Beispiel sich sagen, dass jede eigene Anstrengung ohnehin von den Chinesen, den Indern, den Russen und den Brasilianern unterminiert wird: Alle sind sie um die Vermehrung ihres Wohlstands bemüht, um den Preis, dass alle eigenen Anstrengungen, die Welt doch noch zu retten, sich im Angesicht der jährlichen Emissionsstatistik von vornherein in Luft auflösen. Oder von »den Politikern« fordern, dass sie mal endlich ein transnationales Klimaabkommen beschließen sollen. Vorher könne man ja sowieso nichts machen. Oder, auch sehr beliebt, auf die »Menschheitsgeschichte« weisen und aufgeklärt mitteilen, dass »der Mensch« ja erst lernt, wenn die Katastrophe schon geschehen ist. Wahlweise: dass »dem Menschen« am Ende ja immer etwas eingefallen sei, was die Katastrophe abgewendet habe.

Was sind solche Sätze? Mentale Anpassungen an sich verändernde Umweltbedingungen. Vor einiger Zeit wurde eine Studie darüber veröffentlicht, wie Fischer am Golf von Kalifornien den Rückgang der Fischbestände einschätzen. Trotz erheblicher objektiver Rückgänge in den Fischpopulationen und Überfischung in den küstennahen Regionen zeigten sich die Fischer desto weniger besorgt, je jünger sie waren.[17] Sie kannten im Unterschied zu den älteren Kollegen viele Vorkommen und Arten gar nicht mehr, die früher in der Nähe der Küste gefischt worden waren. Eine ähnliche Untersuchung in China hat gezeigt, dass jüngere Fischer schon Fischarten, die noch vor wenigen Jahren zum Bestand gehörten, nicht mehr als typisch für ihre Region nennen konnten.[18] Umfragen in Indien belegen, dass für die Jüngeren Fleischkonsum das natürliche und darum erstrebenswerte Ernährungsverhalten darstellt, während die Älteren genau das für neu und unnatürlich halten. Und in Deutschland hält man sich, wie gesagt, für »grün«, obwohl man immer mehr Rohstoffe konsumiert.

Solche *shifting baselines*, die Veränderung der eigenen Wahrnehmung parallel zu sich verändernden Situationen in der sozialen und physischen Umwelt, stellen evolutionär wahrscheinlich eine höchst erfolgreiche Eigenschaft von Menschen dar, die ja die anpassungsfähigsten aller Lebewesen sind. Wenn sich aber Lebens- und Überlebensbedingungen sehr langsam zum Negativen verändern, kann sich diese Geschmeidigkeit als ein erheblicher Nachteil erweisen.

Anpassungen an veränderte Situationen können alles andere als konstruktiv ausfallen; das Unbehagen an der Dissonanz reduzieren sie allemal. Nicht nur vor diesem Hintergrund scheinen die unablässigen Aufklärungsbemühungen zu den erwartbaren Folgen des Klimawandels, zur Ressourcenübernutzung und zur Zerstörung der Welt sinnlos: Sie haben sich auch durch die Wiederholung der Argumentationsfiguren über nun vier Jahrzehnte abgenutzt und sind Teil von Normalkommunikation geworden. Man würde sich heute wundern, wenn es positive Meldungen von der Umweltnachrichtenfront gäbe; der Aufmerksamkeitswert von Nachrichten vom Typ »Arktischer Eisschild schmilzt schneller als erwartet« tendiert gegen null. Teil des Problems ist überdies die falsche Annahme, negative Argumente könnten proaktive Handlungen motivieren. Das mag im Rahmen akuter Notfallsituationen funktionieren, aber nicht dann, wenn die Benutzeroberflächen der Konsumgesellschaften noch glänzen und zu funktionieren scheinen.

POSTIDEOLOGIE

Am 22. April 2012 gewann der junge Autorennfahrer und dreimalige Formel-1-Weltmeister Sebastian Vettel den Großen Preis von Bahrain. Die Halbinsel Bahrain ist eine konstitutionelle Monarchie mit etwa 1,2 Millionen Einwohnern, in der es seit dem Ausbruch der Arabischen Rebellion ebenfalls eine Protestbewegung gibt. In den letzten drei Jahren hat es bei Demonstrationen mehr als 50 Tote und zahllose Verletzte gegeben; bei den Protesten, die dem Formel-1-Rennen vorausgingen, starb wiederum ein junger Mann. Die Freiheitsbewegung Bahrains demonstrierte gegen das Formel-1-Rennen, weil es ihrer Auffassung nach ein Regime aufwerte, das eine blutige Unterdrückungspolitik gegenüber der Opposition betreibe.

Sebastian Vettel, der Gewinner, schien von den Protesten, die mehrheitlich von jungen Menschen seines Alters getragen werden, wenig beeindruckt. Wie *stern*-online berichtete, sprintete Vettel nach seinem Triumph strahlend durch die Boxengasse. »›Das war ein perfekter Sonntag. Ich bin überglücklich, das war ein unglaubliches Rennen‹, sagte Vettel [...] ›Gruß an die Jungs in der Box, die Unglaubliches geleistet haben.‹ In der Stunde des Sieges dachte der Weltmeister auch an seine kranke Großmutter: ›Ich möchte Grüße in die Heimat schicken an meine Oma. Gute Besserung.‹«[19]

Die sogenannte Arabellion erschüttert seit gut drei Jahren den nordafrikanischen Raum. In Tunesien und Ägypten war die Opposition erfolgreich; die Regime stürzten. In Libyen konnte der Diktator Gaddafi erst in einem verlustreichen Krieg besiegt werden; in Syrien hält er an, im Jemen und eben in Bahrain wird die Opposition bislang erfolgreich unterdrückt. Träger der Rebellionen sind junge Menschen, vor allem solche, die gut ausgebildet, aber trotzdem arbeitslos sind. In allen betroffenen Ländern herrscht eine ausgesprochen hohe Akademikerarbeitslosigkeit, von der besonders diejenigen betroffen sind, die den ersten Einstieg in den Arbeitsmarkt noch nicht gefunden haben. Volker Perthes spricht daher von einer zentralen Erfahrung, die dort die Altersgruppe der Zwanzig- bis Fünfunddreißigjährigen präge: »Von Rabat bis Riad, so lässt sich nur wenig vereinfachend sagen, ist dies eine Generation, die sich um ihre Chancen zur wirtschaftlichen, sozialen und politischen Teilhabe betrogen sieht. Für ganz viele Mitglieder dieser Generation gilt, dass sie eine formal gute Bildung, aber schlechte oder keine Jobs und, anders als die älteren Generationen, auch wenig Chancen haben, legal in Europa oder am Golf Arbeit zu finden. Weil sie über kein oder nur wenig Einkommen verfügen, können sie keine Wohnung mieten. Ohne eigene Wohnung können sie keine Familie gründen.«[20]

Es ist ein Gefühl von sozialer Deklassierung und Zukunftslosigkeit, vom Abgeschnittensein von Möglichkeiten, das sich in den Protesten artikuliert – man könnte auch sagen: ein Gefühl des Verlustes der Freiheit, das eigene Leben zu gestalten, also ein Verlust von Zukunft. Solche Gefühle haben schon immer intergenerationellen Zündstoff gebildet.

Also: Am 22. April 2012 drehten gut ausgebildete junge Erwachsene auf einer eigens angelegten Rennstrecke in der Wüste ihre Runden für die Fernsehzuschauer der Welt, während draußen gut ausgebildete junge Erwachsene von der Polizei verprügelt wurden. Die einen lieferten höchstbezahlt ein Konsumangebot für unterhaltungsbedürftige Fernsehzuschauer, die anderen kämpften für ihre Chance auf Freiheit und Arbeit. Anders gesagt: Die drinnen stellten Sinnlosigkeit her, während die draußen Sinn suchten.

Damit sind aber keineswegs alle Absurditäten schon aufgezählt, die an einem solchen Sonntag zusammenkommen. Bahrain geht absehbar in einigen Jahren das Öl aus, das das kleine Land reich gemacht hat. Von daher entbehrt es nicht der Ironie, dass seit 2004 ausgerechnet *die* ikonische Sportart der fossilen Welt einmal jährlich auch in Bahrain zelebriert wird: Die Formel 1 gilt als »Königsklasse« im Automobilrennsport; die jungen Fahrer verdienen zwischen einer und 30 Millionen Euro jährlich. Für das Rennen in der Wüste wird der Sand eigens mit einer chemischen Substanz gebunden, damit er den Rennfahrern nicht ins Gesicht fliegt und an den empfindlichen Fahrzeugen keine Schäden anrichtet. Bernie Ecclestone, der über achtzigjährige Spiritus Rector der Formel 1, betreibt seit einigen Jahren erfolgreich die Globalisierung seiner Rennserie; neuerdings stehen auch China, Indien und Russland im Programm.

Der Löwenanteil der jährlich mehr als eine Milliarde Dollar, die der Zirkus umsetzt, resultiert aus den internationalen Senderechten an den Rennen – immerhin sitzen allein sechs Millionen Deutsche vor dem Fernseher, wenn Sebastian Vettel irgendwo auf der Welt seine Kreise dreht. Bernie Ecclestone ist mit der Formel 1 zum Milliardär geworden und zum zwölftreichsten Mann Englands; der Wert der Formel 1 wird insgesamt auf bis zu 12 Milliarden Dollar taxiert.

Ecclestone will mit seinem Zirkus weiter einmal jährlich nach Bahrain kommen. Die Formel 1 werde dort gastieren, »solange sie uns wollen«. Gegen den Protest hat er gar nichts einzuwenden: »Ich denke, das ist gut, weil die Leute so über die Dinge reden. Es heißt doch, so etwas wie schlechte PR gibt es nicht.«[21]

Sebastian Vettel fährt einen »Red Bull«; mit diesem Rennstall ist er zweimal Weltmeister geworden. »Red Bull« ist ein koffeinhaltiges, sehr süßes Getränk, das der Österreicher Dietrich Mateschitz 1987 als Energy-Drink auf den österreichischen Markt gebracht hatte. Nach wenigen Jahren begann Mateschitz, sein Produkt auch international zu vermarkten, mit Erfolg: Seit 1987 wurden weltweit etwa 30 Milliarden Dosen »Red Bull« getrunken, über 4,6 Milliarden allein im Jahr 2011. Die Steigerungsraten sind atemberaubend: 2011 wurden 11,4 Prozent mehr »Red-Bull«-Dosen geleert als 2010, der Umsatz stieg sogar um 12,4 Prozent: von 3,785 Milliarden auf 4,253 Milliarden Euro.[22] Was aber hat das Getränk mit der Formel 1 zu tun? Die Vermarktungsstrategie von Mateschitz hat um das Getränk eine gigantische Lifestyle-Erzeugungsmaschine herumgebaut – zu der gehört neben dem Formel-1-Team »Red Bull« auch noch ein weiteres, allerdings nicht so erfolgreiches Team namens »Toro Rosso«. Dazu besitzt Mateschitz vier Fußballvereine (New York's Red Bulls, Red Bull Salzburg, Red Bull Brasil und Red Bull Leipzig), einen privaten Flughafen mit Oldtimer-Flugzeugen im »Red-Bull«-Design und anderes mehr. Daneben gibt Mateschitz das Magazin »The Red Bulletin« in einer Gesamtauflage von 3,7 Millionen Exemplaren heraus, ein Lifestyle-Journal, in dem über Moto-Cross-Rennen, Flugschauen, Extremklettern, Musik usw. berichtet wird – zum Beispiel über ein Motorradrennen, das sich dadurch auszeichnet, dass von 500 Startern meist nur drei oder vier ins Ziel kommen.

Mateschitz verkauft kein Getränk, sondern ein Lebensgefühl, das die Attraktionswerte Energie, Leistung und Wettbewerb als »Markenkern« hat und damit die zentralen Werte der kapitalistischen Gesellschaften im 21. Jahrhundert perfekt spiegelt. Während sich die Produktionskosten von »Red Bull« auf 600 Millionen Euro belaufen, gibt das Unternehmen rund eine Milliarde Euro für sein Marketing aus. Mateschitz und die Formel 1 stellen mithin eine kongeniale Verbindung dar: Beide Wirtschaftsbetriebe generieren Milliarden ohne Produkt, das irgendeinen Gebrauchswert hätte. Ökologische Rechnungen, welche Zerstörungsfolgen von all den Rennen, zu Wasser, zu Lande und in der Luft, von »Red Bull« und anderen Akteuren der internationalen Event-Industrie ausgehen, gibt es nicht. Wie in jedem anderen Wirtschaftszweig sind diese Kosten externalisiert und werden von der Allgemeinheit getragen.

Unternehmen dieses Typs stellen die höchste Entwicklungsstufe konsumgetriebener Wachstumswirtschaften dar. Ihre eigentlichen Produkte sind die Konsumenten selbst, die ihre außengeleiteten Bedürfnisse als *Verbraucher* komplett überflüssiger Erzeugnisse befriedigen. Getränk, Rennen, Magazin usw. sind die Rohstoffe, mit denen Menschen hergestellt werden, die an chronischer Bedürfnisinkontinenz leiden.

Die Bedürfnisse der Oppositionellen in Bahrain liegen dazu gewissermaßen quer. Ihnen geht es einstweilen nicht um mehr Konsummöglichkeiten, sondern um das Erkämpfen von bürgerlichen Rechten, Arbeitsplätzen, Freiheit usw. Tatsächlich stehen sich hier, in Bahrain, während des Formel-1-Rennens 2012, ein bürgerlicher und ein konsumistischer Freiheitsbegriff gegenüber: In einem Fall geht es um die Freiheit zur Gestaltung des eigenen Lebens, im zweiten um die Freiheit zum Kaufen.

Bahrain ist ein Mikroskop. Es zeigt die Mechanik der sozialen Grundverhältnisse in Zeiten der Globalisierung: einen von vitalen Bedürfnissen entkoppelter, totalitär gewordener Konsumismus, dessen Veranstalter mit ihrer Gestaltungsmacht ganze Volkswirtschaften und Staaten steuern können und Regierungen dazu veranlassen oder dabei unterstützen, Gegenmacht zu verhindern oder zu unterdrücken. Die Abwehr von Gegenmacht darf man aber nicht so interpretieren, als sei sie durch politische Gegnerschaft oder gar Feindschaft motiviert. Sie ist zweckmäßig, nicht ideologisch, eine Übergangshandlung, die notwendig erscheint, solange die jeweiligen Staaten noch nicht zu Gesellschaften pazifiziert sind, in denen die verfügbaren Konsummöglichkeiten den sozialen Frieden sichern. Die Oppositionellen sind Konsumbürger in spe, weshalb kein Wirtschaftsakteur grundsätzlich etwas gegen sie einzuwenden hat. Manchmal opponieren diese Leute lediglich zum falschen Zeitpunkt, aber dabei handelt es sich in der Regel um vorübergehende Reibungen. Auch Occupy – das ist das vernichtendste Urteil, das je über eine soziale Bewegung gesprochen wurde – fanden eigentlich alle gut.[23] Ihr Slogan – we are the 99 % – klingt zwar gut, zeigt aber das Unpolitische selbst schon an: Denn die gesellschaftliche Macht- und Zustimmungsverteilung ist doch ein wenig komplizierter, als dass es eine überwältigende Mehrheit wäre, die *gegen*, und eine winzige Minderheit, die *für* die bestehenden Verhältnisse wäre. Tatsächlich ist völlig unklar, gegen wen sich der Protest richtet, und solange das so ist, kann man ihn auch bleibenlassen. Vielleicht ist die Entleerung des Protests zur bloßen Geste – die ihre Wahlverwandtschaft übrigens in der Drei-Euro-Empörung von Stéphane Hessel hat[24] – aber ihrerseits auch nur ein Indikator für eine radikale Veränderung, die sich de facto längst vollzogen hat, vom nachhinkenden Bewusstsein nur noch nicht erkannt worden ist. Ideologische Konflikte sind längst gegenstandslos geworden. Deshalb sind Empörte von solcher Statur keine Gegner und müssen nicht bekämpft werden. Zu Feindschaft besteht gar kein Anlass.

Eine Arbeitsgruppe der ETH Zürich hat 2011 eine Studie publiziert, die die Vernetzungsarchitektur international agierender Unternehmen untersucht hat. Die Studie kommt auf der Grundlage von Netzwerkanalysen zu dem bemerkenswerten Ergebnis, dass 40 Prozent des weltweiten Unternehmenswertes von lediglich 147 transnational agierenden Unternehmen gehalten werden – was normalerweise aufgrund der vielfältigen Eigentumsschachtelungen aber unsichtbar bleibt. Das ist eine ungeheure Machtkonzentration, besonders wenn man dazu noch sieht, dass die ersten 49 Plätze dieses Rankings von Finanzunternehmen belegt werden – darunter so seriös klingende wie »Affiliated Managers Group« (Platz 47) oder »Legal & General Group« (Platz 7).[25] Das nun wirft allerdings die Frage auf, gegen wen sich im 21. Jahrhundert politischer Protest zu richten hätte und wie dieser überhaupt aussehen könnte. Diese Gruppe der 147 ist mühelos in der Lage, ganze Volkswirtschaften und ihre Währungen zu ruinieren, und zugleich ist sie in ihrer Vernetzungsarchitektur von bestehenden, gar von nationalen Überwachungsinstitutionen wie Steuerbehörden, Kartellämtern, Transparency-NGOs usw. überhaupt nicht zu kontrollieren.

Die Einflussnahme auf nationalstaatliche Politik hat heute

keine nationalstaatliche Verankerung mehr, weshalb Parteien und Regierungen mittlerweile eine viel schwächere Verhandlungsposition haben als vor 1989. Und alles Gerede von der »Gier« der Manager trivialisiert eine strukturelle Revolution, die sich hinter den Kulissen nationalstaatlicher und internationaler Politik vollzieht: eine Trustokratie, die, weil sie eben postideologisch ist und sein kann, unter sich alle denkbaren Regierungs- und Staatsformen duldet, sofern diese nur kapitalistisch wirtschaften. Politisch wirft das eine ganz andere Frage auf als jene, die die europäische Nachkriegszeit geprägt hat: Hier geht es nicht mehr um den Konflikt zwischen Kapital und Arbeit, zwischen »rechts« und »links«, zwischen Fortschritt und Konservatismus, sondern um einen, der noch gar nicht recht definiert ist. Im Unterschied zu den politischen Konfliktlinien der zweiten Hälfte des 20. Jahrhunderts geht es heute nicht mehr um ideologische Gegensätze, sondern um den Konflikt zwischen Gruppen mit Organisationsvorteilen gegen solche mit Organisationsnachteilen.

Die 147 Korporationen, die die Schweizer Forschungsgruppe identifiziert, sind in jeder Hinsicht organisatorisch im Vorteil, da sie sich um kulturelle Bindungen, nationale Verpflichtungen, Interessenausgleich, Mitbestimmung und dergleichen antiquierte Dinge kaum mehr zu bekümmern haben. Die Bevölkerungen der Nationalstaaten sind organisatorisch im Nachteil, weil sie auf die transnationalen Machtagglomerationen, die sich längst hinter den Kulissen nationaler Politiken etabliert haben, gar keinen Einfluss ausüben können. Man könnte ja mal versuchen, Google zu bestreiken. Kurz: Die im 20. Jahrhundert eingeübten politischen Kampfformen und Einflussgrößen sind im 21. Jahrhundert schwach oder gar gegenstandslos geworden. Es handelt sich um neue Formen der Machtbildung, die mit den alten Mitteln nicht zu bekämpfen sind. Sie bieten nicht einmal mehr ein Feindbild, an dem sich Gegenmacht organisieren könnte.

Den Konsumbürger westlichen Typs lässt das alles kalt: Er

kann zum Beispiel in der »Süddeutschen Zeitung« über die Unterdrückung der bahrainischen Schiiten oder die Räumung des Occupy-Camps in New York City lesen und sich über die dahinterstehenden Sachverhalte und Interessen aufklären lassen, dann interessiert durch das »Red Bulletin« blättern, das sich als Beilage in derselben Zeitung findet, sich von den Leistungen Sebastian Vettels beeindruckt zeigen und die Sache mit seiner Oma rührend finden, zugleich »Red Bull« als Getränk scheußlich. Er kann ein SUV fahren, die Grünen wählen, »links« sein, seine Kinder bio ernähren und beglänzt davon sein, welchen Lebensstandard er zu beanspruchen das Privileg hat. Kurz: Er kann alles zugleich haben und sein. Er ist die durch das Wundermittel des allumfassenden Konsums Wirklichkeit gewordene Ausgabe der Marx'schen Utopie, »morgens zu jagen, nachmittags zu fischen, abends Viehzucht zu treiben, nach dem Essen zu kritisieren«.[26] Die Befreiung eines solchen Subjekts, das hätte Marx nun allerdings nicht gedacht, ist das ausschließliche Verdienst der kapitalistischen Wirtschaft und der konsumistischen Kultur.

Der neue Mensch: Er verändert sich permanent durch die Bedürfnisse, die immer aufs Neue in ihm geweckt werden, und ist unablässig mit ihrer Befriedigung beschäftigt. Sie werden es schon gemerkt haben: Ich spreche über Sie.

WARUM WIR NICHT SO SEIN WOLLEN, WIE WIR WAREN

Wer wie ich das Glück hatte, irgendwann in der zweiten Hälfte des 20. Jahrhunderts in einem kapitalistischen Land geboren worden zu sein, ist in einer Welt aufgewachsen, die von der Vorstellung beseelt ist, dass alles immer verfügbar ist und zu sein hat. Diese Welt haben die westlichen Industrienationen in der

Zeit nach dem Zweiten Weltkrieg geschaffen, einer Zeit, die von spektakulärem Wirtschaftswachstum und zugleich radikal anwachsendem Materialverbrauch und sich rapide steigernden Zerstörungen von Naturressourcen geprägt war. Ein Blick in die Statistiken zeigt, dass die ersten 200 Jahre kapitalistischer Wachstumswirtschaft noch vergleichsweise wenig angerichtet haben – erst nach dem Zweiten Weltkrieg ging es richtig los (siehe nächste Seite).

Die folgenden Graphiken zeigen exponentielle Steigerungen in jedem Bereich, der mit unserer Lebenspraxis zu tun hat, und beziehen sich auf die frühindustrialisierte Welt, in der die Kultur des ALLES IMMER entwickelt worden ist. Jetzt verbreitet sich diese Kultur über die ganze Welt; die exponentielle Steigerungslogik wird universell.

Es ist Unsinn, wenn gesagt wird, die Chinesen oder die Inder wollten »so sein wie wir«. Denn nicht einmal wir wollen noch so sein wie »wir«. Gemeinsam mit den Chinesen und allen anderen wollen wir an einem Kulturmodell teilhaben, das zwar im Westen erfunden wurde, das sich aber gerade dadurch auszeichnet, alle kulturellen Unterschiede radikal einzuebnen, zuerst in beschränkter räumlicher Ausdehnung, jetzt global.

Das heutige Format dieses Kulturmodells hat mit den Selbstbildern und Erfahrungen der westeuropäischen Nachkriegsgenerationen und der Baby-Boomer wenig zu tun, wuchsen diese doch in einer Wertewelt auf, die sich um Kategorien wie Fortschritt, Aufstieg, Freiheit, Demokratie, soziale Gerechtigkeit, Bildung, Sparsamkeit zentrierte und nicht in erster Linie um die unablässige Steigerung von Konsummöglichkeiten. Eine Definition von Lebenssinn, der identisch mit der schieren Erhöhung von Konsummöglichkeiten und den dazugehörigen Slogans von »Geiz ist geil« (Saturn) bis zu »Unterm Strich zähl ich« (Postbank) gewesen wäre, hätten die meisten Bundesbürger noch in den 1980er Jahren ebenso abgelehnt wie die Bürger der DDR. Erst nach dem Mauerfall und dem Zusammenbruch des Ostblocks begann sich mit dem Wegfall der Systemkonkurrenz

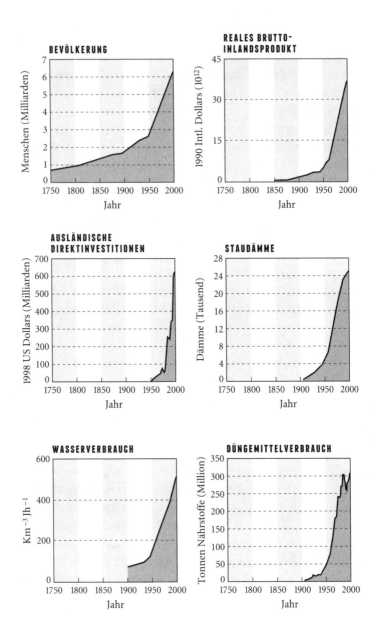

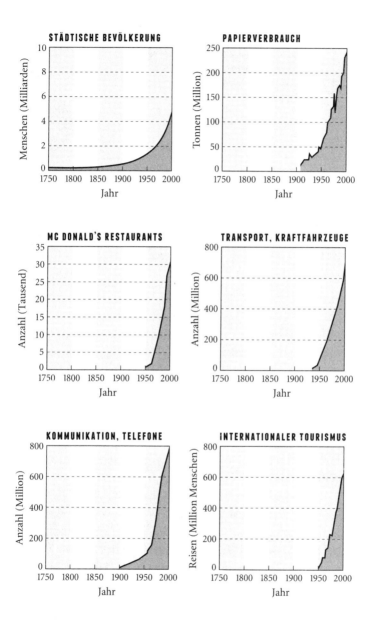

Die große Beschleunigung (nach Will Steffen u. a. 2004).

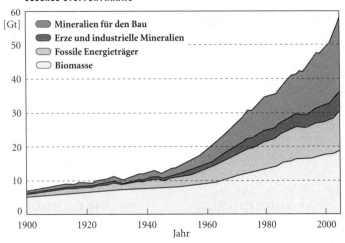

Steigerung der Stoffentnahme.

das Sinnangebot durchzusetzen, das in den siegreichen kapitalistischen Ländern in der Zeit nach dem Zweiten Weltkrieg sukzessive entwickelt worden war: Sinn, so lautet dieses Angebot, kann man kaufen. Die Wirtschaft stellt ein Universum allumfassender Verfügbarkeit von Einrichtungsgegenständen, Autos, Fernreisen, Textilien usw. bereit – was immer man brauchen *könnte* –, und die Konsumentinnen und Konsumenten müssen nur noch zwei Dinge tun, um Teil dieses Universums zu sein: arbeiten und kaufen.

Die Geschichte des modernen Konsums zeichnet nach, dass es gar nicht leicht gewesen ist, dieses Modell von Sinnerfüllung durchzusetzen. So war es den meisten Menschen, die nach Weltwirtschaftskrise und Zweitem Weltkrieg mit Mangel vertraut waren, eine Orientierung, sparsam zu wirtschaften; wenn man etwas kaufen wollte, so musste man entsprechend lange sparen, bis das Geld dafür zusammen war. In der Volkswirtschaft begann sich in Reaktion auf die Weltwirtschaftskrise eine andere Kultur zu etablieren: Mit Krediten konnte man staatliche Investitionsprogramme finanzieren, die Arbeitslosigkeit niedrig halten und das Wirtschaftswachstum ankurbeln. Das war die eigentliche Geburtsstunde der Popularisierung von Kredit- und Wachstumswirtschaft. Der Historiker John R. McNeill fasst das so zusammen: Amerikanische Volkswirte »infiltrierten die Korridore der Macht und die ehrwürdigen Säle der Akademien, traten zu Hause und im Ausland als Experten auf, bildeten Scharen von Bekehrten auf der ganzen Welt aus, verfassten Kolumnen für populäre Zeitschriften – keine Gelegenheit wurde ausgelassen, die frohe Botschaft der Wachstumsideologie zu verkünden. Ihre Priesterschaft tolerierte viele Sekten, solange man sich über die grundlegenden Fragen einig war. Ihre Ideen passten dermaßen gut zu den sozialen und politischen Vorstellungen der Zeit, dass sie in vielen Staaten mühelos den Status der Orthodoxie erlangten.«[27] Die Einführung von Konsumentenkrediten, zunächst in den 1920er Jahren in den USA, in den 1950er Jahren dann auch in den westeuropäischen Ländern, kehrte das traditinelle Prinzip erfolgreich um: Nun konnte man, wann immer einen das entsprechende Bedürfnis befiel, *sofort* kaufen und in den Genuss des ersehnten Gegenstands kommen und hinterher dafür bezahlen.

Psychologisch bedeutet dieses Prinzip der »Sofortness« eine drastische Verkürzung der Zeitspanne zwischen Bedürfnis und Befriedigung. Lag zuvor der Befriedigung noch eine erhebliche Zeit des Aufschubs voraus, bevor man sich das jeweilige Objekt der Begierde auch »leisten konnte«, machte nun der sofortige Kauf keinerlei Mühe mehr: Die Kosten für die Bedürfnisbefriedigung rückten an die zweite Stelle. Dass dies der entscheidende Schritt für die Entfesselung des Massenkonsums und vor allem für die beständige Kreation neuer Bedürfnisse war, erschließt sich, wenn man das folgende Konsumleitbild von Victor Lebov, eines amerikanischen Marketingexperten aus den 1950er Jahren, liest: »unsere ungeheuer produktive Wirtschaft verlangt, dass wir den Konsum zu unserem Lebensstil und den Kauf und die Nutzung von Gütern zu einem Ritual machen, dass wir unsere spirituelle Befriedigung und die Erfüllung unseres Selbst im Konsum suchen.«[28]

Das Volumen von Konsumentenkrediten wächst seither unaufhörlich: Allein im vergangenen Jahrzehnt in Amerika um ein Drittel (von etwa 1,2 im Jahr 2000 auf 1,8 Billionen Euro 2010), in Deutschland um vergleichsweise moderate fünf Prozent (216 im Jahr 1999 auf 227 Milliarden Euro in 2009).[29]

Und wie sehr die Lizenz zum Kaufen an die Stelle von Sinnerfüllungen trat, die nicht marktförmig waren, erschließt sich spätestens anhand der Aufforderung, die Robert Giuliani, Bürgermeister von New York, nach dem Anschlag auf das World Trade Center an die Bürger seiner Stadt richtete: »Show you're not afraid! Go shopping!« Es ist nicht ohne Ironie, dass der Antipode dieses Kulturmodells, Osama bin Laden, den Erfolg seiner Form des Terrors ebenfalls nach kaufmännischen Gesichtspunkten bemaß: In einer Videobotschaft brüstete er sich damit, jeder von Al-Qaida investierte Dollar habe »mit Allahs Erlaubnis eine Million Dollar vernichtet und dazu noch eine riesige Zahl von Arbeitsplätzen.«[30] Vielleicht zeigt so etwas am deutlichsten an, in welchem Maß sich kapitalistische Waren- und Denkformen über die Welt verbreitet und sich an die Stelle früherer Formen von Sinngebung gesetzt haben. Dieses Kulturmodell hat sich von allen nationalen und religiösen Sinnwelten emanzipiert und definiert Sinn ausschließlich nach Konsummöglichkeiten.

Diejenigen, die einstweilen diesem Sinnangebot noch nicht nachkommen können, die Demonstranten von Bahrain etwa oder die »unterste Milliarde«, an der bislang alle Wohlstandsmehrungen noch vorbeigegangen sind, sollen mittelfristig natürlich auch dabei sein. Deshalb gibt man den Armen inzwischen Mikrokredite, damit sie ebenfalls Marktteilnehmer werden können (vgl. S. 234). Damit man ihnen etwas verkaufen kann. Exakt aus diesem Grund befinden wir uns im postideologischen Zeitalter: Bis auf das museale Nordkorea haben sich alle Gesellschaften der Erde dem Konsumismus zugewendet, und in dem sind alle Menschen gleich. Ihre Beglückung regelt ein anonymer Markt, und wenn auf diesem einige besser und andere schlechter davonkommen, so liegt das an den ewigen Gesetzen von Angebot und Nachfrage, nicht an historisch gewachsener Ungleichheit, an Machtvorsprüngen und -nachteilen, an Diskriminierung oder Gewalt und Unterdrückung.

Deshalb werden Arme auch nicht als Feinde betrachtet, sondern als Konsumenten in spe. Der Konsumismus kennt keine Feinde, weil sein Erfolg davon abhängt, dass *alle* mitmachen. Er ist unpolitisch und bietet daher politisch auch kein identifizierbares Ziel. Regierungen können schlecht, korrupt, verbrecherisch sein: Dann sind sie, siehe Bahrain, durch Oppositionelle angreifbar und verletzlich. Der universale Konsumismus ist dagegen wertneutral, objektiv, robust. Ihn anzugreifen kommt einem Angriff auf sich selbst gleich. Daher werden die letzten weißen Flecken auf der Weltkarte des totalitären Konsumismus bald verschwinden.

WACHSTUMSRELIGION

Als vor mehr als zweihundert Jahren die Nutzung fossiler Energien die erste industrielle Revolution einzuläuten und damit ungeheure Produktivitätsfortschritte zu ermöglichen begann, hatte die Weltkarte noch weit überwiegend weiße Flächen – Länder, die sich noch nicht in Industriegesellschaften verwandelt hatten, sondern vielmehr die gigantischen *storehouses of matter* (Isaac Newton), die scheinbar unerschöpflichen Rohstofflager für die Zivilisationsmaschine bildeten, die in England, Deutschland, Frankreich und Nordamerika angeworfen worden war und die sich durch einen prinzipiell unstillbaren Hunger nach Energie und Material auszeichnete. Tatsächlich beruht das Prinzip der Wachstumswirtschaft auf der Vorstellung, dass

Ressourcen unendlich verfügbar sind. Diese Vorstellung speiste sich einerseits aus der beeindruckenden Steigerung der Produktivität, die unendliche Wachstumsmöglichkeiten an Mehrwert, Gütermengen, Wohlstand suggerierte, und andererseits aus der tatsächlichen Verfügbarkeit eines kompletten Planeten für die Bedürfnisse eines kleinen Teils seiner Bewohner. Kein Mensch in der westlichen Hemisphäre konnte sich ernsthaft vorstellen, dass diese riesige Erde nicht genug Rohmaterial für die Veredelungstechniken eines kleinen Teils der Menschheit und nicht genug Deponien für ihren Abfall vorhalten könnte.

Die Sache wurde etwas brisanter, als man in den 1960er Jahren zu bemerken begann, dass selbst in dieser Größenrelation Umweltschäden anzurichten waren, die hinsichtlich ihrer Langfristwirkungen gar nicht so leicht zu korrigieren waren – da befand sich die frühindustrialisierte Welt schon in der steilen Kurve der Exponentialfunktion des allumfassenden Wachstums. Die erwachende Umweltbewegung in den Industrienationen ab den 1960er Jahren richtete sich zunächst gegen die unabsehbaren Folgen der chemischen Verschmutzung von Flüssen und Böden einerseits und die sichtbare Zerstörung von scheinbar unberührter Natur andererseits. Das Konkurrenzsystem, der stalinistische Ostblock, war in seinem Umgang mit den Naturressourcen noch weniger skrupulös als der Westen, zumal es dort nicht einmal das Moment der öffentlichen Kontrolle gab und man von vielen wirklich radikalen Zerstörungen allenfalls gerüchteweise hörte.[31]

Gerade die Systemkonkurrenz war aber ein Wachstumstreiber par excellence, mussten sich die beiden Systeme doch gegenseitig in ihren Leistungen übertreffen, um ihre historische Überlegenheit unter Beweis zu stellen. Gemessen an der Unendlichkeit der ansonsten noch verfügbaren Welt schien die industrielle Zerstörungswut gleichwohl keine irreversiblen Schäden anrichten zu können. Ein Gefühl dafür entstand erst durch Bilder vom »blauen Planeten«, wie sie von Apollo-Raumkapseln aus geschossen wurden. Sie zeigten die totale, unaufhebbare Begrenztheit des Lebensraums Erde an, ein verletzlicher Planet in der Weite des Raumes.

Aber die Ästhetik der Verletzlichkeit erwies sich als schwacher Gegner des konsumistischen Freiheitsbegriffs: Als der Ostblock so unspektakulär zusammengebrochen war, als hätte die Geschichte bloß einen Furz gelassen, startete die Globalisierung in Form der Universalisierung der kapitalistischen Wachstumswirtschaft richtig durch – und bis heute bringt sie eine so heillose Übernutzung der verfügbaren Überlebensressourcen mit sich, dass absehbar ist, dass sie in zwei, drei Jahrzehnten ihre eigenen Funktionsvoraussetzungen zerstört haben wird.

Eine solche Wirtschaft ist zutiefst unökonomisch, denn um sich am Leben zu erhalten, verbraucht sie immer mehr Material für die Herstellung von immer mehr und immer aufwendigeren Gütern für immer mehr Menschen mit immer mehr Ansprüchen. Um das absehbare Ende dieses Prozesses ignorieren zu können, muss man, einem bekannten Aperçu zufolge, entweder verrückt oder Ökonom sein. Aber wahrscheinlich ist exakt damit das Problem beschrieben: Heute sind ja nicht mehr nur Hans-Werner Sinn und seine kongenialen Kollegen aus den Wirtschaftswissenschaften souveräne Verächter des Wirklichen, sondern so ziemlich alle Bewohnerinnen und Bewohner der konsumistisch eingehegten Welt. Nur Verrückte können ja glauben, dass es in einer physikalisch begrenzten Entität von allem immer mehr geben könnte.

Aber die Geschichte lehrt, dass Wahrheit eine Funktion sozialer Übereinstimmung ist und Menschen auch noch die absurdesten Dinge glauben, vorausgesetzt, dass alle sie glauben. Robert Solow, Nobelpreisträger für Wirtschaft 1974, vertrat allen Ernstes die Theorie, dass die Menschheit ohne natürliche Ressourcen auskommen könne, sein volkswirtschaftlicher Kollege Julian Simon teilte 1984 mit, dass man von weiteren sieben Milliarden Jahren Wirtschaftswachstum ausgehen könne.[32] Der Soziologe William Thomas hat zu Beginn des vergangenen Jahrhunderts ein berühmtes Diktum formuliert: Wenn Menschen etwas für wirklich halten, dann ist es in seinen Folgen wirklich. Eine Überzeugung kann also völlig haltlos oder phantastisch sein – wenn man auf der Grundlage dieser Überzeugung handelt, schafft diese Handlung gleichwohl Wirklichkeit. Quod erat demonstrandum: Bis heute ignorieren die meisten ökonomischen Theorien sowohl die Limitierungen als auch die Eigenlogik der Naturverhältnisse. Die kommen in ihrer Welt lediglich als Rohstofflager vor.

Die Folge des zeitgenössischen Aberglaubens, unbegrenztes Wachstum sei möglich, weil es nötig ist, damit die Wirtschaft floriert, lässt sich am Bild des Earth-Overshoot-Day veranschaulichen. Diesem liegt die Überlegung zugrunde, dass man dann nachhaltig wirtschaftet, wenn man den Ressourcenverbrauch pro Jahr so einteilt, dass die rechnerisch verfügbare Menge nach 365 Tagen verbraucht ist, man am 1. Januar des Folgejahres also wieder dieselbe Menge zur Verfügung hat: Die Formel ist

$$\frac{\text{Biokapazität}}{\text{Ökologischer Fußabdruck}} \times 365 = \text{Overshoot-Day}.$$

Seit so gemessen wird, fällt der Tag, an dem die Ressourcen verbraucht sind, immer früher ins Jahr: 2011 war es der 27. September, 2012 der 21. August. Auf diese anschauliche Weise wird nicht nur klar, dass die Übernutzungsrate wächst, sondern auch die Geschwindigkeit der Steigerung der Übernutzung: Der Tag wandert von Jahr zu Jahr schneller weiter nach vorn, so dass die Verdoppelung des jährlichen Verbrauchs in einer viel kürzeren Zeitspanne erreicht sein wird als zum Beispiel die Marke einer 150-prozentigen Übernutzung. Übernutzung ist kein von einem Moment auf den anderen geschehendes Ereignis, sondern ein schleichender Prozess.

Aber wie kann es eigentlich sein, dass man mehr verbraucht, als zur Verfügung steht? Ganz einfach: Das, was man *jetzt* übernutzt, fehlt denen, die es *später* brauchen. Je mehr übernutzt wird, desto weniger wächst nach oder anders gesagt: Die gegenwärtigen Verbraucher, also Sie, sind Kreditnehmer, die ihre Schulden zur Begleichung an ihre Kinder weiterreichen. Wenn sich das Prinzip der Wachstumswirtschaft über die Welt ausbreitet, heißt das, dass man nicht mehr – wie zu Zeiten der europäischen und nordamerikanischen Industrialisierung im 19. und 20. Jahrhundert – in den Raum expandieren kann, um den Treibstoff für den Antrieb der Zivilisationsmaschine von außen zu holen. Als einzige Ressource zur Erzeugung globalen Mehrwerts verbleibt nur die Zukunft. Die Kultur des ALLES IMMER verbraucht die Zukunft derjenigen, die das Pech hatten, später geboren zu sein als Sie.

Dass Sie relativ gelassen mit diesem moralisch zutiefst verstörenden Sachverhalt umgehen können, liegt wahrscheinlich daran, dass Sie daran gewöhnt sind, Ihre Konsumbedürfnisse auf Kosten anderer zu befriedigen. Oder hatten Sie im Ernst gedacht, dass niemand betrogen würde, wenn Sie ein T-Shirt für 4,95 Euro kaufen oder einen All-Inclusive-Urlaub in der Dominikanischen Republik für 799 Euro buchen?

Das ist auch alles nichts Neues. Neu ist nur: Sie betrügen jetzt nicht mehr nur die anderen, irgendwo da draußen in der Welt, sondern inzwischen auch Ihre eigenen Leute – Ihre Kinder, Nichten, Neffen, Enkel und wer nach Ihnen noch so kommt. Und damit auch sich selbst, denn so schlecht wollten Sie ja nie sein.

WARUM SIE IMMER NOCH GLAUBEN, ANDERS ZU SEIN, ALS SIE SIND

Wahrscheinlich haben Sie auch die meiste Zeit Ihres Lebens geglaubt, Teil einer im Großen und Ganzen guten Welt zu sein, einer besseren jedenfalls als die meisten der anderen da draußen, in Asien, Afrika oder sonst wo. Das glauben die meisten Menschen in diesen anderen Ländern allerdings auch, weshalb es auch von daher eine irrtümliche Annahme ist, irgendjemand, sei es ein Chinese oder eine Inderin, wollte so sein »wie wir«. Nein, sie wollen natürlich so sein wie sie selbst, aber nach Möglichkeit besser leben als jetzt. Das Kulturmodell, das dafür eine Perspektive liefert, ist, wie gesagt, dasselbe, dem »wir« nachstreben. Aber wie sich dieses Streben jeweils mit der Geschichte und Tradition der jeweiligen Gesellschaften verbindet und sich in Strategien übersetzt, fällt höchst differenziert aus. Selbst wenn Kulturen sich in wirtschaftlicher und konsumistischer Hinsicht entdifferenzieren, bleiben doch Eigentümlichkeiten in den Mentalitäten und im Habitus ihrer Mitglieder erhalten.

Ethnologie und Anthropologie haben eine Fülle von Material zusammengetragen, das auf unterschiedliche Art und Weise Auskunft darüber gibt, dass Menschen in ihren Wahrnehmungen, Deutungen und Schlussfolgerungen nicht nur von physiologischen und physikalischen Faktoren geleitet werden, sondern von den kulturellen Mustern, in denen sie gelernt haben, *ihre* Welt wahrzunehmen, zu deuten und in ihr zu handeln. Diese kulturelle Prägung von Welt und Selbst reicht von so überraschenden Befunden wie dem, dass sich ein autobiographisches Gedächtnis bei Asiaten später entwickelt als bei Westeuropäern oder dass japanische Babys erst erlernen müssen, dass »l« und »r« eine unterschiedliche Lautung haben,[33] bis zu dem nicht weniger verblüffenden Sachverhalt, dass die durchschnittliche Lebenserwartung von Menschen in den reichen Gesellschaften seit 1840 um sagenhafte 40 Jahre gestiegen ist (und sich damit in etwa verdoppelt hat, während sie in manchen Teilen Afrikas auch heute nur bei rund 40 Jahren liegt).

Warum scheinen die ersten beiden Befunde überraschender als der dritte? Weil der dritte zu »unseren« kulturellen Erwartungen gehört und die meisten Leserinnen und Leser dieses Buches davon ausgehen, dass ihr erwartbares Lebensalter die 39 Jahre locker überschreitet, die sie andernorts oder zu anderen Zeiten hätten erwarten dürfen. Gesellschaften entwickeln sich nicht nur ungleich, sondern auch ungleichzeitig. Das jeweils existierende Universum des Erwartbaren wird einem aber nur dann bewusst, wenn der stetige Fluss der Ereignisse durch abrupte, radikale Veränderungen unterbrochen wird. Wenn man einen Krieg erlebt, ein verlustreiches Erdbeben, eine nukleare Katastrophe – irgendetwas, das den kontinuierlichen Verlauf der Lebens unterbricht – ist das Erwartbare *nicht* eingetreten, und erst das macht klar, wovon man eigentlich immer ausgegangen war. Das Universum des Erwartbaren, die »assumptive world«, wie der Phänomenologe Alfred Schütz das genannt hat, besteht aus Voraussetzungen, die einem gerade deshalb nicht bewusst werden, weil sie von Beginn eines individuellen Lebens an die Welt definieren, in der man ist und zu der man gehört.

DIE TEXTUR DER ERWARTUNGEN AN DIE WELT

Der amerikanische Soziologe Harold Garfinkel hat mit seinen Studierenden in den 1960er Jahren eine wissenschaftliche Schule entwickelt, die er mit dem Namen »Ethnomethodology« versehen (und ihre Popularität damit nachhaltig verhindert) hat. Ethnomethodologie befasst sich mit den Grundregeln unseres Alltagslebens und -handelns. Worin diese bestehen, können Sie leicht ausprobieren, indem Sie beispielsweise in einem Gespräch im Zugabteil oder an der Hotelbar langsam, aber konsequent beginnen, den Abstand zwischen der Nase Ihres Gegenübers und Ihrer eigenen zu verringern. Sobald Sie eine bestimmte Distanz, sagen wir 30 bis 35 Zentimeter, unterschreiten, werden Sie bemerken, dass Ihr Gesprächspartner höchst beunruhigt sein wird, und wenn Sie ihm noch näher kommen, wird sich auch Ihre eigene Aufgeregtheit beträchtlich steigern.

Ihr Puls wird sich beschleunigen, Ihre Handflächen werden feucht werden. Sie verletzen nämlich gerade eines der zahllosen Gesetze, die das Sozialverhalten regeln, ohne dass es einem im Normalfall bewusst würde und vor allem: ohne dass man es jemals *bewusst gelernt* hätte. Die soziale Welt ist voll von solchen Regeln – von der angemessenen Lautstärke beim Sprechen über das Nicht-Anblicken im Fahrstuhl bis hin zu Normen des Sich-Anstellens in Menschenschlangen. Wie folgenreich solche Regeln des Alltagshandelns werden können, erschließt sich etwa daran, dass relativ mehr Briten als Amerikaner unter den Opfern des Untergangs der Titanic waren, weil Erstere aus Höflichkeit dazu neigten, anderen den Vortritt in das Rettungsboot zu lassen. Soziale Konventionen sorgen dafür, dass Menschen eher in Kauf nehmen, in einem Haus zu verbrennen, als ohne Hose auf die Straße zu laufen (wie Stanley Milgram einmal formuliert hat), oder dass harmlos gemeinte Gesten als tödliche Beleidigung aufgefasst werden, wenn sie im falschen kulturellen Rahmen gebraucht werden.

Die Welt, in der man aufwächst, ist die Welt, wie sie ist. Ihre Textur bildet die kulturelle und soziale Grundierung unserer jeweiligen Existenz, und ihre Regeln sind gerade deshalb so wirksam und wirklichkeitsbestimmend, weil sie praktisch nie Gegenstand bewusster Reflexion werden. Was einem nicht bewusst ist, kann man auch nicht kritisieren oder in Zweifel ziehen.

Die sozialen Regeln des Alltagslebens bilden aber keineswegs den einzigen unbewussten Hintergrund unserer Orientierungen und Erwartungen. Insbesondere moderne Gesellschaften sind bis in die Tiefe strukturiert durch institutionelle Verregelungen und Infrastrukturen jeglicher Art. Die *assumptive world*, in der man lebt, prägt nicht nur Wahrnehmungen und gibt Deutungen vor, sondern legt einem damit zugleich kulturelle Verpflichtungen auf und stellt Bindungen her, die gleichfalls unbewusst bleiben. Jede Kultur stattet ihre Mitglieder mit Verhaltens-, Erwartungs- und Gefühlstandards aus, die ihre Wirksamkeit gerade daraus beziehen, dass man sich gewöhnlich nie

Rechenschaft über sie abgelegt hat. Daher erreichen Bemühungen um die Veränderung solcher Standards überhaupt nichts, wenn sie nur auf der kognitiven Ebene ansetzen – also dort, wo etwas der Erfahrung bewusst zugänglich ist. Die Prägung meiner Zukunftsgewissheit durch »Micky Maus« und »hobby« ist ja ebenfalls kein bewusstes Ergebnis kognitiver Operationen, sondern verlief im Wesentlichen als ein emotionaler Aneignungsprozess. Deshalb kann ich mich bis heute auch nicht der Faszination »schöner« Autos, Motorräder oder Flugzeuge entziehen.

Weil Habitusprägungen jenseits der Bewusstseinsschwelle verlaufen, bleibt es in der Regel auch erfolglos, an »Einsicht« und »Vernunft« zu appellieren. Die Welt funktioniert kantianisch nur in dem schmalen Ausschnitt, den das wache Bewusstsein erfasst; Einsicht dringt meist nicht bis zum Verhalten vor, weil das Verhalten nicht auf Einsicht beruht. So einfach ist das.

TIEFE INDUSTRIALISIERUNG

Wenn Gesellschaften sich – zum Beispiel durch ein neues Energieregime – wandeln und sich damit andere Produktionsverhältnisse und Wirtschaftsformen zu etablieren beginnen, betrifft das nie nur die äußeren Lebensverhältnisse. Soziogenese und Psychogenese bilden zwei Seiten desselben Vorgangs; wenn die Außenwelt sich wandelt, transformiert sich auch die Innenwelt. So haben sich die mit der industriellen Revolution entstandenen Vorstellungen von einem prinzipiell unbegrenzten Wachstum und von der Wichtigkeit von »Energie« auch in unsere Selbstvorstellungen übersetzt.

Man kann das »tiefe Industrialisierung« nennen: So wie die Produktionsstandorte, die Verkehrswege, die Kraftwerke, die Kaufhäuser, die Stromversorgung etc. unsere Außenwelt strukturieren, so bestimmen die Kategorien der unbegrenzten Expansion unser Innenleben. In der expansiven Moderne geht es auch hinsichtlich der individuellen Existenz um Vergrößerung und Wachstum. »In sich soviel Welt als möglich zu ergreifen«, so hatte das programmatisch Wilhelm von Humboldt formuliert, und heute ist es uns zur zweiten Natur geworden, dass man »aufsteigen«, »sich entwickeln«, »weiterkommen«, »lebenslang lernen« muss. Probieren Sie mal aus, wie Ihre Umwelt reagiert, wenn Sie mitteilen, dass Sie jetzt nichts mehr lernen möchten, es sei nun mal genug. Oder nicht mehr verreisen möchten, Sie hätten schließlich genug gesehen. Und überhaupt wollten Sie sich nicht mehr entwickeln, sie seien nun einfach fertig.

Die Vorstellung, dass Lebensläufe identisch seien mit einer permanenten Aufschichtung von mehr Wissen, mehr Erfahrung, mehr Erlebnissen ist auf das Engste daran gebunden, dass unser Kulturmodell ein expansives ist – bis dahin, dass eine Kategorie wie »Wachstum« inzwischen zivilreligiöse Qualität hat: Wenn man einem, sagen wir, neunjährigen Kind erklären würde, dass die Erde den Ressourcenhunger der Weltbevölkerung nicht stillen kann, und es nach einer Lösung fragen würde, könnte es zum Beispiel sagen: »Erfindet etwas, das die Menschen kleiner macht, dann reicht die Menge an Ressourcen, die die Erde bietet, für alle.« Ein Erwachsener dagegen würde sagen: »Wir müssen wachsen! Ohne Wachstum haben wir keine wirtschaftlichen Möglichkeiten, die Umweltprobleme zu bewältigen!« Zwei gegensätzliche Konzepte: schrumpfen oder wachsen, was ist realistischer, wenn für alle zu wenig da ist? Der Erwachsene ist ganz offensichtlich logisch auf dem falschen Dampfer, aber er braucht gar nicht eigens zu begründen, wofür Wachstum ausgerechnet im Angesicht umfassender Knappheit taugen soll – es ist eben längst zu einer fraglosen Glaubenstatsache geworden, das Wachstum, und Gläubige argumentieren nicht. Kurt Bock, Chef der BASF, teilte unlängst in einem FAZ-Interview sogar mit: »Wenn wir Wachstum verhindern, verbieten wir den Menschen zu denken.«[34] Die Bundeskanzlerin paraphrasiert sogar ein Sprichwort, in dem es eigentlich um Liebe geht, und teilt mit: »Ohne Wachstum ist alles nichts.«

Man sieht: Erwachsenwerden bedeutet leider oft: dümmer werden. Ist das Konzept des Kindes auch biologisch unmöglich, so weist es doch den intelligenteren Weg: Überleben kann nur, wer sich rechtzeitig auf die Schrumpfung des Angebots an Nahrung, Wasser, Fischbeständen, fruchtbaren Böden einstellt. Aber ganz kontrafaktisch dazu gilt Wachstum als wirtschaftliches und politisches Allheilmittel – es soll gegen weltweite Armut, nationale Arbeitslosigkeit, regionale Strukturschwäche und immer wieder gegen den Eurocrash helfen. So wichtig Wachstum heute daherkommt: Als ökonomisches Konzept ist es historisch verblüffend neu. Zum ersten Mal prominent wird es in der Bekämpfung der Weltwirtschaftskrise in den 1930er Jahren, später, im Kalten Krieg, wird es zu der entscheidenden Maßeinheit der Systemkonkurrenz: Mehr Wirtschaftsleistung gleich überlegenes System. Und in den westeuropäischen Ländern war Wachstum das Mittel des sozialen Ausgleichs par excellence. Wenn der wirtschaftliche Fahrstuhl nach oben fährt, sind noch lange nicht alle Insassen gleich, aber alle bekommen von den Wohlstandsgewinnen etwas ab. Zum Wachstumsparadigma in der Wirtschaft trat das in der Politik: Wachstum wurde zur Staatsaufgabe.

Aber auch in den Innenwelten der Menschen breitete sich die Idee vom Wachstum aus – eine Vorstellung, die vor der Industrialisierung völlig unmöglich gewesen wäre. Psyche und Mentalität der Menschen, die zu Zeiten des Feudalismus gelebt haben, sahen in fast jeder Hinsicht anders aus als die heutiger Menschen: Es existierte überhaupt keine Vorstellung, dass man verantwortlich für sein eigenes Leben sei – sie hätte keinen Sinn gemacht, weil es kaum soziale Mobilität im Sinn des Aufstiegs von einer Schicht in eine höhere gab. Lebensläufe im modernen Sinn entwickeln sich erst mit dem Industriekapitalismus: Kategorien wie Selbstverantwortung, Disziplin, Wille werden in dem Augenblick für heranwachsende Individuen bedeutsam, wo man nicht nur »etwas aus sich machen« *konnte*, sondern eben auch *musste*. Denn wie der Lohnarbeiter nun frei war, sich jenseits feudaler Zwänge dort zu verdingen, wo es für ihn am günstigsten war, so war er, wie es bei Marx heißt, zugleich frei, »seine Haut zu Markte zu tragen« – er war also auch die Orientierungs- und Versorgungssicherheit los, die seine zuvor unfreie Existenz als landloser Bauer, Feldarbeiter, Knecht usw. bot. Das Programm seines Lebens war nicht mehr voreingestellt und alternativlos, sondern musste selbst geschrieben werden. Dieser Prozess heißt Individualisierung. Er kennzeichnet die expansive Moderne bis heute.

Tiefe Industrialisierung bedeutet auch die Veränderung der Wahrnehmung von Zeit. Der industrielle Zeittakt schuf einen von den Jahreszeiten und den landwirtschaftlichen Zyklen unabhängigen, immer gleichen Rhythmus von Arbeits- und Erholungszeit. Dazu setzte mit dampfgetriebenen Fortbewegungsmitteln im 19. Jahrhundert eine Industrialisierung der Raum- und Zeiterfahrung (Wolfgang Schivelbusch) ein – eine beständige Beschleunigung der Bewegung im Raum, eine unaufhörliche Steigerung von Mobilität und Geschwindigkeit, die bis heute anhält. Damit wandelt sich die Wahrnehmung: Führte die Fahrt mit einer der frühen Eisenbahnen bei vielen Passagieren wegen der Geschwindigkeit (von 15 Stundenkilometern) zu Wahrnehmungsstörungen und zur Übelkeit, gelten heute gigantische Baumaßnahmen als gerechtfertigt, um eine Schnellstrecke mit 300 statt mit 250 Kilometer pro Stunde befahren zu können.

Auch die Lebenserwartung wuchs, wie gesagt: Lag sie um 1800 bei 30 Jahren, betrug sie im Jahr 2000 im weltweiten Durchschnitt bereits 67 Jahre, mit deutlichen Ausschlägen nach oben in den Industriegesellschaften. Die innere Zeit wird quantifiziert: Man kann sie, wie Geld, nutzen, sparen, akkumulieren, und damit wird auch die biographische, die Lebenszeit, eine andere. Der Lebenslauf ist ein unabgeschlossenes Projekt, der der eigenen und der gesellschaftlichen Gestaltung unterliegt. Pädagogik, allgemeine Schulpflicht, Verlängerung von Ausbildungszeiten, Ausweiten der Bildungsansprüche sowohl in das vorschulische wie in das Pensionsalter: All dies sind Kennzeichen des bis heute unabgeschlossenen Prozesses, in dem das eigene Leben als Wachstumsprojekt gestaltet und empfunden wird. Stets muss mehr Wissen, mehr Kompetenz, mehr Qualifikation angehäuft werden, niemand wird mehr fertig. Ein erreichter Zustand ist immer nur die Vorstufe eines Selbst, das sich zur nächsten biographischen Station aufzumachen hat.

Interessanterweise hat nicht nur die Überwindung zeitlicher und räumlicher Begrenztheiten ihre mentale Entsprechung, sondern mehr noch die Kategorie der Energie, wie sie im 19. Jahrhundert prominent wird: Der Wechsel des Energieregimes in den frühindustrialisierten Ländern von Biomasse auf Kohle und später auf Öl prägte nicht nur eine tiefe Unterschiedlichkeit zwischen den westlichen und allen übrigen Ländern der Erde aus,[35] sondern führte auch zu einer systematischen Aufwertung des »Energetischen«, wie sie in anderen Weltteilen nicht anzutreffen war: »Der energiereiche und sich selbst als ›energisch‹ entwerfende Westen trat der übrigen Welt auch so entgegen. Die Kulturheroen der Epoche waren nicht kontemplative Müßiggänger, religiöse Asketen oder stille Gelehrte, sondern Praktiker einer energiegeladenen *vita activa*: nimmermüde Eroberer, unerschrockene Reisende, ruhelose Forscher, imperatorische Wirtschaftskapitäne. Überall, wo sie hinkamen, beeindruckten, erschreckten oder blufften okzidentale Kraftnaturen mit ihrer persönlichen Dynamik, in der sich der Energieüberschuss ihrer Heimatgesellschaften widerspiegeln sollte.«[36] Dass damit ein Gefühl der Überlegenheit gegenüber »faulen«, »unpünktlichen«, »apathischen« Angehörigen anderer »Rassen« einherging, verwundert nicht; die zeitlich parallel aufkommende Rassenlehre ordnet denn auch die »Rassen« nicht nur nach körperlichen Merkmalen, sondern auch nach ihrer vermeintlichen Leistungsfähigkeit und Energie. Heute wird entwicklungspolitisch der Begriff der »Energiearmut« in vermeintlich kritischer Absicht verwendet, woran man die nachhaltige Tiefenwirkung mentaler Prägungen gut erkennen kann. Auch die entstehende Psychologie ist durchsetzt mit den Energiebegriffen des Industriezeitalters: Fast vergessen ist heute, dass eine historische Leistung der Psychologie des 19. Jahrhunderts darin lag, dass Nervenaktivität *gemessen* werden konnte, weil man entdeckte, dass sie auf *elektrischer Energie* beruhte; Helmholtz konnte nachweisen, dass ihre Leitung eine bestimmte Zeit erforderte. Die frühe experimentelle Psychologie beschäftigte sich mit der Messung von Reizintensitäten und der dafür aufgewendeten Energie; die aufkommende Psychophysik erwarb sich große Verdienste um die optimale Anpassung des Bedienpersonals an die Anforderungen technischer Apparaturen. Aber es wäre völlig verkehrt, die energetischen Vorstellungen vom Mentalen allein auf der naturwissenschaftlichen Seite der Psychologie zu verorten. Das komplette Werk Sigmund Freuds ist durchzogen von der Mechanik, Hydraulik und Energetik des Industriezeitalters: Der Begriff der (freien und gebundenen) »Energie« spielt in der Psychoanalyse eine genauso große Rolle wie der »Trieb« und seine »Dynamik«; andere prominente Begriffe sind die »Verdrängung«, die »Stauung«, die »Verschiebung«, die »Verdichtung«, übrigens auch die »Ökonomie« des Seelenlebens. Noch im berühmten »Vokabular der Psychoanalyse« heißt es ganz ingenieurhaft, »dass die psychischen Vorgänge im Umlauf und in der Verteilung einer messbaren Energie (Triebenergie) bestehen, die erhöht oder verringert werden und anderen Energien äquivalent sein kann«.[37]

Die Pädagogik bildet in dieser Zeit nicht nur die Vorstellung aus, dass Menschen sich entwickeln, sondern in vielfältiger Weise in dieser Entwicklung gefördert bzw. gestört werden können. Dabei spielen Vorstellungen über die Beherrschung und Steuerung von (vor allem sexuellen) Energien eine wichtige Rolle.[38] Die Erfindung der Schule als Erziehungs- und Bildungsinstitution für *alle* Mitglieder einer Gesellschaft ist ebenfalls eine Entwicklung der frühindustrialisierten Länder, wobei neben der Vermittlung von Wissen vor allem die erzieherische und disziplinierende Funktion im Vordergrund stand. Hier wurden jene Tugenden eingeübt, die – wie Pünktlichkeit, Reinlichkeit, Sorgfalt, Ordnung etc. – einen Sozialcharakter prägten, der in hoch arbeitsteiligen Gesellschaften funktionsfähig, d. h. unter allen Bedingungen mit vorgegebenen Zeittakten synchronisierbar war.

Ein nicht gering zu veranschlagender Effekt der Verschulung war auch die Einübung von Konkurrenzverhalten und Wettbewerbsfähigkeit sowie die Messung der individuellen Leistungen über Notensysteme. Das alles hält noch heute an: Nicht nur, dass die Einschulungsquoten und Alphabetisierungsraten als zentrale Kennzeichen von »Entwicklung« gelten,[39] auch die Durchstrukturierung aller Aspekte von Lernen und Bildung durch messbare Leistungskriterien hält, seit »Bologna« und »G 8« mehr denn je, unvermindert an. Heute können sich Schülerinnen, Schüler und Studierende kaum mehr vorstellen, dass es zweck- und verwertungsfreie Inhalte von Bildung und Lebensläufe jenseits von Wettbewerb und Leistungsnachweisen geben könnte. Lernen erscheint demgemäß als Aneignung und Speicherung von so viel Wissen und Information wie möglich.

Die industrielle Revolution, die Arbeitsteilung, die Pädagogik, die Individualisierung und Biographisierung, die Universalisierung des Energiebegriffs – all das sorgt im Ergebnis für eine erstaunliche Verwandlung von Substantiellem in bloße Durchlaufzustände: Jeder Herstellungsvorgang ist nur der Vorläufer des nächsten, jedes Produkt der Vorgänger des folgenden, jeder Arbeitsgang nur der vorläufige Akt in einer unendlichen Kette von Wiederholungen. Kein Zweck wird je erreicht, aber das Geld ist unendlich vermehrbar und die Produktivität grenzenlos steigerungsfähig. So wie die Arbeit im Kapitalismus unaufhörlich wird, so wird jeder Augenblick im Leben, jede Stufe im Lebenslauf, jeder Euro auf dem Konto lediglich zur Vorstufe jedes nächsten Abschnitts, jedes weiteren Euro.

Nichts von all dem muss einem bewusst sein, um seine Wirksamkeit zu entfalten. Gerade darum wirkt ein kulturelles Modell so tief auf den Habitus der Menschen. Die Textur der Außenwelt hat ihre genaue Entsprechung im Wollen und Wünschen und in den Selbstbildern der Menschen, die in einer solchen Kultur aufwachsen und leben: Das ist ihre kulturelle Bindung.

MENTALE INFRASTRUKTUREN

Vor diesem Hintergrund wird klar, dass es nicht nur materielle und institutionelle Infrastrukturen gibt, die unsere Existenz prägen und unsere Entscheidungen anleiten, sondern auch mentale. Anders gesagt: Das meiste von dem, was wir wahrnehmen, deuten und tun, entzieht sich dem Bereich des Bewusstseins. Das ist »tiefe Industrialisierung« – ein Verhältnis zur sozialen und physikalischen Welt, das durch die Veränderungen in den Produktions- und Reproduktionsweisen der letzten zweihundert Jahre geprägt wurde. Der notwendige Umbau nicht nur der materiellen und institutionellen, sondern eben auch der mentalen Infrastrukturen muss das in Rechnung stellen – es handelt sich hier nicht einfach um ein kognitives Problem, das mit Aufklärung und Einsicht zu lösen wäre, sondern um die Trägheit von Geschichte und Lebenswelt. Und wie wir alle wissen, hinken Gewohnheiten und Routinen dem besseren Wissen oft hinterher und halten einen mit zäher Beharrlichkeit fest im stabilen Gefüge der *assumptive world* und der zu ihr gehörigen kulturellen Bindungen.

Dies ist exakt der Punkt, an dem Aufklärung an ihre Grenze stößt und immer gestoßen ist: Sie erreicht nämlich lediglich den kognitiven Teil unseres Orientierungsapparats; der weitaus größere Teil unserer Orientierungen, der über Routinen, Deutungsmuster und unbewusste Referenzen – soziologisch gesprochen: über den Habitus – organisiert ist, bleibt davon völlig unberührt. Wäre das anders, würde ich selbst noch viel seltener fliegen, hätte meinen Wohnraum im Lauf meines Lebens nicht ständig vergrößert und hätte schon gar kein Auto in der Garage. Ich selbst bin das Problem, das gelöst werden muss, wenn unsere Welt zukunftsfähig werden soll. Seit mir das klargeworden ist, habe ich intensiv darüber nachgedacht, was eine Transformation der mentalen Infrastrukturen eigentlich bedeutet. Jedes Produkt, vom VW Scirocco bis zu einem beliebigen Duschgel, erzählt in Konsumgesellschaften eine Geschichte über seinen Nutzer, wie eben ein Autobahnsystem eine Geschichte über unsere Vorstellungen von Mobilität und ein Autohaus eine Geschichte über unsere libidinösen Bedürfnisse erzählt. So betrachtet ist die Welt des angeblichen Homo oeconomicus eine Welt der Gefühle, Wünsche, gelernten Bedürfnisse und nur zu begrenzten Teilen von Rationalität geprägt, und so handfeste Dinge wie die Wachstumsraten eines Unternehmens und das Funktionieren eines Arbeitsmarktes hängen von solchen nur scheinbar weichen Faktoren wie Emotionen ab.

Deshalb ist die Geschichte, die man gegen den Status quo setzen könnte, grundsätzlich ganz unvollständig und unrettbar hilflos, wenn sie die Geschichten, die die Produkte und ihre Infrastrukturen immer schon erzählen, ignorieren zu können glaubt. Die Geschichte, die die Aufklärung erzählt, setzt auf der kognitiven und meist leider auch auf der moralischen Ebene an und hat die wenig überzeugende Botschaft mitzuteilen, dass das Leben zwar weniger lustvoll, aber für künftige Generationen aussichtsreicher wäre, wenn man es veränderte. Das ist kaum attraktiv, da scheint die Welt des ALLES IMMER erheblich mehr zu bieten zu haben. Deshalb kann man noch so viel »Bildung für nachhaltige Entwicklung« machen und sich wundern, dass die Entwicklung moderner und sich modernisierender Gesellschaften ihre Richtung nicht wechselt: weil wir uns in einer

Geschichte befinden, die uns in den Begriffen von Fortschritt, Wettbewerb und Wachstum erzählt. Bevor wir etwas gegen diese Geschichte einwenden können, sind wir immer schon Teil von ihr.

KULTURELLE BINDUNGEN

Wissen ist, wie gesagt, generell keine hinreichende Voraussetzung, um Verhältnisse zu verändern – denn diese Verhältnisse gründen eben ihrerseits nicht auf Wissen, sondern auf materiellen und institutionellen Infrastrukturen aller Art und auf einer Kultur, die weit mehr umfasst als das, was ihre Angehörigen über sie wissen können. Der Glaube zum Beispiel, man könne auf der Grundlage von wissenschaftlichem Wissen – zum Beispiel über gefährliche Klimaerwärmung – eine »große Transformation«[40] einläuten und mit einem Wandel des Energiesystems die wesentlichen Zukunftsprobleme moderner Gesellschaften bewältigt haben, ist naiv. Tatsächlich würde das Gegenteil der Fall sein: Würde man nämlich die Nutzung fossiler Energien vollständig durch die Nutzung erneuerbarer Energien ersetzen, gäbe es hinsichtlich der Expansion von rohstoffintensiven Ernährungs-, Wohn- und Mobilitätsstilen kein Halten mehr, denn schließlich wäre die zu deren Erzeugung benötigte Energie dann ja unbegrenzt verfügbar.[41] Woran man sieht: Solange ein kulturelles Modell wie die Kultur des ALLES IMMER in toto erhalten bleibt, übersetzt sich die Transformation eines ihrer Elemente in eine Optimierung des Falschen. Eine gelingende »Energiewende« in der falschen Kultur kann in der Konsequenz zu einer Erhöhung der Zerstörungskraft der bestehenden Praxis führen, also gerade *nicht* zu einer Transformation.

Im Übrigen ist es historisch naiv, von einer Transformation im Singular zu sprechen. Da moderne Gesellschaften höchst differenzierte Funktionsbereiche ausbilden, kann es nur eine Pluralität von Transformationen geben, die jeweils eigenen Logiken und Zeitmaßen folgen und sich ungleichzeitig entwickeln. Anders gesagt: Manches wird sich schneller, manches langsamer wandeln und manches gar nicht. Gerade in der widersprüchlichen Logik gesellschaftlicher Wandlungsprozesse liegen bedeutende Herausforderungen nicht nur für das Verstehen dessen, was da vor sich geht, sondern vor allem auch für alle Wünsche, so etwas steuern zu können.

Die Idee von der »großen Transformation« weist aber noch andere systematische Defizite auf: Historisch geschehen umfassende Transformationen – also etwa die Industrielle Revolution mit ihren fundamentalen Auswirkungen auf Produktionsverhältnisse, Wirtschaftsformen, Zeitstrukturen, Familienformen, Selbstbilder, Krankheiten usw. – *unabsichtlich*. Niemand hat so etwas wie die Industrielle Revolution geplant. Revolutionen dieses Typs werden auch nicht als solche begriffen, wenn sie stattfinden, sondern erst in der späteren historischen Rückschau, wenn erkennbar geworden ist, wie sehr sich ein historischer Zustand von einem vorangegangenen unterschieden hatte. Auch die »68er« wussten 1968 nicht, dass sie dereinst »68er« gewesen sein würden. Als Zeitgenosse bewegt man sich mit dem gleitenden Gegenwartspunkt, ist Teil der Veränderung und überblickt sie daher nicht.

So zeigte sich Daniel Defoe Anfang des 18. Jahrhunderts bei einer Reise durch das Gebiet um Newcastle, das damals wichtigste Kohlefördergebiet Englands, ratlos angesichts der »ungeheuren Haufen, ja Gebirge von Kohlen, die aus jeder Grube gefördert werden, und wie viele solcher Gruben gibt es; uns erfüllt Staunen und wir fragen uns, wo wohl die Menschen wohnen mögen, die sie verbrauchen können«.[42] Der äußerst phantasiebegabte Autor des »Robinson Crusoe«, der – sei es in Gestalt des Romans oder einer seiner vielen Verfilmungen – Generationen von westlichen Kindern und Jugendlichen die Segnungen einer rational ordnenden Zivilisation nahegebracht hat, konnte sich an dieser Stelle auf seine Phantasie überhaupt nicht verlassen: Was sich gerade vor seinen Augen vollzog – nämlich das Vorspiel zu jener industriellen Revolution, die erst das Antlitz Englands, dann Europas und schließlich des ganzen Planeten radikal und nachhaltig veränderte –, erschloss sich ihm nicht. Wie auch? Niemand konnte zu diesem Zeitpunkt ahnen, dass die industrielle Anwendung der fossilen Energie Kohle sukzessive die ganze Gesellschaft energetisch revolutionieren und überhaupt erst alle Vorstellungen von Fortschritt, Wachstum und Unendlichkeit in die Welt bringen würde, die unser Kulturmodell bis heute prägen.

Aber weder die Deutschen noch die Chinesen, noch irgendjemand sonst wird zum Beispiel das Jahr 2030 in dem Zustand vorfinden, in dem sie es heute noch imaginieren: Und damit befinden sie sich exakt in derselben Situation wie Defoe vor drei Jahrhunderten. Ihnen fehlt, mit einem Begriff von Günther Anders, die »moralische Phantasie«, sich vorstellen zu können, was sie herstellen.[43] Die Idee, man könne nach einem Masterplan eine umfassende Transformation planen und erfolgreich umsetzen, könnte allerdings nicht nur naiv, sondern auch politisch folgenreich sein. Wo so etwas durchgeführt wurde, endete es regelmäßig im Desaster – die russische Revolution war ja ebenso ein intentionaler Transformationsprozess wie die nationalsozialistische.

Man sollte also von solchen Vorhaben die Finger lassen, auch weil unklar ist, woher denn die zuständigen Transformationsexperten kommen sollen. Die vorhandenen Expertinnen und Experten sind in ihren Wahrnehmungen, Denkformen und Lösungsstrategien mehrheitlich dem gegebenen Kulturmodell verpflichtet, denken die Zukunft ihrer Welt also regelmäßig als »Gegenwart plus« (Elmar Altvater). Die Festigkeit unseres kulturellen Modells erweist sich lebensweltlich ja auch genau daran, dass die Protagonisten der sogenannten Transformation ihre eigenen Praktiken nicht im Geringsten in Frage stellen oder gar ändern: Klimaforscherinnen und Forscher ziehen aus ihren eigenen Befunden ja offensichtlich keineswegs den Schluss, dass das Betriebssystem der internationalen Konferenzen mit ihren ungeheuren Aufwänden für Transport, Unterbringung, Tagungsinfrastruktur etc. etwas ist, was so nicht aufrechterhalten werden kann: Es dient ja hauptsächlich den Fluggesellschaften, der örtlichen Hotellerie und Gastronomie, den Catering- und Conference-Services, vermutlich auch den örtlichen Bordellbetrieben. Wem es definitiv nicht dient, ist das Klima.

Auch ist mir kaum ein Fall bekannt, in dem ein Wissenschaftler aus seinen apokalyptischen Daten den Schluss gezogen hätte, dass er nun keine Lebensversicherung, keine Immobilie, keine Ausbildungsversicherung für die Kinder mehr brauche. Sie alle gehen, wie jeder andere auch, davon aus, dass die Welt, *ganz im Gegensatz zu ihren eigenen Befunden*, im Großen und Ganzen schon so weiter funktionieren wird wie gewohnt. *Sie glauben sich selbst nicht*. Und erstaunlicherweise scheint das weder ihnen noch irgendeinem unbeteiligten Beobachter aufzufallen. Alle, inklusive der apokalyptischen Warner, machen weiter wie gehabt. Das großartigste Zitat in diesem Zusammenhang stammt von dem rastlosen Weltenretter Jeremy Rifkin: Er fliege pausenlos von Land zu Land, um persönlich Politiker von der Notwendigkeit zu überzeugen, das Klima zu schützen.

Wenn wir der Einfachheit halber davon ausgehen, dass Rifkin *nicht* dumm ist, sehen wir in seinem Verhalten genauso wie in dem der Klimaforscherinnen und Forscher die Wirksamkeit kultureller Bindungen verkörpert. Das kulturelle Modell, in dem sie existieren, legt ihnen Absichten nahe, die ihren Einsichten diametral entgegengesetzt sind. Und sie folgen diesen Absichten, als sei es das Natürlichste der Welt.

WISSENSCHAFT

Der Wissenschaftsbetrieb ist exakt so organisiert wie die anderen Teilsysteme in einer arbeitsteiligen modernen Gesellschaft: Er schreibt eine spezifische Ausbildung vor, die mittels festgelegter Schritte und Prüfungen zu durchlaufen ist, setzt Hürden, die der Selektion dienen, verfügt über Integrations- und Ausschließungsmechanismen und verteilt neben monetären Belohnungen in hohem Maße auch symbolische. Wer in diesem System »etwas wird«, wird das nicht ohne Einpassung in einflussreiche Arbeitszusammenhänge, nicht ohne das Verfassen von Texten für »peer-reviewed«-Journals, nicht ohne die Einwerbung von Forschungsgeldern, nicht ohne die positive Evaluation seiner Arbeit durch Agenturen und Studierende. Kurz: Er steht unter so spezifischen impliziten und expliziten Anforderungen wie jeder andere auch, der in einem berufsförmigen Teilsystem der Gesellschaft »etwas werden« möchte. Mit hehren Zielen wie »Erkenntnis« oder »Fortschritt« hat das erst mal nichts zu tun.

Wissenschaftler ist, wer durch Kennziffern belegen kann, Wissenschaftler zu sein – Höhe der eingeworbenen Drittmittel, Zahl der Publikationen, Rangreihe im Zitationsindex, Menge der betreuten Dissertationen usw. usf. Dass das mutatis mutandis auch für die Relevanz von Universitäten, ja von ganzen Fächern gilt, vermag in einer Kultur, die ihr einziges Gütekriterium in der Messbarkeit hat, nicht zu verwundern, genauso wenig wie der Reputationsverlust, den die Wissenschaft gerade dadurch erlitten hat, dass sie sich dem Diktat des Messens ihres Outputs so unterworfen hat wie ein devoter Werksleiter eines Eisenkombinats im Stalinismus.

Die Aufstiegswege und die Modi der Mittelverteilung sind in allen Fächern und in Bezug auf alle wissenschaftlichen Gegenstände gleich, was bedeutet, dass es sachlich keinen Unterschied macht, ob man als Sexualforscher, als Ornithologe, als Teilchenphysiker, als Meteorologe oder als Kunstwissenschaftler

Karriere macht und Reputationsgewinne erzielt. In der Öffentlichkeit wird irrtümlicherweise angenommen, dass ein Klimawissenschaftler einen anderen Bezug zu seinem Gegenstand haben müsse als beispielsweise ein Maschinenbauingenieur – also zum Beispiel einen klimapolitischen. Das ist nicht der Fall und wäre meist auch kontraproduktiv. Als noch junger und naiver Massengewaltforscher habe ich vor einigen Jahrzehnten nicht schlecht gestaunt, als mir ein Teilnehmer an einer Holocaustkonferenz im Hotel beim Pellen seines Frühstückseis mit Begeisterung davon berichtete, er habe eine tolle Quelle zu einem besonders furchtbaren Massaker entdeckt. Ich dachte damals, Wissenschaft müsste etwas mit der außerwissenschaftlichen Bedeutung der Forschung zu tun haben – aber hier äußerten sich die Affekte des Wissenschaftlers genau so, wie sie Robert Musil im »Mann ohne Eigenschaften« beschrieben hatte: dass ein Mediziner von einem schönen Krebsfall so entzückt sein kann wie vom Anblick einer schönen Frau. Dass man zum Beispiel durch das Verfassen einer »Enzyklopädie des Holocaust« beim Kampf um einen Lehrstuhl punkten kann, wäre mir damals noch absonderlich erschienen.

Aber sogenannte Transferleistungen, wie man sie Abiturienten im Politik- oder Geschichtsunterricht abfordert, sind nicht Teil der Wissenschaftskultur; sie stören eher die Abläufe und sind daher geeignet, Karrieren zu blockieren. Von daher wäre die Erwartung, Klimaforscher würden aus ihren Befunden Transfers zu ihrer eigenen Lebenspraxis herstellen, ihrerseits praxisfremd, zumal sich gerade die Klimaforschung durch eine beeindruckende Erhöhung ihrer Reputation und der verfügbaren Forschungsgelder auszeichnet und damit Karrierewege öffnet, die jungen Wissenschaftlerinnen und Wissenschaftlern mit Recht erfolgversprechender erscheinen als jene, die etwa die Papyrologie zu bieten hat. Das hat etwas mit der außerwissenschaftlichen Moralisierung des Klimathemas zu tun, die auf dem öffentlichen Aufmerksamkeitsmarkt stattgefunden hat.

DIE MORALISIERUNG DES MARKTES

Seit einigen Jahrzehnten findet, in paralleler Entwicklung zur Ökologiebewegung, etwas statt, was der Soziologe Nico Stehr die »Moralisierung der Märkte« genannt hat. Womit gemeint ist, dass die Waren bzw. ihre Produzenten zunehmend in dem politischen Kontext betrachtet werden, in dem sie erzeugt und konsumiert werden.[44] Die Moralisierung der Produkte hat insbesondere dadurch Auftrieb bekommen, dass eine Reihe von Umweltaktivisten vom politischen Mittel des Protests zum effektiveren Mittel des Campaigning übergegangen waren: »Greenpeace« und zahlreichen anderen Nichtregierungsorganisationen wie »Robin Wood« oder »Sea Shepherd« schien es vor 30 Jahren erfolgversprechender, durch gezielte, oft spektakuläre und riskante Störungen des Normalbetriebs der Energieversorgung oder der Fischereiwirtschaft Unternehmen unter Druck zu setzen, indem sie öffentliche Aufmerksamkeit auf ihre zerstörerischen Praktiken lenkte – man enterte Schornsteine oder sabotierte Walfänger durch halsbrecherische Manöver mit Schlauchbooten. Die Filmdokumente über solche spektakulären Aktionen gewannen erwartungsgemäß in den Mediengesellschaften hohe Aufmerksamkeit und schufen Identifikation mit den mutigen Frauen und Männern auf den Schornsteinen oder in den Schlauchbooten, trugen also sowohl zur Durchsetzung des politischen Anliegens der Organisation wie zu ihrer eigenen Imagebildung bei.

Ihren Höhepunkt erreichte diese eine Zeitlang extrem erfolgreiche Strategie ausgerechnet mit dem Protest gegen ein ökologisch gar nicht so problematisches Vorhaben der Firma Shell: die Versenkung der Öllager- und Verladeplattform »Brent Spar«, die im Jahr 1995 erfolgen sollte. Greenpeace stilisierte dieses Vorhaben zu einem international beachteten Umweltskandal, was unter anderem zum Boykott von Shell-Tankstellen in Deutschland und in einigen anderen europäischen Ländern führte und Shell schließlich zwang, die Plattform in einem ex-

Greenpeace versus Shell. Mythische Vorlage: David gegen Goliath.

trem aufwendigen Verfahren an Land zu entsorgen. Kurz darauf stellte sich heraus, dass Greenpeace von falschen Zahlen ausgegangen war (statt der behaupteten 5500 Tonnen Öl hatten sich, wie von Shell angegeben, tatsächlich wohl lediglich 75 bis 100 Tonnen Öl in der Plattform befunden); unter ökologischen Gesichtspunkten wäre die ursprünglich vorgesehene Versenkung sinnvoller gewesen.[45] Gleichwohl galt der Sieg von Greenpeace über Shell als der größte Erfolg, den eine Umweltorganisation jemals gegenüber einem Konzern verzeichnen konnte; Greenpeace verbuchte prompt einen neuen Spendenrekord.

Die Macht des Campaigning erwies sich in diesem Fall also in aller Deutlichkeit, zugleich aber macht der Fall »Brent Spar« zwei interessante Aspekte sichtbar: Erstens unterliegen Organisationen, die sich dem Widerstand gegen rücksichtslose Ausbeutung von Ressourcen verschrieben haben, einer eigenen Überbietungslogik. Die Skandale, die sie brandmarken, müssen nach den Gesetzen der Ökonomie der Aufmerksamkeit immer größer werden und die Aktionen dagegen immer aufwendiger. Ganz in dieser Logik teilte Ulrich Jürgens, seinerzeit bei Greenpeace der Leiter der Aktion gegen Shell, zu der etwas problematischen Sachlage mit: »Wenn du mit Wissenschaftlichkeit argumentierst, bist du immer verloren. Ist mir doch egal, ob da zehn oder tausend Tonnen Giftschlamm drin sind. Es geht darum, wie eine hochentwickelte Gesellschaft mit ihrem Müll umgeht.«[46]

Zweitens führen solche Skandalisierungen und damit Moralisierungen der Produkte in einer Konsumgesellschaft nicht zum *politischen* Protest im eigentlichen Sinn, sondern lediglich zu einer politisch motivierten *anderen* Konsumentscheidung – hier zum (kurzlebigen) Wechsel des Anbieters, von Shell zu Esso oder zu Aral. Die Frage, ob eine Sorte Benzin politisch korrekter sein kann als eine andere, wird im Medium des Boykotts praktisch beantwortet: Der ökologisch erregte Autofahrer verleiht seiner Empörung dadurch Ausdruck, dass er an der Shell-Tankstelle vorüberfährt und bei Esso, Aral oder Jet seinen Tank auffüllt. Auf diese Weise kann er protestieren, ohne jene Mobilität einzuschränken, die der Grund für die Existenz von Ölbohr- und Lagerplattformen ist. Dasselbe Strukturmuster der Moralisierung eben nicht der Märkte, sondern einzelner Produkte, zeigt sich in der weltweiten Empörung über die Havarie der Ölbohrplattform »Deepwater Horizon« im Jahr 2010, die – diesmal verursacht von BP – zur möglicherweise größten Verschmutzung einer Meeres- und Küstenregion führte, die die Geschichte technischer Katastrophen bis dato hervorgebracht hatte. Auch hier stellte kein Konsument den Zusammenhang her, dass BP (und alle Mitbewerber von BP) aufgrund des verringerten Angebots und der steigenden Weltmarktpreise für Öl inzwischen teurere und ökologisch riskantere Verfahren zur Förderung praktizieren als früher, weil er, der Konsument, diesen Stoff ja braucht, um sein Auto zu benutzen und folglich gelegentlich zu betanken.

Dass der Abnehmer des fossilen Treibstoffs das Problem ist und nicht der Anbieter, der den Stoff – der ja schließlich seine Geschäftsgrundlage bildet – möglichst lange vorzuhalten beabsichtigt, geht in der Routine des Skandalmanagements unter. Das arbeitet nach immer wiederkehrendem Muster so, dass die Schäden kleingeredet werden, einige Schuldige identifiziert und gefeuert werden, die *sichtbaren* Schäden unter Einsatz professioneller und freiwilliger Helfer gemildert werden und schließlich, aber dann hat es längst schon einen nächsten und einen übernächsten Skandal gegeben, das Ganze in juristischen Auseinandersetzungen um Haftung und Entschädigung abgearbeitet wird. Hier, wie in allen vergleichbaren Fällen, bildet stets *der Unfall* Anlass zur Empörung, nicht der Normalfall, der ihn verursacht.

KONSUMETHIK

Obwohl die Tradition des Boykotts als politische Aktionsform bis ins 18. Jahrhundert zurückreicht,[47] unter verschiedenen staatlichen Voraussetzungen angewendet wurde (nicht zuletzt im Nationalsozialismus: »Deutsche, kauft nicht bei Juden!«) und eben im Rahmen des ökologischen Campaigning eine Renaissance erfuhr, entwickelt sich eine »Ethik des Konsums« erst neuerdings. Nach der Erfindung einer Wirtschafts- und später einer Unternehmensethik wird heute auch von einer »Konsumentenethik« und vor allem auch vom »strategischen Konsum« gesprochen, der geeignet sei, auf unterschiedliche Weise Druck auf Unternehmen auszuüben, um sie zu einer verantwortungsvollen Gestaltung ihrer Wertschöpfungskette zu veranlassen.[48]

Inzwischen wird erheblicher begrifflicher Aufwand getrieben, um etwa »nachhaltigen«, »moralischen« und »politischen« Konsum zu differenzieren; folgerichtig ist neben den »citizen«, also den politischen Bürger (und die Bürgerin), der »consumer citizen«, der politische Konsumbürger getreten.[49] Tatsächlich sind in den reichen Gesellschaften die Möglichkeiten gewachsen, individuelles Konsumverhalten strategisch auszurichten. Schließlich werden in den OECD-Ländern heute nur noch 30 bis 40 Prozent der jeweiligen Haushaltseinkommen für Nahrung, Kleidung und Wohnen, also für Grundbedürfnisse, ausgegeben, woraus sich ergibt, dass durchschnittlich bis zu 70 Prozent dieser Einkommen relativ freier Disposition unterliegen und damit auch unter moralischen oder politischen Gesichtspunkten ausgegeben werden können.[50]

Die damit gegebene »Macht der Konsumenten« ermisst sich auch daran, dass sich die Realeinkommen in den letzten hundert Jahren in den betreffenden Ländern um das Vier- bis Fünffache gesteigert haben, so dass monetär einiges in die Waagschale der Unternehmensentscheidungen geworfen werden kann, wenn der Verbraucher erregt ist. Die Beispiele, wie man Unternehmen durch entsprechenden strategischen Konsum veranlassen kann, Kinderarbeit abzubauen (wie bei GAP oder Nike) oder gegen unmenschliche Produktionsbedingungen bei Zulieferern vorzugehen, sind seit dem Fall »Brent Spar« zahlreich und kaum weniger fragwürdig. Denn die Reichweite solchen Konsumprotests wird meist überbewertet. Wenn der jeweilige Skandal verraucht ist, die Unternehmen Besserung gelobt und einige Zulieferverträge gekündigt haben, geht der Konsument befriedigt dazu über, wieder GAP, Nike und Apple zu kaufen – befriedigt auch deshalb, weil die Zeit des selbstpolitisch auferlegten Kaufverzichts der eigentlich gewünschten Produkte nun vorbei ist. Besonders das Beispiel Apple ist in dieser Hinsicht interessant, weil die Skandalisierung der mit der Produktion von iPhones verbundenen Arbeitsbedingungen beim chinesischen Hersteller Foxconn genauso die Wettbewerber von

Apple treffen müsste, die ihre Produkte ebenfalls dort herstellen lassen. Der Wechsel zu einem anderen Anbieter ist hier also keine Strategie; eine solche läge nur im Verzicht auf das neueste Mobiltelefon. Der kommt aber für die weit überwiegende Mehrheit der Konsumentinnen und Konsumenten auf keinen Fall in Frage, weshalb sich die Moralisierung und Politisierung des Produkts und seiner Anbieter konsequent auf die Skandalisierung beschränkt, ohne das eigene Konsumverhalten selbst auch nur noch kurzzeitig zu verändern.

Das Prinzip der Arbeitsteilung übersetzt sich so auch in den Bereich des strategischen Konsums: Wenn die zuständigen Agenturen wie Greenpeace, Food Watch usw. für die Skandalisierung sorgen, kann der Konsument dazu seine Zustimmung artikulieren und das Produkt weiterhin kaufen, denn er darf ja mit einiger Zuversicht davon ausgehen, dass die inkriminierten Zustände nach dem Skandal beseitigt sind. Der Konsumentenprotest folgt also ebenfalls den Marktgesetzen; auch unter den Agenturen, an die der Protest delegiert wird, herrscht ja Konkurrenz in der Ökonomie der Aufmerksamkeit, und manche protestieren einfach erfolgreicher als andere.

Aber in dieser Marktförmigkeit des politischen Protestes durch strategischen Konsum liegt nur eines seiner zahlreichen Probleme: Denn zweifellos lässt sich dieses Mittel, das Beispiel Nationalsozialismus hat es schon gezeigt, für *jegliche* politische Interessen einsetzen, was zum Beispiel dann geschieht, wenn sich die deutschen Autofahrer kollektiv der Einführung eines Kraftstoffs mit zehnprozentiger Beimischung von Biosprit verweigern und für diesen politischen Akt sogar bereit sind, langfristig ein paar Cent mehr pro Liter Benzin auszugeben. Hier herrscht sogar eine ausgeprägte Bereitschaft, sich strategischen Konsum etwas kosten zu lassen, was aus anderem Anlass nur selten der Fall ist.

Tatsächlich handelte es sich bei dieser *aus Sorge um die Motoren* getriebenen Boykottaktion wahrscheinlich um die größte Konsumverweigerung in der Geschichte des politischen und moralischen Konsums; sie fand allerdings nicht im Interesse einer Nachhaltigkeitsmoral statt. Vor solchem Hintergrund bleiben die Versuche, mittels sogenannter Carrot mobs Geschäfte gezielt zu unterstützen[51] oder strategischen Konsum zu einer stylishen Haltung zu entwickeln,[52] nur Variationen eines Rennens, das regelmäßig wie das berühmte zwischen dem Hasen und dem Igel ausgeht. Der Markt, der alles, auch den heftigsten Widerstand gegen sich selbst, inkorporieren und in eine Ware verwandeln kann, ruft jederzeit »ick bün all da« und hetzt die naiven Strategen ganz entspannt zu Tode.[53]

In der Diskussion über Konsumentenverantwortung und Consumer citizenship wird übersehen, dass der Konsumbürger nur reagieren, aber nicht gestalten kann. Das Resultat des Aufstiegs des Bürgertums zur politischen Klasse war ja die Erringung politischer Gestaltungsfreiheit – der Bürger ist der politische Souverän in einem freien Staat. Wenn er sich diese Souveränität abkaufen lässt und seine Entscheidungsfreiheit auf die Wahl zwischen Produkten beschränkt, gestaltet er nicht mehr, sondern wählt lediglich noch aus einem von anderen gefertigten und bereitgestellten Angebot aus – kann also gar nicht souverän sein. Schon von daher ist die ganze Rede vom strategischen – verantwortlichen, politischen, moralischen – Konsum nicht mehr als Ideologie; sie entspricht ungefähr der Freiheit des Nilpferds im Zoo, sich lieber vom einen Wärter statt vom anderen füttern zu lassen.

Damit ist nichts gegen den gelegentlich sinnvollen Einsatz von Konsumentenmacht gesagt, aber man sollte diese reine Reaktanzmacht jenes Marktteilnehmers, der ganz am Ende der Wertschöpfungskette steht, nicht mit der proaktiven Gestaltungsmacht des politischen Subjekts im demokratischen Gemeinwesen verwechseln: Denn der politische Bürger erwägt und verfährt nicht nach den Kriterien des Marktes, sondern nach denen der demokratischen Übereinkunft darüber, wie etwas sein soll. Und das ist etwas völlig anderes. Einfach gesagt: Der Markt unterliegt dem Bürger; der Konsumbürger unterliegt dem Markt. Deshalb kann es so etwas wie *kritischen Konsum* überhaupt nicht geben.

Die These, es sei nunmehr der Konsument, von dem die Steuerung der Märkte und damit womöglich auch ihre Ausrichtung hin zu mehr Nachhaltigkeit abhinge, erweist sich also schon logisch als falsch. Da der Konsumbürger sich in der Ausübung seiner strategischen Macht den Marktgesetzen fügen *muss*, kann er nie in eine gestaltende Position kommen. Dazu eben müsste er politischer Bürger sein und dem Markt Regeln setzen.

Moralischer Konsum, so ließe sich mit Wolfgang Ullrich an dieser Stelle zusammenfassen, ist meist nur Konsum von Moral: Denn das falsche Bewusstsein, mittels einer Konsumentscheidung politischen oder auch nur moralischen Einfluss ausüben zu können, neutralisiert das Marktgeschehen gleich noch zu einem, auf das *jeder* Teilnehmer Einfluss nehmen könne. Das aber ist natürlich nur in höchst ungleichem Maße der Fall; je geringer die Kaufkraft und damit Marktmacht eines Teilnehmers, desto geringer die Möglichkeit der Einflussnahme. Auch das unterscheidet den ungleichen Konsumbürger vom politisch gleichen Bürger.

Man sieht, dass der Konsumismus das Potential hat, jegliche Gegenbewegung zu vereinnahmen – das konnte der Kapitalismus aber schon immer, und das einzig Überraschende daran scheint mir, dass das heute weitgehend vergessen worden ist. Diese Kernerfahrung der unbegrenzten Geschmeidigkeit kapitalistischer Aneignung mussten vor einigen Jahrzehnten zum Beispiel die dezidiert systemnegierende Punkbewegung und ihre wichtigste Band, die »Sex Pistols«, machen, als sie bemerkten, wie atemberaubend schnell selbst Symbole der Selbstverstümmelung in modische Accessoires von Gucci und Versace transformiert und auf diese Weise marktfähig und damit unkritisch gemacht wurden.

Inzwischen ist auch in diesem Wirtschaftszweig Haltung durch Branding und Protest durch Event ersetzt. So sind die unvermeidlichen Bob Geldof einerseits und Bono andererseits zu führenden Vertretern der internationalen Rettet-irgendwas-in Afrika-Industrie geworden und setzen ihr symbolisches Kapital nicht nur dafür ein, in Kooperation mit NGOs unterschiedlichster Art Hilfsprojekte für die sogenannte Dritte Welt zu unterstützen, sondern vermehren ihr eigenes Kapital gerade dadurch: Denn sie liefern Moral als konsumierbare Ware und haben sich im einschlägigen Marktsegment eine exzellente Position erobert, sind Moralmarktführer. Apropos: Wann haben Sie das letzte Mal *Musik* von Bob Geldof oder Bono gehört?

DER KONSUMENT KONSUMIERT NICHT

Viele Waren und Angebote werden, wie eingangs schon gesagt, zwar gekauft, aber nicht mehr konsumiert. Am augenfälligsten ist das bei den 30 bis 40 Prozent der Nahrungsmittel der Fall, die in den westeuropäischen Ländern und in Nordamerika gekauft, aber nicht gegessen oder getrunken, sondern entsorgt werden, weil man vorsorglich zu viel gekauft hat, weil etwas verdorben und ungenießbar geworden ist, weil das Haltbarkeitsdatum abgelaufen ist (das von den Herstellern festgelegt wird) oder weil Speisen und Getränke aus Restaurants, Hotels, Imbissbuden oder Cafés aus gesundheitsbehördlichen Gründen nicht mehr angeboten werden dürfen. Dieser eklatante Nichtverbrauch von Nahrungsgütern bildet aber nur die sichtbare Spitze eines gigantischen Berges von nichtkonsumierten Gütern.

Der Soziologe Hartmut Rosa beschreibt in diesem Zusammenhang eine wachsende Entmaterialisierung von Waren, vor allem in der Kulturindustrie: War traditionell das Wissen in vielbändigen Lexika und die Musik in der Schallplatten- oder CD-Sammlung gespeichert und setzte der Konsum von beidem materielle Verfügbarkeit voraus, hat sich im Zeitalter des Internets der Markt dahingehend gewandelt, dass nicht mehr das im Buch oder in der CD objektivierte kulturelle Kapital erworben wird, sondern lediglich noch der Zugang zu den prinzipiell unendlichen virtuellen Speichern für alle Arten von kulturellen Erzeugnissen: »In der Konsequenz«, schreibt Rosa, »werden nicht mehr die materiellen Objekte selbst, sondern die dadurch eröffneten Optionen als Besitz erfahren, und der Erweiterung der vorhandenen und der Erschließung neuer Möglichkeitsräume gilt die Konsumsehnsucht. Die neue Fotokamera, der neue DSL-Anschluss, das Fernsehgerät, der Computer: Wir interessieren uns nicht oder nur am Rande für ihren Geruch, ihre Farbe, ihre Form, ihre Materialität – sondern für das, was sie können, oder besser: was uns durch sie ermöglicht wird.«[54]

Anzeichen für das Absinken der Wertigkeit von Besitz gegenüber Zugang sind die allgegenwärtigen Flatrates genauso wie die All-inclusive-Angebote von Reiseveranstaltern oder moderner Sharing-Dienstleistungen – immer geht es um die Steigerung der Verfügbarkeit all jener Güter und Dienstleistungen, von denen man *potentiell* Gebrauch machen kann, vorausgesetzt, man hat die entsprechenden Zahlungen getätigt. Mit dieser Steigerung der Verfügbarkeit durch Bezahlung einer Zugangsberechtigung ergibt sich aber das Problem, *wann* man denn konsumieren soll, was einem in schier unendlicher Fülle zur Verfügung steht. Hartmut Rosa spricht hier von den immens gestiegenen Opportunitätskosten: »Natürlich könnten wir am Wochenende beginnen, den neuerworbenen kompletten Mozart durchzuhören […], aber lohnen sich wirklich viele Stunden der Zeitinvestition für ein Produkt, das weniger als einen Euro gekostet hat, wenn gleichzeitig Myriaden anderer Optionen realisierbar wären?«[55]

Während der Erwerb von immer mehr Zugangsmöglichkeiten immer schneller und günstiger zu vollziehen ist, wird die Verfügung über Zeit, um all die Zugänge tatsächlich auch zu nutzen, immer geringer. Konsum erfordert ja einerseits finanzielle Mittel, andererseits Zeit. Während vieles – Nahrungsmittel,

Telekommunikation, Musikstücke, Lexika etc. – in der entwickelten Konsumgesellschaft relativ zum Einkommen erheblich billiger geworden ist, ist das Maß an verfügbarer Zeit immer noch 24 Stunden an 365 Tagen im Jahr, so dass sich die je Produkt konsumierbare Zeitmenge relativ verringert. Man hat immer mehr Dinge, aber immer weniger Zeit, sie zu konsumieren. Insofern ist man in Bezug auf viele Güter nur mehr Käufer, nicht mehr Konsument, und die ganze Dialektik dieses Prozesses erschließt sich wieder am Beispiel jener 30 bis 40 Prozent Nahrungsmittel, die nur noch gekauft, aber nicht mehr konsumiert werden: Der Käufer, der sein Biolachsfilet so lange im energieeffizienten A++-Kühlschrank vergisst, bis das Haltbarkeitsdatum überschritten ist und er es daher entsorgen zu müssen glaubt, fungiert ja lediglich noch als Depot, um das Produkt für die Zeitspanne zwischen Produktion und Entsorgung zu lagern. Man könnte auch sagen: Nicht er konsumiert das Produkt, sondern das Produkt ihn: nämlich seine Zeit, die von ihm bezahlte Energie, die von ihm unterhaltene Infrastruktur.

Der Kapitalismus schafft sich auf dieser Entwicklungsstufe Menschen, »welche nicht nur *produzieren*, ohne zu konsumieren, sondern auch noch *kaufen*, ohne zu konsumieren! [...] Shoppingmalls sind keine Konsumtempel, sondern eher Opferstätten, auf deren Altären nicht *dem*, sondern *der* Konsum geopfert wird.«[56] Vor diesem Hintergrund verpufft natürlich jede Phantasie über die Wirksamkeit strategischen Konsums ins gegenstandslose Nichts. Eher fällt einem jener sagenhafte König Midas ein, der sich aus Gier nach Gold wünschte, dass sich in seinen Händen jeder Gegenstand in Gold verwandeln möge, wobei ihm entgangen war, dass man Edelmetall nicht essen kann. Wie König Midas verhungerte, weil sich ihm alles in das verwandelte, was er am meisten ersehnte, so geht es mit den Absichten der Käuferinnen und der Käufer: Von Konsumierenden verwandeln sie sich in bloße Relaisstationen zwischen Herstellung und Entsorgung. Und wieder die Frage: Wollten Sie so etwas jemals sein?

SELBSTENTMÜNDIGUNG

»Das jüngste Samsung bringt nahezu Vollausstattung mit, wie beim iPhone 4S fehlt nur das superschnelle Datenprotokoll LTE. Sonst ist alles dabei, nicht nur Bluetooth 4.0 und NFC, sondern auch diverse Protokolle zum multimedialen Datenaustausch (WiFi Direct, DLNA, All Share Play) sowie ein üppiger zweijähriger Gratisspeicherplatz von 50 Gigabyte für Daten in der Dropbox-Cloud. In diesen Details ist das Samsung dem iPhone überlegen. Auch hinsichtlich der Rechenleistung wird aus dem Vollen geschöpft: Vier Kerne der hauseigenen Exynos-CPU legen in Benchmarks ein spektakuläres Tempo vor. Die einzelnen Kerne lassen sich separat zwischen 200 Megahertz und 1,4 Gigahertz takten, ein weiterer ›Sparkern‹ wie beim Tegra-3-System (etwa des HTC One X) ist nicht erforderlich.«[57] So etwas kann man heute in der »Frankfurter Allgemeinen Zeitung« lesen. Und so sind sie, die »Smartphones«. Sie können die erstaunlichsten Dinge und nötigen daher ihren Nutzerinnen und Nutzern eine intensive Auseinandersetzung mit ihnen ab, beim Kauf und im Betrieb. Für die immer kürzere Taktung der Neuerscheinungen in diesem Marktsegment sind immer neue Funktionen und »Leistungen« erforderlich – das »neue« Handy muss sich ja durch irgendeinen Mehrwert vom »alten« unterscheiden. Keine einzige seiner Funktionen hat ein Nutzer je vermisst, als es sie noch nicht gab. Er hat zuvor nicht einmal geahnt, dass ihn möglicherweise die separat zu taktenden Kerne irgendwann einmal interessieren könnten, geschweige denn, dass solche Kerne sein Begehren wecken könnten. Das Mobiltelefon »Samsung Galaxy SIII«, von dem hier die Rede ist, ist im Juni 2012 auf den Markt gekommen; beim Erscheinen dieses Buches wird es mit Sicherheit schon zwei bis drei weitere »Galaxy«-Generationen gegeben haben.

Das in Kürze schon veraltet sein werdende »SIII« kann Gesichter erkennen, was die »FAZ« gut findet: »Die Gesichtserkennung ist nach erstmaliger Identifikation einer Person in der

Lage, sie auch auf weiteren Fotos zu markieren. Und dann kann man den Schnappschuss mit einem Fingertipp sogleich an seine Freunde schicken.«[58] Die Frage, warum es besser ist, wenn das Handy Onkel Horst erkennt und nicht man selbst, erübrigt sich in dem Augenblick, in dem es eine solche Funktion gibt. Auch, warum das Handy acht Fotos nacheinander schießen und dann selbst »das beste« aussuchen kann, ergibt keine Frage: Es kann es einfach, und damit fordert die Funktion auch ihre Anwendung (»Schicke jetzt das beste Foto an Onkel Horst!«). »Galaxy SIII« weiß sogar, wann sein Besitzer es anschaut, und macht sich dann sogleich für ihn hell.

Zu derlei Neuerungen kann man ohne Unterlass irgendwelche »Apps« kaufen, die es einem zum Beispiel ersparen, aus dem Fenster zu schauen, wenn man wissen möchte, ob es gerade regnet, oder die einem den prozentuierten Ballbesitz von Bayern München im Spiel gegen Hannover 96 in Echtzeit mitteilen. Kurz: Das »Galaxy SIII« ist die Verkörperung objektiver Sinnlosigkeit, die in der Hand des Käufers in subjektiven Sinn verwandelt wird. Diesen empfinden zu können ist nicht umsonst: Das muss erarbeitet werden. Man muss dabei nicht dieselbe Meisterschaft entwickeln wie Michael Spehr, der »FAZ«-Handyrezensent, aber einiges muss man über die Jahre schon erlernt haben, wenn man ein Handy bedienen können will.

Der Fortschritt schreitet hier, entgegen dem ersten Anschein, keineswegs in Richtung Entlastung des Benutzers fort, sondern in die exakte Gegenrichtung: Das Gerät will bedient, seine Funktion wollen gewusst und genutzt werden. Diese seltsame Umkehrung des Gerätesinns lässt sich auch bei den ungefragten Updates von Computerprogrammen beobachten, die einem dauernd Lernprozesse abnötigen, die man nicht bestellt hat. Die meisten Menschen absolvieren sie gleichmütig, als folgten sie Befehlen. Ob sie auch so gefügig wären, wenn ihnen jemand alle paar Wochen ihre Wohnung umräumen würde, mit der Begründung, dass das jetzt besser so sei?

Wenn man dieses prothetische Universum der Produkte nur

für einen kurzen Augenblick von außen betrachtet, erschrickt man und stellt fest: Viele Erzeugnisse konsumieren mit ihren sinnfreien Leistungen ihre Käufer und nicht umgekehrt. Das Theorem von Hartmut Rosa überholt sich demgemäß auch sogleich selbst: Nicht nur, dass der Käufer nur noch die Relaisstationen zwischen Herstellung und Entsorgung ist: Auf das Relais reduziert, leistet er konsequenterweise Dienst am jeweiligen Gerät und lässt sich von diesem entmündigen. Wer je den Schrecken erlebt hat, der einen befällt, wenn man am Bahnsteig steht und sein Smartphone vergessen hat und somit für Stunden, womöglich für Tage vom unablässigen Strom der anflutenden Mails und der jederzeit abrufbaren Informationen aus dem Netz abgekoppelt ist, bemerkt – wie in Harold Garfinkels Krisenexperimenten (vgl. S. 55) –, auf welche impliziten Regeln seine Welt gebaut ist. Und dass er längst in eine kommunikative Benutzeroberfläche integriert ist und seine Freiheit lediglich noch darin besteht, von einer vorgegebenen Funktion zur anderen zu springen.

Das ist nicht mehr »das stählerne Gehäuse der Hörigkeit«, das Max Weber zufolge der Kapitalismus geschaffen hat, sondern zeitgemäß ein »smartes« Gehäuse der Hörigkeit: und diese Smartness besteht exakt darin, dass der Nutzer nicht einmal mehr realisiert, dass er seine Freiheit unbemerkt, aber freiwillig an das Gerät abgegeben hat, das für ihn denkt, fühlt, plant und Entscheidungen trifft. Und so findet sich das nächste Element des freimütigen Verzichts auf Freiheit, hier nun nicht, wie oben, als Gestapo seiner selbst, sondern als leichtherzige Selbstentmündigung. Günther Anders hatte schon vor einem halben Jahrhundert von der »prometheischen Scham« gesprochen, die die modernen Menschen im Angesicht dessen empfinden, was sie technisch geschaffen haben.[59] Heute hat sich diese Scham in ein Gefühl prometheischer Unterlegenheit verwandelt: Mein Handy kann mehr als ich.

SELBSTENTMÜNDIGUNG IN GRÜN

Selbstverständlich hilft das internetfähige Handy auch bei Kaufentscheidungen: nicht nur, dass man beim Aufruf entsprechender Seiten blitzartig Preisvergleiche anstellen kann, falls man im Supermarkt eine Tüte Fruchtgummi kaufen möchte, man kann auch dem Ziel der Nachhaltigkeit dienen, indem man sich beispielsweise den »Carbon footprint« oder die Preise eines Produktes anzeigen lässt, die anfallen würden, wenn man die externalisierten Kosten einrechnete. Findige Nachhaltigkeitsakteure entwickeln nämlich Apps, die strategische oder moralische Konsumentscheidungen erleichtern sollen, indem sie Informationen zum Produkt liefern, die dieses selbst nicht preisgibt. So könnte ein so unschuldig daherkommender Fruchtjoghurt sich unmittelbar als die ökologische Katastrophe outen, die er hinsichtlich der Transportaufwände, seiner Klimawirkungen und der Entsorgungsprobleme auch tatsächlich ist. Und der potentielle Käufer könnte zugleich sehen, dass der »echte Preis« für dieses Produkt eben nicht 0,39 Euro ist, sondern unter Einrechnung aller externalisierten Umweltkosten zum Beispiel 1,89 Euro wäre. Fasziniert kann er dann das danebenstehende Konkurrenzprodukt aus dem Kühlregal nehmen, sein Smartphone dieselben Berechnungen durchführen lassen und feststellen, dass dieses Produkt zwanzig Prozent weniger klimaschädlich ist als das vorherige und sein »echter Preis« nur 1,45 Euro ist. Es schmeckt zwar nicht und kostet mit 0,79 Euro im falschen Preis mehr als das doppelte des schuldigen Joghurts, aber das Gerät hat psychologisch die korrekte Kaufentscheidung schon festgelegt. Wer würde davon noch abweichen, nachdem der ganze Aufwand getrieben worden ist?

Allerdings: Der Recherche- und Rechenaufwand, der hinter dem Rücken des informationshungrigen Käufers getrieben wird und erhebliche Mengen Energie für den Betrieb der Suchmaschinen erfordert, wird hier *nicht* berechnet – wie überhaupt generell übersehen wird, dass all die Berechnerei von »Carbon footprints« und ökologischen Rucksäcken sich in nichts von jeder anderen Dienstleistung unterscheidet: Auch sie trägt ja zunächst einmal zur permanenten Erhöhung von Aufwand bei. Dem Klima ist es übrigens gleichgültig, ob die Server von Google laufen, weil jemand wissen möchte, ob Lady Gaga beim Zahnarzt war oder welcher Joghurt unter Gesichtspunkten des Klimaschutzes empfehlenswert ist – Energie erfordern beide Typen von Information gleichermaßen, und dieser Umstand wird in beiden Fällen dem Informationsbedürfnis nachgeordnet (falls man überhaupt je auf den Gedanken gekommen ist, dass die Befriedigung von Informationsbedürfnissen im Internetzeitalter Aufwand erzeugt). Haben Sie je von einer Google-Suche Abstand genommen, weil Ihnen einfiel, dass sie Strom braucht?

Anstatt sich nun intuitiv für einen beliebigen Joghurt zu entscheiden oder sogar überhaupt keinen zu kaufen, überlässt der potentielle Käufer seine Entscheidung der Aufwandserhöhungs-App, die er auf seinem Smartphone installiert hat, und hat sich ein weiteres Mal entmündigt, jetzt aber unter dem Vorzeichen der Nachhaltigkeit. Seine Smartness hat er an das Produkt abgegeben, dass seine Entscheidungsparameter objektiviert und unabhängig von seinen eigenen Präferenzen die Wahl trifft. Vermutlich liegt darin der verborgene Sinn, der die Kreativabteilung von »Blackberry« in der Bronzezeit des IT-Zeitalters auf die Idee gebracht hat, ihre Handys »Smartphones« zu nennen. Dieser Sinn besteht in intellektueller Fremdversorgung, und er ist auch all jenen »smart grids« hinterlegt, die Stromverbräuche in klimabewussten Haushalten so steuern sollen, dass im Land ein ausgeglichener Zustand zwischen Stromangebot und -nachfrage herrscht. Hier überantwortet der bewusste Energiekonsument die Entscheidung, ob er sich *jetzt* eine Pizza aufbacken oder die schmutzige Wäsche waschen soll, dem kleinen Rechner, der ihn über die günstigste und daher entsprechend tarifierte Nutzungszeit aufklärt. Verstößt er gegen die Empfehlung, bleibt ihm das schlechte Gewissen, wider besseres Informiertsein das Falsche zu tun – das ist dann: prometheische Scham 2.0.

Etymologisch wird mit dem Anglizismus »smart« denn auch etwas anderes bezeichnet als mit dem deutschen Wort »klug«: Das Übertölpeln von jemand anderem schwingt ja schon mit, wenn jemand sich »smart« verhält oder sich, wie im Amerikanischen, als »smart ass« erweist: so jemandem zollt man Bewunderung, obwohl man von ihm beschissen worden ist. »Klugheit« dagegen ist pragmatisches Wissen, das die relevanten Faktoren assoziativ aufruft und die Entscheidung zugleich an moralische Kriterien bindet. Vor diesem Hintergrund ist die zunehmende Ersetzung der Klugheit durch Smartness symptomatisch für eine Welt, in der man sich auch intellektuell zunehmend fremdversorgen und Programme für sich denken lässt. Damit gibt man zugleich die Kontrolle über seine Entscheidungen an Geräte ab und verzichtet so noch auf die Freiheit des Denkens. Aufklärung und Selbstaufklärung können nicht smart sein. Nur klug.

EIN KURZER AUSFLUG IN DIE GESCHICHTE DER ÖKOLOGIEBEWEGUNG

Nachdem ich jetzt so viel über Sie geschrieben habe, bin ich es Ihnen vielleicht schuldig, auch etwas über mich zu schreiben – was sich in diesem Kapitel insofern beinahe aufdrängt, als sich die meiste Zeit meiner Lebensgeschichte mit der Geschichte der modernen Ökobewegung deckt. Ich war – abgesehen von einer Phase als Anti-AKW-Protestierer und später als Mitgründer eines Wissenschaftsladens[60] – nie dezidiert »öko« und komme aus einer Familie, in der sich aber auch niemand im Geringsten für »öko« interessiert, bis heute. Gerade darum ist es interessant, dass meine Biographie gleichwohl ökoimprägniert ist. So widmet sich zum Beispiel die erste »Projektarbeit« meines Lebens, da war ich 13, der verheerenden Umweltverschmutzung, die die westliche Welt überall auf dem Planeten anrichtete. Das war im Konfirmandenunterricht, und die »Umwelt«-Problematik spielte damals eine große Rolle bei ökobewegten Vikarinnen und Junglehrern. Mein Klassenlehrer in der Unterstufe wurde einer der ersten Landtagsabgeordneten der Grünen Partei (in Niedersachsen), und auch wenn unsereins die Teilnahme an Demonstrationen eher unter dem Gesichtspunkt betrachtete, dass dabei die Coolen mitmachten und nicht die von der »Jungen Union«, bildete das Motiv, auf jeden Fall »gegen die herrschende Praxis« zu sein, einen Grundzug meiner Zeit als Jugendlicher. Was übrigens nicht im Geringsten damit in Widerspruch stand, dass ansonsten mein brennendes Interesse nach wie vor allem galt, was einen Motor hatte. Inzwischen holte ich mir alle zwei Wochen die neue »AMS« (»Auto, Motor und Sport«) am Kiosk, bald kamen noch »Motorrad« und »PS« dazu. Lebensweltlich führten Apokalypsebewusstsein und vitale Teilnahme an der Zerstörung des Planeten in mir schon damals eine friedliche Koexistenz.

Zu dieser Zeit waren die »Grenzen des Wachstums« von Dennis Meadows, Donella Meadows und Jørgen Randers schon erschienen; sie richteten ihr Augenmerk nicht nur auf die Emissions- und Verschmutzungsproblematik, sondern vor allem auf den (damals noch nicht so genannten) »Extraktivismus«, also auf die Steigerungslogik der Rohstoffentnahme und die Berechnung des Erreichens der Grenzen dieser Entnahme. Die wurde in den meisten Fällen auf den Beginn des 21. Jahrhunderts taxiert, also auf jetzt. Auch wenn viele Apologeten des grenzenlosen Wachstums heute triumphierend einwenden, das alles sei ja nur Panikmache gewesen, schließlich gäbe es heute ja immer noch Öl und die Kohlevorräte reichten sogar für die nächsten 300 Jahre, haben die Autoren in einem zentralen Punkt eindeutig recht behalten: Die ökologischen und wirtschaftlichen Kosten des Extraktivismus sind immer größer geworden, ein Umsteuern immer schwieriger, und der Ressourcenstress, ablesbar etwa an der internationalen Konkurrenz um Böden,[61] nimmt zu.

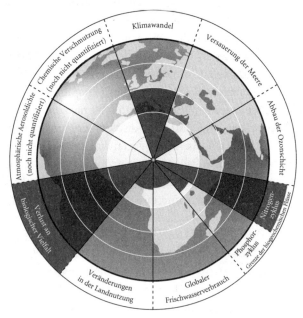

Drei schon überschritten: Grenzen des Erdsystems.

Tatsächlich befinden wir uns heute, vierzig Jahre später, exakt in der Situation, dass die dereinst hellsichtig prognostizierten »Peaks« eingetreten und noch um andere ergänzt worden sind – eine Wissenschaftlergruppe um Johan Rockström hat unlängst in der Zeitschrift »nature« eine Debatte zu »planetary boundaries« angestoßen, in der es um die Übernutzung von zehn zentralen Überlebensressourcen geht.[62] Drei dieser Boundaries sind bereits überschritten. Gleichwohl verhalten sich die Volkswirtschaften, die Marktteilnehmer und die Gesellschaften immer noch so, als hätten sie es mit einem physikalisch grenzenlosen Universum zu tun.

Wenn sie mit unabweisbaren Anzeichen der Endlichkeit ihrer Vorräte und damit ihrer kulturellen Praxis konfrontiert sind, reduzieren sie die kognitive Dissonanz, um ihr so lange erfolgreich gewesenes Lebens- und Wirtschaftsmodell nicht aufgeben zu müssen: Sie deuten Endlichkeitsphänomene wie die Überlastung bzw. das Abnehmen von CO_2-Senken oder die Degradation nutzbarer Böden oder fischbarer Bestände als »Krisen«, also als vorübergehende Störungen in einem prinzipiell funktionierenden System.

Aber je aufdringlicher die »Krisenerscheinungen« werden – der Finanzkollaps und die »Eurokrise« gehören dazu –, desto intensiver richten sich alle Anstrengungen darauf, den Status quo ante zu restaurieren. Dabei intensiviert die Gesellschaft, wie gesagt, auch heute die Bemühungen, mit denen sie bislang erfolgreich gewesen ist: Sie bohrt – wie im Fall »Deepwater Horizon« – tiefer und mit größeren Risiken, oder sie nutzt Ölschiefer und Ölsände, deren Extraktion mit erheblich größeren Umweltkosten verbunden sind als das Einleiten sprudelnder Ölquellen in Pipelines, die direkt zu den Raffinerien führen. Und immer findet sich ein Ökonom, der mitteilt, wie sinnvoll das ist, da der Markt die erhöhten Förderkosten aufbringt, weshalb die Berechnungen der »Grenzen des Wachstums« falsch waren usw.

Analoges gilt für die Nutzung von Böden. Immer mehr Anbaufläche wird großindustriell mit gentechnisch veränderten

Pflanzen bebaut, um kurzfristig höhere Erträge zu erzielen, als eine nachhaltige Nutzung liefern würde. Dasselbe Prinzip findet sich in der Fischerei; so braucht die Erzeugung von einem Kilo Lachs inzwischen fünf bis sechs Kilo anderen Fisch, unbeschadet davon wird die Lachszucht dann als »nachhaltig« zertifiziert.[63] Solche Beispiele ließen sich endlos vermehren; ihr gemeinsamer Nenner ist jedenfalls die Handlungsstrategie, die den Industriekapitalismus von jeher gekennzeichnet hat und die immer noch sein Bewegungsgesetz bildet: Expansion.

Der Clou dabei ist: Die expansiven Strategien werden desto mehr intensiviert, je deutlicher – peak oil, peak soil, peak everything (Richard Heinberg) – die Knappheiten zunehmen. Daran ändert übrigens kein Nachhaltigkeitszertifikat irgendetwas – oft wird das Problem sogar durch das Nachhaltigkeitsargument verschärft. Man nennt »nachwachsenden Rohstoff«, was erst mal die Verwandlung von kleinbäuerlichen Strukturen oder Regenwald in Monokulturen von Ölpflanzen voraussetzt. Biosprit ist das Methadon der fossilen Wirtschaft; und es wird auch hier *zusätzlich*, nicht stattdessen konsumiert. Aber zurück zu den Knappheiten. Die sind ökonomisch grundsätzlich wünschenswert: Je knapper die Ressource, desto größer die unbefriedigte Nachfrage, desto höher der erzielbare Preis. Deshalb gibt es an der Chicagoer Rohstoffbörse (CBOT) Standing ovations, wenn es irgendwo auf der Welt eine Missernte gibt oder eine Überschwemmung, die landwirtschaftliche Erträge vernichtet.[64] Was dem Außenstehenden als Zynismus erscheint, ist nur Ausdruck der Tatsache, dass Rohstoffe und als solche eben auch Grundnahrungsrohstoffe gehandelte Waren sind wie andere auch. Je mehr sich das Gewicht zuungunsten der Nachfrager verschiebt, desto erfreulicher wird die Geschäftsgrundlage für den Anbieter. Deshalb ist auch Hunger gut für den Umsatz.

Mit diesem Prinzip war die kapitalistische Ökonomie bislang extrem erfolgreich: Kein anderes Wirtschaftssystem der Geschichte hat in vergleichbar kurzer Zeit mehr Reichtum generiert und verteilt. Vor diesem Hintergrund ist die Haltung, dass man sich auch in Multikrisenzeiten auf die Strategien verlässt, mit denen man *bislang* gut gefahren ist, höchst plausibel: Der Wechsel in einen anderen Handlungs- und Problemlösungsmodus scheint bis zum Beweis des Gegenteils viel riskanter. Aber wenn ausgerechnet Expansion die zentrale Problemlösungsstrategie einer Wirtschafts- und Gesellschaftsform ist und diese sich in zwei Jahrhunderten als *Realexpansion* unter Beweis gestellt und bewährt hat, ergibt sich in einem endlichen System eine tödliche Aporie: Diese Strategie *kann,* wie gesagt, langfristig nicht funktionieren, weil sie ihre eigenen Voraussetzungen konsumiert. Kurzfristig, und das ist der Clou, funktioniert sie aber desto besser, je knapper die Ressourcen werden.

Deshalb läuft der Extraktivismus unter kapitalistischen Bedingungen gerade dann immer schneller, wenn das Ende der Fahnenstange in Sicht kommt. Also gilt es, *jetzt noch* so viel wie möglich herauszuholen. Auf diese Weise wirkt die Kultur des ALLES IMMER selbstbeschleunigend, und der Alarmismus der Ökos und der Klimaforscher ebenfalls, macht er doch deutlich, dass die Party womöglich bald vorbei sein könnte. Anders gesagt: So führen Ökobewegung und heißlaufender Extraktivismus nicht nur eine erstaunlich friedliche Koexistenz, sondern beschleunigen sich wechselseitig. Vielleicht löst das das Rätsel, wieso unablässig »Erdgipfel« zur Rettung des Planeten stattfinden, obwohl kein einziger je zu einer wirklichen Veränderung, geschweige denn zu einer Trendumkehr geführt hat.

So kann man in Abwandlung einer Formulierung von Ernst Bloch sagen: Was die Ökobewegung in den vergangenen Jahrzehnten gemacht hat, war richtig, nur was sie *nicht* gemacht hat, war falsch. Sie hat sich auf die Kritik der Auswüchse eines Wirtschaftssystems konzentriert, dessen Problematik nicht in seinen Fehlern, sondern in seinem Funktionieren besteht. Nicht seine Dysfunktionalitäten und »Übertreibungen« zerstören die künftigen Überlebensgrundlagen, sondern sein ganz normaler Erfolg. Und dieser Erfolg erzeugt – auch in der Ökobewegung – jene kulturelle Bindung, die dafür sorgt, dass es unmöglich erscheint, unter Stress die Überlebensstrategie zu wechseln oder auch nur ein Moratorium einzulegen. Im Gegenteil erzeugt wachsender Stress eine immer hektischere Suche nach Lösungen in gewohnter Richtung, und zwar aufseiten der Vertreter des Business as usual wie auf der der Ökobewegten: Daher kommt es zu so eklatanten Fehlsteuerungen wie im Fall des Biosprits, wo sich plötzlich alle auf der falschen Seite befinden. Stress, zeigt das, verengt allen den Blick.

Gesellschaften, die vor ein paar Jahrhunderten unter Ressourcenstress gescheitert sind, weil ihnen ihr kulturelles Modell andere Wege verschloss und weil sie Strategien beibehielten, die unter anderen Bedingungen entwickelt worden waren und nun, unter veränderten Konditionen, kontraproduktiv wirkten, sind aber nur für sich gescheitert. Der Rest der Welt nahm davon keine Notiz. Heute beschränkt sich das Scheitern nicht mehr auf einen kleinen und hermetischen Kulturraum, sondern bringt im Zuge der Globalisierung erhebliche Teile der Menschheit insgesamt in Schwierigkeiten. Was den weiteren Unterschied nach sich zieht, dass der Niedergang sich nicht gleichermaßen auf alle Gruppen auswirken wird; auch das Scheitern hat seine eigene Ungleichzeitigkeit und Ungerechtigkeit. Diejenigen, die sich Reichtums- und Organisationsvorteile gesichert haben, werden besser mit dem sich vollziehenden Scheitern zurechtkommen als die, die gar nichts haben. Und noch ein Unterschied: Die meisten Kulturen, die gescheitert sind, haben dafür erheblich mehr Zeit benötigt als die vielleicht insgesamt 250 Jahre, die der Kapitalismus für Aufstieg, Konsolidierung, Universalisierung und Abstieg gebraucht haben wird. Aber die gesteigerte Umschlagsgeschwindigkeit ist nur folgerichtig: Eine Kultur, deren Credo Hochgeschwindigkeitskonsum ist, schafft natürlich auch ihren eigenen Untergang in Rekordzeit.

PROTEST

Nun aber zurück zu meiner Konfirmandenzeit und meiner ökologischen Erweckung, die ja keine war: Denn in den 1970er Jahren waren die Themen Umweltzerstörung, Luftverschmutzung, Müll, Smog usw. schon ein ebenso großes Thema wie heute. Kein Schulkind konnte den apokalyptischen Szenarien entgehen, die das besorgte Personal in den Schulen, Kirchen, Schullandheimen usw. ausbreitete. Die Regale der Buchhandlungen waren voll von Öko-Schockern aller Art, und ich persönlich habe auch damals schon viel von dem für plausibel gehalten, was dort als düstere Zukunft des Planeten entworfen wurde. Aber auch das stand relativ verbindungslos zu meiner Faszination an Technik aller Art – schließlich waren wir die Generation, für die die NASA so sehr Zukunft verkörperte wie Jacques Cousteau mit seinen Tiefseeexkursionen: Wir lebten ganz und gar ungebrochen im Kulturmodell der immerwährenden Expansion – in die Tiefen des Weltalls wie in die des Ozeans, in die der wissenschaftlichen Erkenntnis wie in die des technischen Fortschritts. Biographisch bilden Ökofatalismus und Fortschrittsglaube keine Widersprüche, und auch gesellschaftlich nicht: Sie sind Geschwister, die sich nicht ausstehen können, sich aber gerade darum wechselseitig zu übertreffen versuchen.

Tatsächlich entwickeln sich ja Naturschwärmerei und Technikkritik historisch in der Romantik, also zu einem Zeitpunkt, da die Frühindustrialisierung sicht- und fühlbare Verluste mit sich bringt – verschmutzte Flüsse, verdreckte Luft, Krankheiten, die unmittelbar mit der harten Industriearbeit oder dem Schuften in den Bergwerken zusammenhingen. Es scheint auch, wenn man etwa die grausamen Begleiterscheinungen der Luftverschmutzung in den frühindustriellen Metropolen London oder Pittsburgh betrachtet, die unter ungünstigen Wetterbedingungen enorme Todesraten mit sich brachten,[65] mit der Entwicklung der Industriegesellschaften immer schon ein Bewusstsein einhergegangen zu sein, dass der Fortschritt eben seinen Preis habe, der aber keinesfalls zu hoch sei, um ihn zu bezahlen. Dass die Verwandlung der Welt im 19. Jahrhundert zugunsten sich verbreiternden Wohlstands und der Ausbreitung von Freiheitsideen und Partizipationsmöglichkeiten nicht ohne Verzicht – auf Muße, Kontemplation, Reinheit usw. – zu haben sein würde, das scheint dem Aufstieg des Industriekapitalismus tief eingeschrieben. »Wenn die Schlote qualmen und der Dreck vom Himmel fällt, dann wird gearbeitet!«, sagte man im Ruhrgebiet noch in den 1970er Jahren.

Die Überzeugung, der Fortschritt habe eben seinen Preis, gehört mithin zum kulturellen Gepäck dieses Gesellschafts- und Wirtschaftsmodells, weshalb man sich nicht zu wundern braucht, wenn heute noch nicht wenige Ruhrgebietsbewohner »ihre« Autobahn A 40 als kulturelle Errungenschaft lieben und kein Problem im Dauerlärm und Dauerstau sehen – das gehört einfach dazu. Der Verzicht auf Ruhe, Zeit, Gesundheit, der in diesem Kulturmodell immer schon vorausgesetzt und akzeptiert war, gehört zum Tradierungsinventar und zur mentalen Infrastruktur der Bewohner moderner Gesellschaften und verschwistert sich nicht selten mit sozialpolitischen Desideraten: Sich ein Auto leisten zu können, in die Ferien fahren zu können, sich »etwas gönnen« zu können, das sollte nach dem Sozialstaatsmodell der westeuropäischen Nachkriegsgesellschaften eben auch »dem Arbeiter« zustehen, womit sich für ihn alle Verzichtsleistungen dadurch auszahlten, dass er sich auch »ein schönes Leben« leisten konnte.

Naturschutz oder später Ökologie wurden demgemäß erst bedeutsam, als an diesem ausbalancierten Gefüge von Verlust und Gewinn etwas ins Ungleichgewicht geriet. Es ist gewiss kein Zufall, dass die Entstehung der modernen Umweltschutz- und Ökologiebewegung zu einer Zeit anhob, in der verfeinerte wissenschaftliche Messverfahren Umweltschädigungen auch dort nachweisbar machten, wo man sie mit den Sinnen nicht wahrnehmen konnte. Und dass dies zu einem Zeitpunkt geschah, da die Wohlstandsniveaus in den frühindustrialisierten Ländern so

Sich auch mal was gönnen.

angewachsen waren, dass man den Blick von der Sicherung auch auf die Kosten des Wohlstands richten konnte. Dabei entsprang die ökologische Revolution jeweils auch nationalen Eigentümlichkeiten: Während in den USA die Zerstörung der Wildnis einen wichtigen Kristallisationskern bildete, war es in Deutschland der Wald und in Spanien das Wasser, um die sich jeweils generalisierbare Besorgnisse zentrierten.[66]

Eine Anti-Atomkraft-Bewegung, die eine vergleichbare Intensität wie in Westdeutschland entfaltet hätte, war in anderen Ländern nicht zu verzeichnen. Sie liefert ein Beispiel, wie nachhaltig und ungleichzeitig Protestbewegungen wirken können. Ohne die in den 1970er und 1980er Jahren starke und konfliktbereite Bewegung gegen die Atomkraft hätte es gewiss nicht die kontinuierliche Ablehnung dieser Technologie in der Mehrheitsbevölkerung gegeben, die dann nach dem Unfall von Fukushima gleichsam die akklamatorische Basis für den rasch beschlossenen Atomausstieg bildete und die »Energiewende« einläutete. Allerdings kann am Beispiel der Anti-AKW-Bewegung auf eine tragende Bedingung für erfolgreiche soziale Bewegungen hingewiesen werden: Diese werden nämlich nicht erfolgreich, wenn sich ihre Protagonisten nur subkulturell zusammensetzen – also etwa aus Studierenden und Schülern, die mit Abenteuerlust vor die Bauzäune ziehen, Bahnschienen blockieren oder in Innenstädten demonstrieren. Eine soziale Bewegung wird erst erfolgreich, wenn sie Personen aus allen gesellschaftlichen Gruppen einbezieht, auch dann, wenn diese ursprünglich keine vitalen Interessen am partikularen Anliegen der Initiatoren haben. Mit anderen Worten: Die Bürgerrechtsbewegung in den USA wird in dem Augenblick erfolgreich, wo Weiße aus allen gesellschaftlichen Gruppen sich ihr Anliegen zu eigen machen; die Abschaffung der Sklaverei wird dann durchsetzbar, wenn sie zur Sache von Menschen wird, die selbst keine Sklaven sind.

Die Anti-AKW-Bewegung konnte die subkulturelle Dimension deswegen überschreiten, weil sich im Thema Atomkraft mehrere Problemfelder überschnitten: die Ablehnung einer prinzipiell unbeherrschbaren Technologie mit unlösbaren, aber generationenübergreifenden Entsorgungsproblemen – darin fanden sich Wissenschaftler mit Pastoren und mit Jugendlichen zusammen. Zum Zweiten förderte dieser Typ von Großtechnologie politischen Widerstand gegen die Monopolisierung wirtschaftlicher Macht, drittens befürchtete man von liberaler Seite gravierende innen- und sicherheitspolitische Nachteile durch die Einführung solcher Technologie. Robert Jungk imaginierte in seinem vielgekauften Buch den »Atomstaat« und entwarf darin eine totalitäre Sicherheitsarchitektur, die ganz unausweichlich wäre und die Freiheitsrechte radikal einschränke.[67]

Neben dem nichtsubkulturellen Charakter des Protests gegen die Atomtechnologie ist damit gleich noch ein zentraler Erfolgsfaktor sozialer Bewegungen angesprochen: Während wir, jetzt spreche ich als Zeitzeuge, als Schüler durch den Matsch von Brokdorf stapften und uns am Bauzaun von Grohnde mit der Polizei prügelten, schrieben in den Feuilletons Autoren wie Carl Amery, Hans Jonas, Ivan Illich, Walter Jens und eben Robert

Jungk und gaben dem, was wir machten, die unverzichtbare Legitimation und den intellektuellen Überbau. Kurz: Der Widerstand umfasste gesellschaftliche Gruppen von Jugendlichen bis hin zu den Deutungs- und Funktionseliten. Als solcher war er nicht so einfach zu vereinnahmen, blieb nicht das partikulare Anliegen einer isolierbaren Subkultur, erzielte Gewinne in der Ökonomie der Aufmerksamkeit, bekam politische Relevanz und wurde so zur öffentlichen Angelegenheit. Wie sehr, das zeigt die Etablierung einer grünen Partei, die ohne die Anti-AKW-Bewegung kaum denkbar und sicher nicht so erfolgreich gewesen wäre, und heute eben die ungleichzeitige Energiewende als nationaler Alleingang, während der Rest der Welt weiterhin auf die zivile Nutzung der Kernenergie setzt.

Im Protest gegen die Atomkraft hatte die deutsche Ökobewegung am deutlichsten eine politische Signatur. Er integrierte linke Positionen gegen die rücksichtslose Durchsetzung von Wirtschaftsinteressen, liberale gegen den Polizei- und Überwachungsstaat und ökologische und konservative gegen die Hybris naturvergessener Großtechnologie. Kurz: Hier trafen Fragen und Haltungen über das richtige und das falsche Leben einen breiten gesellschaftspolitischen Resonanzkörper. Und was meine persönliche Geschichte angeht: Hier habe ich gelernt, dass politische Sozialisation primär nicht über Inhalte geschieht, sondern über die Gemeinsamkeit von Erfahrung im Prozess des Dagegenseins. Ich glaube, dass uns die Atomtechnik an sich weniger geängstigt hat als die Form, in der der Staat sie durchzusetzen beabsichtigte; dasselbe gilt für die beabsichtigte Stationierung von Pershing-Raketen, die uns dann nach Bremerhaven fahren ließ und in den Bonner Hofgarten, um »für den Frieden« zu demonstrieren. Ich habe keine Sekunde Angst davor gehabt, im finalen Atomschlag vom Typ »Dr. Seltsam« zu verdampfen, aber es war eine enorm wichtige Erfahrung, zusammen mit anderen erfolgreich gegen etwas sein zu können.

Dieses politisch-psychologische Bewegungsmoment braucht geradezu zwingend ein gewisses Maß an Irrationalität, Sexyness und Neugierde; keine soziale Bewegung überzeugt ihre Anhänger und Gegner durch Belehrung oder wissenschaftliche Beweisführung. Und damit wären wir beim Pferdefuß der Entwicklung, die die Ökologiebewegung in den folgenden Jahrzehnten genommen hat.

DAS POLITISCHE WIRD ANTIUTOPISCH

Das Gefühl einer durch Gemeinschaftlichkeit verstärkten eigenen Kraft und das Ausprobieren von Widersetzlichkeit gegenüber Autoritäten ermöglicht zugleich zu erfahren, dass *alles anders sein kann*, wenn man sich nur dafür einsetzt. Eine solche Erfahrung ist ein starkes Bollwerk gegen Gleichgültigkeit; die Psychologie nennt das die Erfahrung von Selbstwirksamkeit. Mir scheint, dass es genau das ist, was der Ökologiebewegung im Lauf ihrer Entwicklung abhandengekommen ist. Sie gab es auf andere Weise zuletzt in der friedlichen Revolution, die zum Ende der DDR und des ganzen Sowjet-Imperiums führte. Aber in dem Fall war sie nicht nachhaltig, weil sie nicht den Ausgangspunkt für die autonome Entwicklung einer neuen gesellschaftlichen Formation bildete, sondern lediglich für eine freundliche Übernahme durch jenen Typ von Wirtschaft, der keine Feinde kennt. So standen mit nicht geringer Überraschung auch diejenigen, die nach dem Mauerfall kurz von einem »Dritten Weg« zwischen real existierendem Sozialismus und real existierendem Kapitalismus geträumt hatten, vor der vollendeten Tatsache, dass sie schon Teil einer anderen Gesellschaft geworden waren. Obwohl sie noch links blinkten, waren sie schon rechts abgebogen. Aber das ist eine andere Geschichte.

Bezeichnend ist jedenfalls, dass die politische Ökologiebewegung – die zunächst ein Sammelbecken aller möglichen Systemabweichler vom DDR-Dissidenten und späteren Sannyasin Rudolf Bahro über konservative Schöpfungsbewahrer wie Herbert Gruhl und erprobte K-Grüppler wie Jürgen Trittin bis hin zu entschlossenen Ich-AGs wie Joschka Fischer und erratischen Figuren wie Petra Kelly war – sich in der Tat nur in dem einen Nenner zusammenfand, dass es mit der Zerstörung der Naturressourcen so nicht weitergehen könne. Dafür war, wie gesagt, der Boden in den frühindustrialisierten Gesellschaften bereitet. Wie diese Zerstörung freilich zu stoppen wäre, das war gerade vor dem Hintergrund der Heterogenität des Personals der nunmehr grünen Bewegung nicht konsensfähig. Folgerichtig spaltete sich die Fraktion der »Fundis«, der Systemzweifler und -kritikerinnen, von jener der »Realos« ab, die bis heute die Führungselite der grünen Partei stellen. Sie sind mit den Spielregeln des politischen Betriebssystems gründlich vertraute Professionals der Parteipolitik geworden, denen an Systemveränderung weniger liegt als Spätradikalen wie dem ehemaligen CDU-Generalsekretär Heiner Geißler, der in einem Interview als sein größtes Versagen nannte, dass es ihm nicht gelungen sei, den Kapitalismus abzuschaffen. Das ist die grüne Sache nicht: Sie möchte vielmehr, und da schreibt sie sich in die Geschichte der ökologischen Bewegung bruchlos ein, die *Auswüchse* rücksichtslosen Umgangs mit der Natur beschneiden – und demgemäß ist sie *die* reformerische Partei in Deutschland schlechthin geworden.

Das war folgerichtig, entwickelte doch die Ökobewegung im Mainstream nie ein politisches Programm über die Negation von zu viel Zerstörung hinaus; die »Fundis« gingen dann den Weg in die Praxis, gründeten Ökodörfer, wurden Kabarettisten oder Esoteriker, je nachdem. Die Realo-Partei aber wurde für eine Weile zum zentralen Innovationstreiber einer Gesellschaft, die weiter so funktionieren wollte, wie sie war; es durfte bei allem nur »grüner« und »nachhaltiger« sein. Tatsächlich zeichnet die Absenz einer *politischen* Vorstellung darüber, wie eine Gesellschaft aussehen könnte, die nicht dem Prinzip des Wirtschaftswachstums und der grenzenlosen Steigerungslogik folgt,

die Ökobewegung heute mehr denn je aus. Indikatoren dafür waren und sind:
- die Konzentration auf die *Folgen* und nicht auf die systemischen Ursachen der fortschreitenden Umweltzerstörung,
- damit eine systematische Vernachlässigung der Gründe für den fortschreitenden Extraktivismus,
- ein Mangel an Reflexivität. Man fühlt sich gut in dem Bewusstsein, Teil der Lösung und nicht Teil des Problems zu sein,
- die Geschichts- und Theorielosigkeit der Bewegung,
- eine immer stärker werdende Technikorientierung und schließlich
- eine fehlende Anerkennung lebensweltlicher Daseinsbewältigung bei immer stärkerer Favorisierung expertokratischer Strategien.

Die Ökologiebewegung war nie utopisch. Dieser Satz mag verwundern, ist diese Bewegung doch von der Vorstellung durchdrungen, dass eine bessere, reinere, nachhaltigere Welt möglich sei. Wenn man aber ihre Geschichte betrachtet, so zieht sich von der Romantik bis heute als bestimmendes Thema die Furcht vor dem Verlust durch – von Natur, Landschaft, gesunder Luft, Stille etc. Es geht weniger *positiv* um die Frage, wie die Gesellschaft sein solle und zu denken wäre, sondern *negativ* und immer präsentistisch darum, wie sie gerade nicht sein sollte. Demgemäß richteten sich die Anstrengungen primär gegen die Auswüchse von Produktion und Entsorgung, nicht auf die Wirtschaftsformen und Produktionsverhältnisse, noch weniger auf Gegenentwürfe nachhaltiger Wirtschafts- und Gesellschaftsformen. Diesem antiutopischen Zug der Ökobewegung, der durch den kompletten Abschied von den Utopien seit 1989 noch einen zusätzlichen Schub erfahren hat, und ihrer pragmatischen Orientierung sind zweifellos eine Menge politischer Erfolge und Fortschritte in Sachen Umwelt- und Verbraucherschutz zu verdanken. Und ohne die Transformation einer bunten und heterogenen Bewegung in eine professionelle Politikerpartei, die sich von anderen Parteien stilistisch gerade noch durch die den Vornamen vorangestellten Artikel (»der Cem«, »die Claudia«) unterscheidet, wäre die Bundesrepublik heute gewiss weniger modern, liberal und ökologisch. Allerdings verlor die Partei gerade durch ihren Erfolg an Profil: Die grünen Themen sind so mehrheitsfähig geworden, dass kein Parteiprogramm, kein Unternehmensleitbild, keine Autowerbung mehr ohne die Begriffe Nachhaltigkeit, Verantwortung, Klimaschutz auskommt. Aber so funktioniert eben auch der politische Markt: Was mehrheitsfähig wird, wird adaptierbar durch alle anderen.

Wenn man in weiterer historischer Perspektive sieht, wie antiutopisch die »Ära der Ökologie« im Vergleich zur Ära der Aufklärung (mit ihren Raumutopien wie Francis Bacons »Nova Atlantis« oder Thomas Morus' »Utopia«) oder der Arbeiterbewegung (mit ihren Zeitutopien Sozialismus und Kommunismus) ist, wird deutlich, wie eng die Ökobewegung immer der Gegenwart verhaftet blieb. Dem Status quo hatte sie keine Vision entgegenzusetzen, sondern wollte ihn lediglich kritisieren und verbessern.

Mit dieser Utopieferne hängt ein eklatanter Mangel an Reflexivität zusammen: Wenn ich vor allem die Schäden im Auge habe, die Fischereiunternehmen und Chemiekonzerne anrichten, gerät ja schnell aus dem Blick, dass die Fische für einen Markt gefangen und die Waschmittel für einen Markt produziert werden, auf dem ich selber auftrete. Diese Form der Betrachtung hat den Vorteil, dass ich Probleme immer genau dort identifizieren kann, wo *ich nicht* bin, weshalb ich elegant Forderungen nach dem Abbau von Missständen erheben kann, ohne meine eigene Position ins Spiel zu bringen.

Gewiss gab und gibt es in der Ökobewegung einen Zweig, der sich emphatisch antikolonialistisch und antiimperialistisch gibt und betont hat, dass sich der hiesige Wohlstand dem Elend andernorts verdankt, aber allzu häufig führt diese Perspektive auch nur zur rituellen Wiederholung von Sätzen wie dem, dass

»man die internationale Dimension nicht vergessen« dürfe, und zum Einkaufen in »Eine-Welt-Läden«. Was politisch daraus folgen würde, dass sich der Westen seit dem Kolonialismus einen nachhaltigen Reichtums- und Organisationsvorteil verschafft hat, ist mit dem Kauf von »fair« gehandeltem Kaffee nicht beantwortet und wurde nie zum Fundament grüner Politik. Auch hier war die Konzentration auf die korporativen Akteure von BP über Coca-Cola bis Monsanto naheliegender: Was die anrichteten und anrichten, lässt sich besser skandalisieren als der eigene Beitrag dazu, dass sie das anrichten können. Von daher erklärt sich die Vorliebe für die Emission und die Abneigung gegen die Extraktion. Würde man diese nämlich stärker in den Vordergrund rücken, wäre die selbstreflexive Antwort auf die Frage, für wen denn das alles aus den Böden und Gewässern geholt wird, unausweichlich: für mich! Zu den Emissionen kann man sich ganz anders verhalten: Da gibt es immer jemand anderen als mich, der schuld ist.

GESCHICHTSLOSIGKEIT

Menschen glauben oft, sie seien schon nicht mehr Teil der Mehrheit, wenn sie diese kritisieren. Aber moderne Gesellschaften sind funktional differenziert: Sie sehen unendlich viele Nischen und Subkulturen vor, in die man sich zurückziehen bzw. zu denen man gehören kann. Dort findet man die, die so denken wie man selbst, die »gegen« die gleichen Dinge sind oder die dieselben Werte haben. Mit anderen Worten: Moderne, hoch arbeitsteilige Gesellschaften integrieren über Differenz, nicht über Homogenität. Jede Behörde, jeder Betrieb, jede Universität besteht aus differenten Subgruppen, die sich voneinander abgrenzen, um sich selbst zu definieren.[68] Das zerstört nicht den Zusammenhang des sozialen Aggregats, es begründet ihn.

Auch die Opposition kann Teil der Mehrheitsgesellschaft sein; in modernen Demokratien ist das sogar der Regelfall. Moderne Gesellschaften benötigen kritische Subkulturen: Sie öffnen Räume für Veränderung, kanalisieren Unmut, modernisieren, indem sie Reibungsflächen bilden. Das ist immer ein Problem für Gruppen, die gewaltfrei gegen bestehende Verhältnisse rebellieren – die geschmeidige Adaptierungsfähigkeit von modernen Marktgesellschaften ist ohne weiteres in der Lage, sie zu »mainstreamen«, und das ist nicht nur dem Punk, sondern natürlich auch der Ökobewegung passiert. Dagegen ist auch nichts zu sagen, solange man sich dessen bewusst ist, dass man auf diese Weise Teil der Normalgesellschaft wird und sie nicht »von außen« kritisiert, sondern zu ihr beiträgt. Wenn aber dieses Bewusstsein verlorengeht oder nie vorhanden war, unterliegt man einem Selbstmissverständnis und glaubt, man sei »dagegen«, obwohl man in der Praxis nur die *Rolle des Dagegenseins* übernommen hat und gerade darin sehr dafür ist. In diesem Sinn tragen zum Beispiel Angehörige der Funktionseliten, die einen anspruchsvollen, aber ökologisch sensiblen Lebensstil pflegen, ein Hybridauto fahren, ein Passivhaus bewohnen und grün wählen, viel mehr zur inneren Befriedung der Gesellschaft bei als hartleibige Manager vom Typ Jürgen Grossmann oder Josef Ackermann, die entsprechend nun auch aus der Mode gekommen sind.

Die Geschichtslosigkeit der Ökobewegung ist oft thematisiert worden, zuletzt von Joachim Radkau.[69] Ich würde sie darauf zurückführen, dass sie für die Begründung von Interventionen gegen Zerstörungen und Verschmutzungen auch keine Geschichte braucht: Es genügt schon der aktuelle Status quo, der für schützenswert oder reparaturbedürftig erklärt wird. Solange man wissenschaftlich plausibel argumentieren kann, dass durch die Einleitung von Stoff X an Ort Y ein Schaden Z entsteht, der vermieden oder zumindest gemildert werden kann, braucht man keinen historischen Horizont. Insofern ist Geschichtslosigkeit für praktische Politik kein Hindernis, im Gegenteil.

Für das Verstehen der eigenen Rolle in der Gesellschaftsentwicklung ist Geschichtslosigkeit allerdings äußerst hinderlich: Ohne ein Verständnis historischer Prozesse entgeht einem schnell, dass Maßnahmen zur Stützung eines Systems beitragen können, obwohl man sie zu seiner Abschaffung erdacht hat. Das gilt für die postfossile Wirtschaft genauso wie für das Instrument des Emissionshandels: Im einen Fall hat man übersehen, dass ein neues Energieregime ein altes nie ablöst, sondern lediglich ergänzt und damit das Energieangebot erhöht, im anderen, dass man Gewinnmöglichkeiten einführt, wo zuvor keine gewesen sind, wenn man Emissionen zum handelbaren Gut macht. Geschichtslosigkeit macht blind gegenüber nichtintendierten Folgen von Entscheidungen; ein historischer Horizont bietet demgegenüber den Vorteil, sich selbst und seine Optionen in einem Bedingungszusammenhang zu sehen, und führt in der Regel zu geringerer Euphorie und größerer Vorsicht, also zu mehr Fehlerfreundlichkeit und Reversibilität.

Die Geschichtslosigkeit der Ökobewegung hat daher nicht zufällig zu jener auf den ersten Blick überraschenden Technikgläubigkeit geführt, die etwa darin zum Ausdruck kommt, dass man Elektrofahrräder für einen ökologischen Fortschritt hält, obwohl ihr Unterschied zum traditionellen Fahrrad hauptsächlich darin besteht, dass sie Strom verbrauchen und schwerer sind. Oder dass man der naiven Auffassung ist, dass erneuerbare Energien keine mineralischen oder fossilen Rohstoffe verbrauchen, weil sie ja eben »erneuerbar« heißen – was man für die Herstellung, den Betrieb und die Entsorgung von Solar- und Windkraftanlagen an Material und Energie braucht, ist in diesem Begriff ja nicht berücksichtigt. Schließlich: Es hat bislang historisch keinen großflächigen Technologieeinsatz gegeben, der nicht mit heißen Hoffnungen auf eine Verbesserung der Umweltsituation eingeführt worden wäre und dann unvorhergesehene und unerwünschte Kollateraleffekte mit sich gebracht hätte. Die Einführung des Autos war in amerikanischen Städten mit der Hoffnung verbunden gewesen, die ökologischen

Probleme loszuwerden, die aus der Pferdehaltung resultierten: »Um ein Pferd zu füttern, bedurfte es zwei Hektar Land, so viel, wie zur Ernährung von acht Menschen nötig war. In Australien, wo um 1900 ein Pferd auf zwei Menschen kam, musste ein bedeutender Anteil der Getreideproduktion des Landes für die Erhaltung der Pferde aufgewendet werden. In den USA wurde im Jahr 1920 auf einem Viertel allen Ackerlandes Hafer angebaut. Der Hafer war die Energiequelle für das auf Pferdekraft beruhende Transportproblem. Die Versorgung der Tiere war aber nur ein Teil des Problems. Die Pferde verschmutzten die Straßen mit Tausenden Tonnen Mist. Die Städte begannen zu stinken, der Mist lockte Fliegen an, Krankheiten breiteten sich aus. In den Großstädten mussten jährlich 10 000 bis 15 000 Pferdekadaver von der Straße geräumt werden. Zu den Verlockungen des Automobils gehörte daher um 1910 neben seinen vergleichsweise glimpflichen Emissionen auch die Hoffnung, dass es die Städte von den Umweltproblemen, die die Pferde schufen, befreien würde.«[70]

Ebenso groß waren die Hoffnungen, die in den künstlichen Stickstoff als Dünger gesetzt wurden oder in die friedliche Nutzung der Atomenergie – und zeigten später erst ihre gigantischen nichtintendierten Folgen: von der dauerhaften Degradation überdüngter Böden bis zu Tschernobyl, Fukushima und der unlösbaren Entsorgungsfrage. Desgleichen schützt Geschichtsbewusstsein vor dem Aberglauben, dass die heute so beliebte Diskontierung von Problemlösungen jemals funktioniert – also: noch ordentlich CO_2 emittieren, weil die Wissenschaft ja schon intensiv an Techniken der Abscheidung und Lagerung arbeitet. Oder besser noch: am Geo-Engineering. Das alles ist gar kein Argument gegen das Suchen nach besseren technischen Lösungen für Energieprobleme, nach nachhaltigeren Strategien in der Landwirtschaft oder intelligenterer Mobilität – aber jede Technik ist nur so gut oder schlecht wie die Kultur, die sie zur Anwendung bringt. Solange diese Kultur expansiv ist, so lange wird jeder Technikeinsatz in ihr zur Expansion führen; wenn sie einem reduktiven Paradigma folgen würde, würde auch ihr Technikeinsatz anders aussehen.

Noch ein Argument dazu? Im Augenblick wird Nachhaltigkeit oft umstandslos mit Effizienz zusammengedacht, obwohl beides miteinander nichts zu tun hat. Die Voraussetzung für einen nachhaltigen Umgang mit Rohstoffen ist ihr sozialer Gebrauch, nicht die physikalisch mögliche Effizienz ihrer Nutzung. Je mehr Material oder Energie in einer expansiven Kultur verfügbar ist, desto mehr wird konsumiert – umgekehrt wird desto mehr Material und Energie genutzt, je effizienter sie generiert werden. Ökonomen nennen das den »Rebound-Effekt« (vgl. S. 112). Effizienzsteigerung gehört zum Industriekapitalismus wie Kapital und Arbeitskraft, sie ist eine Bedingung seines Funktionierens. So gesehen, ist auch das vielgepriesene »Grüne Wachstum« nur mehr vom Gleichen: Wirtschaftswachstum durch Steigerung von Effizienz, ganz was Neues.

Eine Kultur, die nicht dem expansiven, sondern einem reduktiven Paradigma folgen würde, wäre an Effizienzsteigerung gar nicht interessiert: Sie würde nämlich darüber befinden, was sie für ihre Vorstellung von gutem Leben braucht, und danach ihren Mitteleinsatz bestimmen. Es könnte sogar sein, dass Ineffizienz für sie einen Wert darstellt – »sinnlos« Zeit verbrauchen oder gehen statt gefahren werden zum Beispiel.

Das enorm große Technikvertrauen muss bei einer Bewegung verwundern, die sich ja gerade im Widerstand gegen unerwünschte Technikfolgen gebildet hat. Aus meiner Sicht ist das auch darauf zurückzuführen, dass in der Ökobewegung spätestens in den 1980er Jahren ein endgültiger Paradigmenwechsel von der politischen und systemischen Kritik hin zum Anstoßen pragmatischer Problemlösungen stattgefunden hat. Bei einer solchen Wendung liegt eine zunehmende Orientierung an Optionen der Machbarkeit nahe, und deshalb sind in den letzten drei Jahrzehnten auch jede Menge Vorschläge zu verzeichnen, wie die gesellschaftliche Praxis durch *technische* und eben nicht durch soziale Innovationen zu verbessern sei: Elektroautos,

Windkraftanlagen, Blockheizkraftwerke, Plus-Energiehäuser usw. Vieles davon ist gut und notwendig – aber die Frage bleibt, in welche Verhältnisse und Zielvorstellungen hinein optimiert wird, wenn man die bessere Technik bereitstellt, womit wir wieder bei der Effizienz und den Rebounds wären.

Allerdings soll nicht unterschlagen werden, dass aus der Ökobewegung heraus auch wichtige soziale Innovationen entstanden sind: So wird hier das Carsharing erfunden; die angeblich so innovative Automobilindustrie braucht danach noch drei Jahrzehnte, um dessen Bedeutung für eine künftige Mobilitätskultur zu erkennen. Ökologischer Landbau, Solar-Genossenschaften, Mehrgenerationenhäuser sind soziale Innovationen, die nach längeren Inkubationszeiten mainstreamfähig wurden und die Gesellschaft modernisierten. Aber leider betrifft die Geschichtslosigkeit der Ökobewegung auch ihre Eigengeschichte. Heute richtet sich ihr Fokus mehr denn je auf technologische Innovation und Steuerung, was unter anderem auch auf die wachsende Konzentration auf die Klimaproblematik und damit auf die Energiefrage zurückzuführen ist: Hier scheint die verheißungsvolle Vorstellung am ehesten umsetzbar, erneuerbar zu werden und expansiv zu bleiben.

DAS WUNDER DES GRÜNEN PUDDINGS

Kinder, Betrunkene und neu ins Amt berufene Minister sagen die Wahrheit. So war der zufällig Bundesumweltminister gewordene CDU-Politiker Peter Altmaier erstaunt, als ihm gleich nach Amtsantritt der Sachverständigenrat für Umweltfragen (SRU) eine Studie vorlegte und damit die Forderung an die Regierung verband, sie möge doch bitte dafür sorgen, dass künftig das Wirtschaftswachstum vom Ressourcenverbrauch entkoppelt werde.[71] Altmaier sagte verlegen lächelnd, das höre sich ja gut an, er könne sich aber nicht recht vorstellen, wie das gehen solle. Mit diesem Zweifel lag der Minister in der Sache durchaus richtig, aber schon wenige Wochen später, auf dem Weltrettungsgipfel »Rio +20« im Juni 2012, konnte er bereits mitteilen, dass die Zukunft der Erde gefährdet sei, wenn man das Wirtschaftswachstum nicht vom Ressourcenverbrauch entkopple. Wahrheit ist, wie man auch an diesem Beispiel sieht, eine Funktion sozialer Übereinkunft. Peter Altmaier hat das Falsche dazugelernt und verkündet es nun wie alle anderen. Das Motto des Erdgipfels, auf dem dieser Lernprozess stattfand: »green growth«.

Die absonderliche Vorstellung, dass man Wirtschaftswachstum und Ressourcenverbrauch »entkoppeln« könne, wird meist damit illustriert, dass man sich ja nur anschauen müsse, wie viel weniger Material, Energie und Herstellungsaufwand ein modernes Ultrabook gegenüber einer weniger leistungsfähigen Großrechenanlage aus den 1980er Jahren beansprucht, um zu sehen, was Entkoppelung bedeutet. Wenn man diesen Reduktionsprozess in allen Bereichen der Güterproduktion umsetze, könne man in kurzer Zeit zu dramatischen Effizienzsteigerungen und somit zu Ressourceneinsparungen kommen. Zugleich gewinne man durch solch eine »grüne« Wirtschaftsstrategie Arbeitsplätze, Wettbewerbsvorteile, neue Absatzmärkte – kurz: hervorragende Wachstumsaussichten mit weniger Ressourcen. Das heißt dann wahlweise »green new deal«, »green growth« oder »qualitatives Wachstum«. Diese alchemistische Perspektive haben sich mittlerweile alle Parteien zu eigen gemacht, was insofern nicht verwunderlich ist, als hinter diesen Begriffen keine einzige Neuigkeit steckt, schon gar keine »grüne«. Das Prinzip ist schon vor zwei, drei Jahrhunderten erfunden worden. Es heißt Kapitalismus.

Effizienzsteigerung, die ja nie in etwas anderem als in Ressourceneffizienz bestehen kann, gehört zu seinem Wesen; anders wären die atemberaubenden Produktivitätssteigerungen und damit Wachstumsraten nicht möglich gewesen, die seine

Geschichte prägen. Da die Steigerung von Effizienz unter kapitalistischen Wirtschaftsbedingungen aber nie ein Nullsummenspiel ist – dazu würde man dieselbe Menge von Gütern mit geringerem Aufwand in kürzerer Zeit herstellen und das Eingesparte im Boden lassen –, wird der Effizienzgewinn sofort in Mehrproduktion umgesetzt. Wäre das nicht so, gäbe es weder Produktivitätsfortschritt noch Wirtschaftswachstum.

Das ist die schlichte theoretische Begründung dafür, dass Wirtschaftswachstum keine absolute Entkoppelung vom Ressourcenverbrauch zulässt; eine relative Entkoppelung gibt es dagegen schon von jeher. Empirisch schlägt sich dieser unspektakuläre Befund auf verschiedenen Ebenen nieder. Niko Paech, der radikalste Verfechter einer Postwachstumsökonomie, argumentiert zu Recht, dass die relative Entkoppelung an dem Umstand krankt, dass Maßnahmen zur Effizienzsteigerung zunächst ja *zusätzlichen* Aufwand bedeuten, weshalb die graduelle Reduktion von Aufwand durch neue Produktionsanlagen, Infrastrukturen etc. kompensiert oder überkompensiert wird. Als Beispiel nennt Paech Passivhäuser, die zwar energieeffizient sind, aber in der Regel Neubauten mit vergleichsweise großem und aufwendigem Materialeinsatz erfordern. Dasselbe gilt für die Elektromobilität, die neben einer höchst aufwendigen Speichertechnologie auch neue Infrastrukturen in Form von Ladestationen, Wartungseinrichtungen usw. erfordern.

Zudem müssen auch »grüne« Produkte entsorgt werden, wenn ihre Lebensdauer abgelaufen ist: Photovoltaikanlagen, Windräder, gedämmte Hausfassaden – all das wird irgendwann genauso veraltet oder unbrauchbar sein wie ungrüne Technologien und Materialien. Und in all diese Dinge fließen Energien bei Herstellung und Entsorgung, vom Flächenverbrauch für »Solarfelder« und Windenergieparks, Stromtrassen und Pumpspeicher ganz abgesehen. Das Zauberwort »erneuerbar« suggeriert hier vernachlässigbare Probleme, aber man darf ganz sicher sein, dass bei alldem noch ganz erheblicher und zum Teil unerwarteter Entsorgungsaufwand anfallen wird. Im Übrigen wird der Material- und Energieverbrauch nebst der bei der Herstellung anfallenden Emissionen bei vielen Produkten einfach nur verlagert – zum Beispiel dann, wenn Elektrogeräte oder Kinderspielzeug für den deutschen Markt in China gefertigt werden und die dortige CO_2-Bilanz belasten, hier aber entlasten, was zu national ergrünten Schadstoff- und Energiebilanzen führt. Paech nennt als Beispiel eine Studie des Schweizer Bundesamtes für Umwelt, die zu dem Ergebnis kommt, dass 60 Prozent aller Umweltschäden, die die Schweizer anrichten, außerhalb der Schweiz anfallen.[72] Elektronische Artikel werden überwiegend in Asien produziert, und wenn sie wenig später zu Elektroschrott geworden sind, werden sie wiederum in Drittwelt- und Schwellenländer exportiert und verschlechtern dort die Umweltbilanz (in Ermangelung von Kontrollen und Statistiken allerdings nur unerheblich).

So weit zur Fiktion materieller Entkoppelung. Dabei sind die sogenannten Rebound-Effekte noch gar nicht berücksichtigt. Menschen, die durch das Bewohnen eines Passivhauses Energie und damit Geld sparen, verausgaben das Eingesparte in der Regel an anderer Stelle – machen eine Flugreise mehr pro Jahr oder schaffen sich einen Zweitwagen an (sehr praktisch, da das Passivhaus meist in Suburbia steht). Psychologisch liefert die Effizienzerhöhung an der einen Stelle darüber hinaus Argumente für Verschwendung an einer anderen: »Das Bewusstsein, durch ein bestimmtes Konsumobjekt relativ geringere Umweltschäden zu verursachen, kann aus individueller Sicht die verstärkte Nutzung rechtfertigen. So wie ein Gas-, Brennstoffzellen- oder Elektroantrieb das perfekte Alibi für PKW-Anschaffungen und zusätzliche Autofahrten bilden, erleichtert die Passivhausbauweise individuelle Entscheidungen zugunsten eines Einfamilienhauses, anstatt sich mit einer Wohnung zu begnügen. Wer Ökostrom bezieht, hat eine gute Rechtfertigung dafür, es mit dem Energiesparen nicht so genau zu nehmen.«[73] Die Beispiele ließen sich beliebig fortsetzen – auch hier zeigt sich wieder das Phänomen, dass segmentäre Effizienzsteigerungen in expansiven Kulturen in der Summe nichts bringen. Was an der einen Stelle »ergrünt«, wird an der anderen wieder versaut.

Schon national verschwindet die relative Entkoppelung daher ins Reich der Phantasie; ein globales »green growth« kommt erst mal gar nicht in Betracht, weil ja vielerorts die Infrastrukturen mit all ihren Mobilitäts-, Energie- und Materialaufwänden noch errichtet werden müssen. Absolute Entkoppelung würde darüber hinaus den Abbau alter Infrastrukturen bedeuten – was das heißt, zeigt sich im Zuge der »Energiewende« schon daran, dass der »Rückbau« eines Atomkraftwerks seine Produktionskosten übersteigt. Nicht anders dürfte das bei anderen Infrastrukturen – von Autobahnen bis zu Kanalisationen – sein, so dass die Einführung »grüner« Technologien zunächst zwangsläufig erhöhten Aufwand bedeutet. Wenn sich dieser zu amortisieren beginnt, sind die neuen Features – Biomassekraftwerke, Windräder, wasserlose Klos usw. – schon wieder Schrott und müssen ersetzt und entsorgt werden. Und so geht das immer weiter.

Die ersten Versuche von Unternehmen, eine Bilanzierung vorzulegen, in der die externalisierten Kosten (also jene Kosten, die durch den Umweltverbrauch von Herstellung, Transport usw. entstehen) ausgewiesen sind, zeigen, dass die Unternehmensgewinne unter dieser Voraussetzung radikal zurückgehen.[74] Ökonomisches Wachstum wird mithin zu erheblichen Teilen auf Kosten von Gemeingütern erzeugt.

Aus historischer Sicht ist zu alldem noch zu ergänzen, dass die Marktlogik gewöhnlich so wirkt, dass im Energiesektor alte Strukturen nicht durch neue abgelöst werden, sondern in ein Ergänzungsverhältnis treten: So wird »green energy« das Energieangebot erhöhen und damit aller Erfahrung nach auch die Nachfrage. Also: keine Entkoppelung, nirgends.

Niko Paech fasst die Konsequenz prägnant zusammen: »Unter der Bedingung eines beständigen Wirtschaftswachstums ist es unmöglich, die Ökosphäre absolut zu entlasten. Unter der Bedingung einer absoluten Entlastung der Ökosphäre ist es unmöglich, ein beständiges Wirtschaftswachstum aufrechtzuerhalten.«[75]

Das Setzen auf die Technik erweist sich einmal mehr als Teil des Problems, das zu lösen sie vorgibt. Noch einmal: Das sagt nichts gegen *sinnvollen* Technikeinsatz, der in einer nachhaltigen Moderne gewiss notwendig ist, aber es zeigt einmal mehr, dass Sinn und Nutzen einer Technik von der Kultur abhängen, in der sie zum Einsatz kommt. Der ostentative Technikglaube der deutschen »Grünen« ist dabei leicht nachvollziehbar, verspricht doch die Substitution herkömmlicher durch »erneuerbare« Energien so etwas wie den Eintritt ins kapitalistische Paradies: Stetiges Wachstum durch unbegrenzte Energieverfügung, besser kann man die Kultur des ALLES IMMER gar nicht befeuern. Gelänge es sogar, die Entkoppelung von Energieerzeugung und Ressourcenverbrauch in andere Dimensionen – der Produktion, der Ernährung usw. – zu übertragen, hätten wir nicht nur eine schöne neue grüne Welt, sondern eine wundersame Ökonomisierung des Kapitalismus: Der wäre als Wirtschaftsprinzip plötzlich ja nicht mehr unökonomisch, würde er doch wie ein Perpetuum mobile genau die Ressourcen erhalten, die er verbraucht. Oder sogar noch mehr machen. Nennen wir es das Wunder des grünen Puddings: Man kann ihn *haben und essen*!

WARUM IST DER KLIMAWANDEL EIGENTLICH SO TOLL?

»Der Meeresspiegel könnte bis zum Jahr 2300 um vier Meter steigen, selbst wenn die Politiker im frühen 21. Jahrhundert alles richtig machen. Das Anschwellen der Ozeane lasse sich nicht so schnell bremsen wie der Anstieg der Lufttemperatur, erklärt eine Gruppe von Klimaforschern, die mit Hilfe ihrer Computer fast 200 Jahre in die Zukunft geschaut haben. Die Höhe der Weltmeere reagiere mit 50 Jahren Verzögerung auf Maßnahmen eines möglichen Klimaschutzes [...]. [Der Meeresspiegelanstieg könnte bis 2100] das Dreifache heutiger Werte erreichen: neun bis zehn Millimeter pro Jahr. [...] Bei der ehrgeizigeren Politik, die die Erwärmung auf 1,5 Grad begrenzt, dürften die Meere um insgesamt 1,5 Meter anschwellen. Der Anstieg würde bis zum Jahr 2300 zum Stillstand kommen. Die Zwei-Grad-Politik hätte hingegen zur Folge, dass die Ozeane um 2,7 Meter steigen. Werte zwischen 1,6 und 4,0 Metern wären auch möglich. Außerdem würde sich der Meeresspiegel im Jahr 2300 immer noch gut doppelt so schnell erhöhen wie heute, ein Ende wäre nicht in Sicht. Verpasst die Politik einen effektiven Klimaschutz, ist bis 2300 mit einem Anstieg um bis zu fünf Meter zu rechnen, bei ungebremster, viermal so schneller Zunahme wie heute. Viele Inseln und Städte würden bewohnte Küstenstreifen verlieren. In New York bewirke schon ein Anstieg um einen Meter, dass schwere Überflutungen im Mittel alle drei Jahre statt einmal im Jahrhundert auftreten«.[76]

Manchmal denke ich, die meisten wissenschaftlichen Ergebnisse könnten auch ruhig in der Schublade verschwinden, sie müssen nicht zwingend die Öffentlichkeit erreichen. Auch in diesem Fall. Dass die Forscher sich die Welt in 300 Jahren offenbar noch so vorstellen, wie sie jetzt ist, nur feuchter (vor 300 Jahren hatte New York übrigens 5700 Einwohner und war gut im Fellhandel), ist an Naivität kaum zu überbieten. Und ihr Zahlengeballer, das auf Computermodelle mit ständig höherer Rechenkapazität zurückgeht, impliziert aber auch nicht das Geringste für die Gegenwart, zumal ja inzwischen in der Klimaforschung Einigkeit herrscht, dass das (politische, nicht wissenschaftliche) »Zwei-Grad-Ziel« nicht zu halten sein wird. Aber kein heute lebender Mensch, und sei er noch so zukunftsbewusst, würde sein Handeln an einem Horizont von mehreren Jahrhunderten ausrichten. Für so etwas braucht man entweder eine Religion oder politische Hybris – die Letzten, die solche Weitsicht hatten, waren Adolf Hitler und Pol Pot. Weniger zukunftsbewusste Menschen situieren sich selbst und ihre Absichten im gelebten Generationenhorizont, also etwa im Rahmen eines Jahrhunderts. Mehr wäre auch gar nicht sinnvoll, weil, wie die Klimaforscher selbst ja andauernd feststellen, die Erde ein System voller Wechselwirkungen ist, weshalb die lachhaften Jahresmillimeter der Modelle durch irgendeine nichtlineare Wirkung sich ja genauso gut in Zentimeter Anstieg oder Rückgang verwandeln können. Oder in Meter. Oder in was auch immer – Maßstäbe sind ja historisch gleichfalls variabel.

Die außerwissenschaftliche Kommunikation solcher Befunde führt also eher zu Verdummung; innerwissenschaftlich machen derlei Ergebnisse durchaus Sinn, weil weitere Diskussionen und Berechnungen daran ansetzen können. Politisch ruiniert die Kommunikation solcher Daten allerdings alles, was an der Klimaforschung je politisierend gewesen wäre: zum Beispiel die dringliche Mitteilung, dass man in das Erdzeitalter des Anthropozäns übergetreten und die Menschen die am stärksten wirkende geologische Kraft geworden sind. Das ist in der Tat revolutionär: Bedeutet das doch, dass wir nicht mehr oder wenigstens nicht mehr ausschließlich Objekt der Naturverhältnisse sind, sondern dass die Natur Objekt von Sozialverhältnissen geworden ist. Das ist allerdings eine Vertiefung der Dialektik der Aufklärung, die sich Max Horkheimer und Theodor W. Adorno nicht hätten vorstellen können, als sie schrieben, dass jeder Versuch, den Naturzwang zu brechen, desto tiefer in ihn hineinführe.[77] Dieser Satz gilt im Anthropozän mehr als je zuvor; denn die Rückwirkungen der menschlichen Einflüsse auf das Erdsystem sind, wie allein die Zunahme der Extremwetterereignisse zeigt, heute noch unabschätzbar, sicher aber verheerend.

Gerade darum aber täte der internationalen Community der Klimaforscher ein wenig Gesellschaftstheorie nicht schlecht. Denn der »Natur«, dem »Klima«, den »Weltmeeren« ist ja völlig gleichgültig, ob sie sich verändern oder nicht. Das bewusste Registrieren von Umweltveränderungen bleibt den Menschen vorbehalten; es bedarf eines Subjektes, und zwar eines, das sich darüber klar ist, dass sein Leben endlich ist. Erst aus diesem Bewusstsein resultieren Vorausschau, Planung und Vorkehrung. Die Erde plant so wenig wie das Meer, und auch wenn die Menschen verschwunden sind, wird die Biosphäre weiterexistieren. Deshalb sind alle ökologischen Fragen nie etwas anderes als soziale und kulturelle Fragen: Sie betreffen immer die Existenzbedingungen menschlicher Überlebensgemeinschaften. Wenn diese Gemeinschaften naturwissenschaftliches Wissen und Technik für die Erhaltung ihrer Überlebensbedingungen einsetzen, bleibt dieser Einsatz eine soziale Handlung und etabliert eine soziale Praxis. Diese diente immer und dient auch heute noch in einem sehr grundlegenden Sinn der Beherrschung äußerer Natur – diese ist im Anthropozän womöglich noch bedrohlicher als im Holozän, da sich ja kaum vorhersagen lässt, welche nicht-linearen Wirkungen eine globale Erwärmung um drei, vier oder fünf Grad mit sich bringen würde. Die Klimaforschung hat eine Reihe von sogenannten Tipping points identifiziert, die die unangenehme Eigenschaft haben, sich ab dem Erreichen eines Schwellenwerts mit einer nicht antizipierbaren Dynamik zu entwickeln. Das ist die Dialektik des Anthropozäns: Die möglichst weit vorangetriebene Naturbeherrschung und die herrschende Kultur immer weiter perfektionierter Fremdversorgung schafft Kontrollverluste ungeahnten und unplanbaren Ausmaßes. Man könnte es auch so sagen: Erdbeben, Tsunamis, Überschwemmungen – das gehört zum Erwartbaren und ist in lokale Resilienzstrategien ebenso eingebaut wie in die Berechnungen der Versicherungen und Rückversicherungen. Die Menschheit hat ein paar hunderttausend Jahre Erfahrung mit solchen Dingen, auch damit, dass sie nie beherrschbar waren. Mit den kommenden Tipping points kennt sie sich aber leider nicht aus.

Die wiederum einfache Wahrheit lautet: Vollständige Naturbeherrschung bleibt ein unerfüllbarer Traum, solange Menschen Naturwesen sind, und jeder Versuch, äußere Natur zu beherrschen, verändert auch die innere Natur, entlässt sie also keineswegs aus dem Naturzwang. Kultur ist nie etwas anderes als ein spezifischer Ansatz von Naturbeherrschung. Da solche Ansätze historisch bekanntlich sehr unterschiedlich erfolgreich ausfallen können, sollte sich auch in der Klimaforschung allmählich herumsprechen, dass Überlebensfragen Kulturfragen sind, die naturwissenschaftlich zwar informiert werden können, aber nie naturwissenschaftlich zu lösen sind. Leben ist keine Gleichung, und Gesellschaften sind keine komplexen Gleichungen. Im Gegenteil: Gleichungen sind Erfindungen von Gesellschaften, die, wie Norbert Elias sagen würde, ein hohes Syntheseniveau erreicht haben. Mathematische Modelle sind Weltdeutungsversuche auf hohem Abstraktions- und Syntheseniveau, nicht mehr und nicht weniger.

Das vergessen die meisten Vertreter und Vertreterinnen der Natur- und Technikwissenschaften, falls sie es überhaupt je gewusst haben. Dieses Vergessen ist allerdings folgenreich: führt es doch zu der fatalen Vorstellung, die Welt ließe sich auf der Grundlage naturwissenschaftlicher Daten und Befunde einrichten. Die Naivität, mit der heute Gesellschaft und ihre Transformation gedacht werden, ist nur ein weiterer Beleg dafür, wie sehr Geschichte und Gesellschaftstheorie fehlen, wenn nach Strategien gegen die fortschreitende Zerstörung der Überlebensbedingungen gesucht wird. Dass »Lösungen« primär auf technologischer und ökonomischer Ebene angestrebt werden, dokumentiert einmal mehr die Wirksamkeit der kulturellen Bindung: In einer Kultur, die von Technologie und expansiver Ökonomie in der Tiefe geprägt ist, kann das ja auch kaum anders sein.

Genau daraus resultiert die Konzentration der Aufmerksamkeit auf den Klimawandel und die Vernachlässigung *aller* anderen Umweltthemen in der öffentlichen und vor allem in der politischen Debatte. Spätestens seit den alarmierenden Berichten, die der IPCC zum Jahresbeginn 2007 publizierte, rückte der Anstieg der globalen Durchschnittstemperatur in der Rangreihe der ökologischen Besorgnisse nach ganz vorne – und das, obwohl psychologisch eigentlich alles gegen diese Prominenz spricht:

Erstens wäre da die schon erwähnte zerdehnte Zeitstruktur zwischen Ursachen und Wirkungen, die den Klimawandel psychologisch so schwer erfahr- und greifbar macht: Die heute zu verzeichnenden Steigerungen in der globalen Durchschnittstemperatur gehen auf die rasant angewachsenen Emissionsmengen in der Nachkriegszeit zurück (vgl. S. 44). Die Ursachen für die heute zu beobachtenden Folgen der Erwärmung – Hitzesommer, Überschwemmungen, Tornados in Mittelhessen usw. – haben keinen direkten Zusammenhang mit dem, was man gerade tut, sondern mit dem, was Menschen vor vier oder fünf Jahrzehnten getan haben. Wegen dieser Trägheit hätten auch alle Maßnahmen, die heute ergriffen würden, messbare Wirkung erst in wiederum vier bis fünf Jahrzehnten, was die Leidenschaft für sofortiges Handeln eher kühl hält.

Die zerdehnte Kausalität macht den Klimawandel *unschuldig*. Konkrete Verursacher lassen sich nicht identifizieren oder nicht mehr haftbar machen; konkrete Leidtragende leben vor allem in der Zukunft. Das ist gut: Vorwürfe aus der Nachwelt sind wenig bedrohlich. Niemand scheint verantwortlich, weshalb man auch niemanden anklagen oder unschädlich machen kann: »Da müsste ich ja vor meinem eigenen Kamin demonstrieren«, zitiert Joachim Radkau einen Politiker der »Grünen«.[78] Exakt das wäre die Konsequenz. Ernst genommen lautete der Imperativ, der aus der globalen Erwärmung folgt: Niemand kann so weitermachen wie bisher. Diesem Imperativ kann man sich nur entziehen, wenn man das Phänomen naturalisiert: Wie bei einem Naturereignis finden sich weder Verursacher noch Schuldige. Da muss schon »die Weltgemeinschaft« her, um eine Lösung zu finden. Da es die nicht gibt, bleibt alles, wie es ist.

Zweitens ist das Bedingungsgefüge, das für die Klimaerwärmungsfolgen ursächlich ist, mindestens so vielfältig und komplex wie die faktischen Wirkungen, die aus der Erderwärmung resultieren: Wie CO_2, Methan und andere Treibhausgase aus industrieller Produktion, Viehzucht, Heizungen und Mobilität resultieren, so wechselwirken diese Emissionen mit Veränderungen in den Senken, also zum Beispiel den Ozeanen und Regenwäldern. Die Auswirkungen der Klimaerwärmung fallen lokal so unterschiedlich aus wie ihre Erscheinungsformen: Dürren gehören genauso zu ihnen wie Überschwemmungen, Eisschmelzen genauso wie lokale Abkühlungen, Starkregen genauso wie Hitzesommer. Und während Erwärmungsfolgen an der einen Stelle des Planeten zur radikalen Einschränkung von Überlebensmöglichkeiten und zu Krieg führen,[79] schaffen sie an einer anderen Stelle erfreuliche Aussichten für den Tourismus oder für den Wein- oder Obstbau.

Wenn alles mit allem zusammenhängt, scheint es schier aussichtslos, durchzublicken, und noch aussichtsloser, irgendwo Maßnahmen anzusetzen. Wenn etwas aus jeder Perspektive verschieden aussieht, fällt schwer, zu entscheiden, welches »die richtige« ist. Daher ist es so schwierig, den Klimawandel zu politisieren: Führt man ihn auf den ressourcenübernutzenden Lebensstil des Westens zurück, kommt sofort das Argument, genau diesen könne man den Bewohnerinnen und Bewohnern der Schwellenländer doch nicht vorenthalten (seltsam, dass diese egalitäre Haltung bei keinem anderen transnationalen Gerechtigkeitsthema vorzufinden ist). Fordert man dagegen die Einschränkung von Mobilität und Konsum hierzulande, wird sofort »Ökodiktatur« gerufen und die Freiheit bedroht gesehen (seltsam, dass diese Freiheitsfreunde bei Google oder facebook nichts Diktatorisches wittern). Darin sind Bewohner von Mediengesellschaften geübt: Zu jedem noch so plausiblen Argument findet sich ein gegenläufiges, in jeder Talkshow sitzt demgemäß irgendein Professor, der den abseitigsten Unsinn zu vertreten bereit ist, nur damit er im Fernsehen sein darf. Die

Einfachheit des zentralen wissenschaftlichen Befundes, dass die Praxis der Ressourcenübernutzung mittelfristig entweder nicht durchzuhalten oder aber nicht universalisierbar ist, wird durch die Komplexitätsbehauptung kaschiert. Aus dem einfachen Argument folgt eine unangenehme Konsequenz. Aus dem komplexen: gar nichts.

Drittens: Es gibt keine Regierungskunst für den Umgang mit *globalen* Problemen. Wie man ein Problem, das im Kern eine Folge der Industrialisierung ist, in dem Augenblick lösen soll, in dem immer mehr Gesellschaften weltweit *Industrie*gesellschaften werden, ist völlig schleierhaft. Dass die regelmäßig stattfindenden internationalen Klimaverhandlungen regelmäßig zu nichts führen, ist demgemäß auf die international äußerst disparaten und ungleichzeitigen Interessen zurückzuführen. Die einzige bislang in Ansätzen praktizierte transnationale Lösung, der Emissionshandel, ist so unverständlich und in seinen Folgen bizarr, dass der Eindruck beim Publikum, dass man es mit einem höchst abstrakten Phänomen zu tun hat, nochmals verstärkt wird. Da der Handel so konstruiert ist, dass Emissionseinsparungen, die beispielsweise die Kunden eines Energieanbieters leisten, dazu führen, dass dieser weniger Verschmutzungszertifikate kaufen muss oder sogar welche verkaufen kann, wird die Veränderung individueller Verhaltensweisen konterkariert: Der sorgsame Umgang mit Ressourcen führt zu besseren wirtschaftlichen Chancen des Anbieters, die Emissionsmenge selbst bleibt aber gleich. Dazu war Betrug im Emissionshandel so erwartbar wie bei jeder anderen Wirtschaftstätigkeit und blieb auch nicht lange aus: Überall, wo monetäre Lösungen gewählt werden, entsteht sekundäre Anpassung: Leute beuten das System für ihre Interessen aus.[80]

In einer expansiven Wirtschaftskultur, deren Bestreben es ist, alles und jedes zu ökonomisieren, liegt es nahe, sogar noch Emissionen mit einem Preis zu versehen und marktförmig zu machen. Auf wundersame Weise entsteht hier die Kategorie des negativen Gutes, das aber handelbar ist wie jedes andere Gut auch. Damit sind Partikularinteressen Tür und Tor geöffnet. Sofort entsteht die Praxis, Regenwälder abzuholzen, um auf den freigewordenen Flächen Palmölmonokulturen anzulegen, die »nachhaltig« bewirtschaftet werden, wofür dann Verschmutzungsrechte in Anspruch genommen werden können. Auch hier erweist sich der Kapitalismus als grenzenlos geschmeidig: Hat etwas erst einmal einen Preis, lassen sich damit Geschäfte jeglicher Art treiben. Der Handel mit Emissionen hat ungefähr so viel mit dem Klima zu tun wie ein Finanzmarktderivat mit einem Glas Milch; er gilt gleichwohl als *der* Fortschritt in der internationalen Klimapolitik. Interessanterweise wurde die Ökonomisierung unabhängig von einer internationalen Koordination der Reduktion von Treibhausgasen des Klimaschutzes in Gang gesetzt.[81] So bleibt die handelbare Menge groß, und bevor überhaupt etwas gegen die Klimaerwärmung beschlossen ist, sind ihre Ursachen schon monetarisiert. Wenn man etwas kaufen, halten oder verkaufen kann, was vorher keinen Preis hatte, ist Eigentum entstanden, wo es zuvor keines gab. Man sollte das als Lehrstück nehmen, wenn die Monetarisierung von sogenannten Ökosystemdienstleistungen gefordert wird: Vergessen Sie nie zu fragen, wer Besitzrechte an dem jeweiligen Ökosystem besitzt oder beansprucht, dessen »Dienstleistungen« plötzlich Geld kosten sollen!

Viertens und letztens: Die Kommunikation des Themas ist, man lese nur das einleitende Zitat noch mal, abstrakt und unverständlich. CO_2 ist weder sicht- noch fühl-, noch riech-, noch schmeckbar. Seltsamerweise hat es aber ein Gewicht; das, was aus dem Auspuff eines Autos kommt, wiegt trotz seiner Unsichtbarkeit eine Menge, was kein Mensch versteht. Reduktionsfortschritte wirken sich dementsprechend auch nur unsichtbar aus. Sie stehen lediglich in Verkaufsprospekten für Autos.

Die so einfache wie gefährliche Tatsache, dass eine Wirtschaftsweise es in zwei Jahrhunderten (bei immerhin 200 000 Jahren Menschheitsgeschichte) geschafft hat, substantiellen Einfluss auf das Erdsystem auszuüben, wird durch eine verwissenschaftlichte und bürokratisierte Sprache voller Akronyme und Kunstwörter (IPCC, CCS, CDM usw.) zu einem Komplex aufgeblasen, den niemand verstehen kann, der sich in den Details verliert. Man beachte die Parallelität zur Finanzmarktkrise, die auf die so einfache wie gefährliche Tatsache zurückgeht, dass private Akteure gegen Volkswirtschaften spekulieren und damit erfolgreich sind. Auch hier wird Komplexität suggeriert; die Akronyme heißen dann ESM, EFSF, EZB, die Plastikwörter »Troika«, »Krisengipfel«, »Eurorettung«, »europäisches Projekt« usw.

Aber gerade mit diesem letzten Punkt kommen wir auf eine Spur, wieso das alles in allem so abstrakte, ferne, unlösbare und ambivalente Thema »Klimawandel« solche Prominenz hat, in den Besorgnisumfragen ganz vorn rangiert und hinsichtlich der Neugründung von Instituten und Stiftungen sowie des Einwerbens von Forschungsgeldern so frappierend erfolgreich ist. Dass man nichts sehen kann, macht den Klimawandel im Unterschied zum Beispiel zu Müllverbrennungsanlagen, verschmutzten Gewässern oder zurückgehenden Gletschern so harmlos – Beunruhigendes drängt sich da gar nicht auf.

Tatsächlich tragen alle genannten Aspekte, die seinen hohen Aufmerksamkeitswert psychologisch unwahrscheinlich machen, dazu bei, ihn als ökologisches Problem attraktiver werden zu lassen als alle anderen Umweltprobleme. *Weil* die Kausalität zerdehnt ist, *weil* seine Komplexität so groß ist, *weil* er ein globales und kein lokales Problem darstellt, *weil* er scheinbar nur über den Markt und nicht über Verhaltensveränderung bekämpft werden kann und eben *weil* er so perfekt unsinnig ist, schiebt er sich als Menschheitsproblem so weit nach vorn. Seine Botschaft ist: Schlimm, wir versuchen unser Bestes, aber leider kann man nichts machen. Psychoanalytisch würde man das als »Verschiebung« bezeichnen – man hat ein Problem, das zu beseitigen höchst unangenehm wäre, und konzentriert sich daher lieber auf ein anderes.

Cineastisch würde der Klimawandel die Rolle eines »McGuf-

Alfred Hitchcock, Erfinder des McGuffin.

fin« übernehmen. Alfred Hitchcock hat diesen Begriff erfunden, um damit ein filmisches Element zu bezeichnen, das selbst nicht besonders von Interesse ist, das aber dazu dient, den Handlungsverlauf in Gang zu bringen oder in Gang zu halten. Die Bedeutung eines McGuffins liegt darin, dass er selbst irrelevant ist. In seinem Interview mit Francois Truffaut hat Hitchcock 1966 den Begriff »McGuffin« so definiert: »Es ist vielleicht ein schottischer Name, in einer Geschichte von zwei Männern im Zug. Der eine fragt: ›Was ist denn das für ein Paket da oben in der Gepäckablage?‹ Und der andere antwortet: ›Ach, das ist ein McGuffin‹. Also fragt der erste: ›Was ist denn ein McGuffin?‹ ›Ja‹, sagt der andere, ›das ist ein Gerät, mit dem man Löwen in den schottischen Highlands jagt.‹ Sagt der erste Mann: ›In den Highlands gibt es aber doch gar keine Löwen.‹ Und der andere antwortet: ›Na ja, dann ist das kein McGuffin.‹ Also, Sie sehen, ein McGuffin ist überhaupt nichts.«[82]

Genau in diesem Sinn bildet der Klimawandel *das perfekt unlösbare Problem*, um das sich ostentativ Besorgnisse, Forschungsanstrengungen und politische Übersprungshandlungen – wie etwa die Verpflichtung auf sogenannte Energiesparlampen – kristallisieren. Dieser McGuffin stört das Betriebssystem von Extraktion und Konsumismus nicht, sondern treibt mit Modernisierungsimpulsen wie Energiewende und »green economy« die Handlung voran. Worüber man hingen nicht sprechen mag: Die anderen, mindestens so gravierenden ökologischen Probleme – Rückgang der Biodiversität, Bodenverlust, Wassermangel, Überfischung usw. – haben alle einen direkten Bezug zum Extraktivismus. Wenn es um sie geht, kann man unmöglich die eigenen Ernährungs-, Mobilitäts- und Konsumgewohnheiten außen vor lassen – diese Themen haben unweigerlich eine reflexive Komponente. Dasselbe gilt für alle anderen Planetary Boundaries, die überschritten werden.

Während man in den reichen Gesellschaften mit ihrem enormen infrastrukturellen Vorsprüngen und geopolitischen Machtvorteilen immer noch an Waren aller Art kommt, wenn die Knappheiten zunehmen, beginnt man anderswo zu hungern, weil die Preise für Grundnahrungsmittel zu hoch geworden sind. Die globalen Warenströme verteilen Güter gerade unter Bedingungen von Knappheit an den Benachteiligten vorbei, weshalb die Folgen von Bodenzerstörung, Überfischung der Meere, Mangel an Trinkwasser soziale Ungleichheit vertiefen. Das expansive Kulturmodell des Kapitalismus hat immer Ungleichheit vorausgesetzt, und es gibt keinen Grund, weshalb sich das durch eine Verschärfung ökologischer Problemlagen ändern sollte. Die Furcht davor ist nicht zuletzt ein nachvollziehbarer Grund, wenn arme Länder die Zustimmung zu internationalen Klimaabkommen verweigern.

Dem Extraktivismus kann man nicht durch internationale Abkommen, schon gar nicht durch Geo-Engineering oder durch Eröffnen eines neuen Marktes beikommen: Er lässt sich nur durch Reduktion von Verbrauch bekämpfen. Da er eine soziale Praxis ist, kann er durch nichts ersetzt werden als durch eine *andere* soziale Praxis. Genau an diesem Punkt wird es politisch.

ZURÜCK ZUM POLITISCHEN

Und nun die politische Lesart des Klimawandels. Der Umweltaktivist und Autor Bill McKibben hat unlängst in einem brillanten Artikel[83] beschrieben, womit man es im Fall des Klimawandels zu tun hat: nicht mit einem Problem ohne Täter und Verantwortliche, vor dem eine Weltgemeinschaft händeringend und tatenlos herumsteht, sondern mit einem radikalen Interessengegensatz, der sich sehr einfach formulieren lässt. Möchte man das sogenannte 2-Grad-Ziel erreichen, darf man weltweit bis zur Jahrhundertmitte nicht mehr als etwa 565 weitere Gigatonnen CO_2 in die Atmosphäre blasen. So sagt es übereinstimmend die Klimaforschung. Die gegenwärtig vorhandenen Lager für fossile Energien umfassen allerdings ein Potential von 2795 Gigatonnen CO_2, also etwa die fünffache Menge. Das Geschäftsmodell aller Mineralölunternehmen besteht darin, dieses Potential für 2795 Gigatonnen CO_2 aus dem Boden und aus dem Meer, aus dem Ölschiefer und den Ölsänden zu holen und auf den Markt zu bringen, und folgerichtig tun sie das auch, und zwar völlig unbekümmert um alle Probleme der globalen Klimaerwärmung. Sie investieren gigantische Summen in die Erschließung der Vorkommen, weil sie damit gigantische Umsätze und Gewinne zu erzielen gedenken. Exxon beispielsweise wird bis 2016 jährlich 37 Milliarden Dollar für die Suche nach Öl- und Gasvorkommen und ihre Erschließung ausgeben. Das sind ungefähr einhundert Millionen Dollar pro Tag.[84]

Das Geschäftsmodell von Unternehmen dieser Art ist, so plakativ kann man es sagen, die Zerstörung der Erde. Wollte man gegen den Klimawandel tatsächlich etwas unternehmen, müsste man also dieses Geschäftsmodell zerstören. Und genau an dieser Stelle wird aus dem McGuffin etwas völlig anderes: ein radikaler politischer Gegensatz, der durch die Pole Zukunftsfeindlichkeit und Zukunftsfähigkeit markiert ist. So betrachtet, ist der Klimawandel nämlich nicht unideologisch und subjektlos wie ein Naturgeschehen, sondern eine Bedrohung, die Verursacher hat, und zwar solche, die nicht entfernt daran denken, von dieser Verursachung abzulassen. Gegen diese Leute muss man Widerstand leisten.

Das bedeutet zugleich auch: gegen eine Politik Widerstand zu leisten, die Zukunftsfeindlichkeit unterstützt und fördert. Gegenwärtig würde allerdings kein politischer Akteur gegen die Absichten von BP, Exxon, Gazprom usw. vorgehen, weil – und hier kommt das fossile System zu sich selbst – die komplette Wirtschaft und ihr Wachstumsprinzip von der beständigen Dosiserhöhung der täglichen Infusion mit fossilen Rohstoffen abhängig ist. Mehr noch: weil auch der Aufstieg der Mittelklassen in den Schwellenländern und die Erhöhung der Lebensstandards in den asiatischen und südamerikanischen Ländern genau daran hängt. Mit anderen Worten: Politisch steht nicht weniger als das Zivilisierungsmodell der expansiven Moderne zur Debatte.

Das ist exakt am Beispiel der Verbesserung des Lebensstandards der Bewohnerinnen und Bewohner der Schwellenländer zu belegen, eben an der rasanten Entwicklung von Mittelklassen, von Konsumkulturen, von erhöhtem Wohlstand, von besserer Bildungs- und Gesundheitsversorgung. Denn es geschieht ja beides zugleich: die Erhöhung des durchschnittlichen Lebensstandards und der Geschwindigkeit der Zerstörung der natürlichen Ressourcen, also gerade der Voraussetzungen für die Zukunftsfähigkeit der expansiven Moderne. Das, was in ökologischer Hinsicht spektakulär verlorene Jahre sind, das sind für die aufsteigenden Bevölkerungsgruppen in Brasilien, China, Vietnam Wirtschaftswunderjahre, psychologisch wie ökonomisch vergleichbar mit der westeuropäischen Nachkriegszeit.

Hier und in den USA ging es, wie gesagt (vgl. S. 43), schon vor einem halben Jahrhundert richtig los mit dem Massenkonsum und der permanenten Ausweitung der Komfortzone; die Kehrseite des Aufstiegs bildeten die erwähnten exponentiellen Steigerungsraten im Material- und Energieverbrauch, bei den Emissionen und beim Müll – genau wie jetzt in den Schwellenländern. Das zugrundeliegende Prinzip ist simpel: Es gibt in Wachstumswirtschaften einfach mehr Treiber für Entwicklung als für Nachhaltigkeit. Die Zahlen sprechen für sich: Während heute jeden Tag 50 000 Hektar Wald gerodet, 100 Arten verschwinden und 350 000 Tonnen Fisch aus dem Meer geholt werden und Investoren überall auf der Welt Land aufkaufen, hat sich die weltweite Armut reduziert: Die Zahl derjenigen, die pro Tag nicht mehr als einen Dollar ausgeben können, hat sich seit dem Erdgipfel von Rio 1992 halbiert; wahrscheinlich gibt es demnächst auch weniger als eine Milliarde absolut arme Menschen. Beim Zugang zu Trinkwasser zeigt sich die gleiche Tendenz; insgesamt werden weit mehr Lebensmittel produziert als vor zwanzig Jahren, und sogar die Zahl der Kriege hat abgenommen.

Was man hier beobachten kann, entspricht insgesamt genau jenem »Fahrstuhleffekt«, der den sozialen Frieden im europäischen Nachkrieg gewährleistet hat: Zwar blieb soziale Ungleichheit bestehen, vertiefte sich zum Teil sogar, aber mit dem Lebensstandard ging es für alle im Fahrstuhl nach oben. Das ist das unzweifelhafte Verdienst des Prinzips der Wachstumswirtschaft: Kein System hat historisch vergleichbar schnell soziale Verhältnisse verbessert und damit für viele zum ersten Mal ein Gefühl von Chancen und Freiheit gegeben.

Leider machen diese Wirtschaftswunder das Leben nur kurzfristig besser; mittelfristig, wie gesagt, unterminieren sie ihren eigenen Erfolg. Die Wahrheit ist nicht schön: Das ethisch wünschenswerte Ziel global auch nur annähernd egalitärer Wohlstandsniveaus steht in Widerspruch zu allen Nachhaltigkeitszielen. Ökologie und Wachstum schließen sich wechselseitig aus.

Will man soziale Gerechtigkeit und Nachhaltigkeit im globalen Maßstab, hilft alles nichts: Dann muss man die Komfortzone verlassen, auf Wohlstand verzichten, abgeben, andere Modelle des Verteilens, Wirtschaftens und Lebens entwickeln. Was das politisch heißt, kann weder mit dem Kauf von »fair« gehandeltem Kaffee noch durch das rituelle Verlautbaren von Absichten (wie dem Einhalten des »2-Grad-Ziels«) beantwortet werden, sondern nur durch die ernsthafte und konfliktträchtige Auseinandersetzung darüber, was man für die Zukunft behalten und was man aufgeben möchte. Und gegen wen man das daran geknüpfte Interesse durchsetzen muss.

DIE ZIVILISATORISCHE AUFGABE

Im 21. Jahrhundert stehen wir vor der höchst konkreten Frage, wie man den durch die kapitalistische Wirtschaft erreichten zivilisatorischen Standard in Sachen Freiheit, Demokratie, Rechtstaatlichkeit, Bildungs- und Gesundheitsversorgung aufrechterhalten und *zugleich* die Ressourcenübernutzung radikal zurückfahren kann. Wenn man das ernsthaft will, geht das nicht ohne deutliche Wohlstandsverluste. Das gute Leben gibt es nicht umsonst.

Genau das aber wird durch die Übersprungshandlungen des Weltrettungskonferenzbetriebs und die Magie vom grünen Wachstum suggeriert: Die Zukunft wird sein wie jetzt, nur nachhaltiger. Deshalb kriegt man auch regelmäßig zu hören, man könne doch den nachrückenden Gesellschaften nicht den Lebensstandard verwehren, den man für sich selbst in Anspruch nähme, wenn man davon spricht, dass die Leitkultur des Verbrauchs und der Verschwendung, der die westlich geprägten Industrieländer frönen, zurückgeführt werden muss auf ein überlebensverträgliches Maß. Diese Argument ist ideologisch, weil es füglich davon absieht, wie riesengroß die Unterschiede in den Lebenslagen und natürlich im Ressourcenverbrauch weltweit sind und weil die immer wiederholte Behauptung, alle wollten so sein wie wir, nichts anderes ist als eine psychologisch leicht durchschaubare Legitimation unseres idiotischen Lebensstils: Wenn alle das nachmachen, muss es ja wohl richtig sein, auch wenn die Zukunft dabei draufgeht.

Die Rückgewinnung von Zukunftsfähigkeit setzt Intoleranz gegenüber der chronischen Verletzung des Menschenrechts auf künftiges Überleben voraus. Robert Menasse hat vor einigen Jahren geschrieben, dass »schon der Manchester-Kapitalismus nicht dadurch zivilisiert« wurde, »dass politische Entscheidungsträger die Kapitalisten submissest fragten, was diese denn benötigen würden, um konkurrenzfähig zu bleiben und den Standort ›Manchester‹ zu sichern, sondern im Gegenteil dadurch, dass die Politik dem Kapital Grenzen setzte und Schritt für Schritt vernünftigere Rahmenbedingungen gab. Hätte man die Kapitalisten gefragt, sie hätten ehrlich und glaubhaft und leider auch vernünftig (nach den Gesetzen ihrer Vernunft) versichert, dass ohne Kinderarbeit und ohne Zwölf-Stunden-Tag gar nichts ginge. Es bedurfte politischer Entscheidungen, und sie mussten gegen mächtige Widerstände getroffen werden – aber sie wurden getroffen: Kinderarbeit wurde verboten, der Acht-Stunden-Tag durchgesetzt.«[85] Weder die Abschaffung der Sklaverei noch die Erkämpfung der Bürgerrechte in den USA waren Ergebnisse herrschaftsfreier Kommunikation, sie wurden erkämpft. Genau an diesen Beispielen sieht man, dass Modernisierung immer das Resultat eines hart umstrittenen Abbaus von Privilegien ist. Das wird mit der Transformation von der expansiven zur reduktiven Moderne nicht anders sein. Oder sie wird nicht stattfinden.

Wir aber verzichten darauf, Privilegien der Ressourcennutzung so einzuschränken, wie es in der Geschichte der Moderne immer der Fall war. Die Politik tritt genau deswegen auf der Stelle, weil Privilegiensicherung zu ihrem einzigen Inhalt ge-

Standortsicherung: Kinderarbeit.

worden ist. Man kann das als Diktatur der Gegenwart auf Kosten der Zukunft bezeichnen. Die Politik einer nachhaltigen Moderne hätte also zur Voraussetzung, dass wir beginnen, uns selbst zu de-privilegieren. Abstriche an Wohlstand und Lebensstandard von sich selbst zu fordern, das ist natürlich etwas unangenehmer, als irgendwelche »Schuldigen« zu identifizieren und von irgendwem zu verlangen, man möge deren Privilegien doch bitte einschränken. Da wir aber vor der Aufgabe stehen, ein historisch ungeheuer erfolgreiches gesellschaftliches Modell so umzubauen, dass wir seine zentralen Errungenschaften bewahren und zugleich den Ressourcenverbrauch radikal absenken, kommen wir um die Erkenntnis nicht herum, dass die Transformation der Gesellschaft unweigerlich die Transformation unseres eigenen Lebens ist: das Herunterfahren von Ansprüchen, die Veränderung der konkreten Praxis, also die Veränderung der Mobilität, der Ernährung, des Arbeitens, der Freizeit, des Wohnens, die Umgewichtung von Werten. Das gute

Leben muss man leider auch gegen sich selbst erkämpfen, gegen die Trägheit des Gewohnten, des gefühlten Menschenrechts auf »bitte immer so weiter«. Wenn es um Widerstand geht, bedeutet das immer auch: Widerstand gegen sich selbst.

SELBST DENKEN

Der Kapitalismus ist ein System von faszinierender Geschmeidigkeit: Er regelt die Beziehungen der Menschen zueinander unabhängig davon, ob sie einander freundlich oder feindlich gegenüberstehen. Er erneuert und modernisiert sich durch seine wiederkehrenden Krisen. Er absorbiert Kritik und Gegenbewegungen, indem er für beides Teilmärkte schafft, also auch aus ihnen Modernisierungspotential schöpft. Er verwandelt die Welt und ihre kulturellen Differenzen und historischen Ungleichzeitigkeiten in einen gigantischen Synchronisierungsapparat, der von Energie, Arbeit und Material gespeist wird. Er wäre perfekt, hätte er nicht wie jedes andere Perpetuum mobile den konstruktiven Nachteil, dass er ohne Energiezufuhr von außen nicht läuft.

Je erfolgreicher und universeller der Kapitalismus wird, desto schneller geht ihm die Antriebsenergie aus. Aber die versiegt nicht plötzlich und ein für alle Mal: Daher gibt es keinen Systemzusammenbruch, sondern einen differenzierten Zerfallsprozess. So partikular und ungleichzeitig das System sich entwickelt hat, so fragmentiert zerfällt es auch, hier schneller und brutaler und dort langsamer und sanfter. Das bedeutet: Auch und vielleicht gerade im Zerfall eröffnen sich Räume für die Gestaltung einer anderen Wirtschaft und Gesellschaft. Diese Räume lassen sich aber nur dann nutzen und gestalten, wenn es ein Ende der unseligen Arbeitsteilung gibt, dass die einen für die Besorgnis um die Welt zuständig sind und die anderen für ihre

Zerstörung. Die Besorgnis muss praktisch werden: unternehmerisch, zivilgesellschaftlich, politisch, und sich in andere, nachhaltige Formen des Produzierens, Handelns, Wirtschaftens, Assoziierens verwandeln. Es muss etwas gegen das Bestehende gesetzt werden, als Gegenmodell, Vorbild, Vorschlag, Labor. Nur durch die Reibung an einer anderen, gelingenden Praxis verliert er seine Geschmeidigkeit, der Kapitalismus.

Was ist Ihre Rolle dabei? Stellen Sie sich einfach vor, wie Sie dereinst die Frage beantworten wollen, wer Sie gewesen sind und welchen Beitrag Sie entweder zur Zerstörung oder zur Sicherung von Zukunft geleistet haben. Stellen Sie sich selbst im Tempus Futur zwei vor: Wer werde ich gewesen sein? Das hilft: Vieles von dem, was im einfachen Futur als unbequem und lästig erscheint, wird im Futur zwei plötzlich interessant und attraktiv. Futur-zwei-Imaginationen verändern Wertigkeiten. Sie fangen an, zu überlegen, wie Sie gut gewesen sein werden. Eine Frage praktischer Intelligenz. Selbst denken. Die Transformation von der expansiven zur reduktiven Kultur ist die Transformation von einer einfachen zur intelligenten Kultur: von der Addition zur Kombinatorik, vom Wachstum zur Kultivierung, vom Aufbau zum Ausbau. Von Passivität zu Aktivität. Vom Dulden zum Widerstehen. Vom Dienen zum Genießen. Zum sich selbst wieder Ernst-Nehmen.

Das ist der Augenblick, an dem ich aufhören muss, Sie zu beschimpfen. Wir sind jetzt beide auf derselben Seite. Aber seien Sie vorsichtig: Sie bewegen sich hinaus aus der Komfortzone des Einverstandenseins und werden bald Gegenwind bekommen. Dafür müssen Sie gewappnet sein. Jetzt geht es um die besseren Argumente.

Deshalb noch etwas zum Politisch-Werden: Mir scheint es eine der fatalsten Entwicklungen der letzten zwei Jahrzehnte zu sein, dass sich die ökologische Frage immer mehr zu einer naturwissenschaftlich-technischen vereinseitigt hat. Die Funktion solcher Vereinseitigung ist ganz klar: Sie erlaubt den Traum zu träumen, dass auch eine nachhaltige Welt so viel Wohlstand,

Komfort und Fremdversorgung vorhält wie die bisherige nichtnachhaltige. Die Autos fahren dann eben mit Strom; ein fetziges Motorgeräusch dazu lässt sich von Sounddesignern komponieren. Audi, Mercedes und Porsche machen das ja heute schon. Die technische Verengung der ökologischen Frage ist irreführend: So günstig wird es die Zukunft nicht geben.

Der Weg in eine nachhaltige Moderne wird viele Umstellungen, Umnutzungen und Umwertungen erfordern, vor allem aber wird er zu erkämpfen sein, weil andere etwas zu verlieren haben. Diejenigen, die das kapitalistische Betriebssystem auf Hochtouren laufen lassen, haben kein Interesse an Nachhaltigkeit, tun also alles dafür, dass es in der verbleibenden Zeit weitergeht wie bisher. Dagegen muss Widerstand geleistet werden, denn jeder Tag Wachstum heute bedeutet weniger Ressourcen morgen.

Das ist aber nicht zu verwechseln mit dem Argument der Klimaforscher, dass man nur noch wenig Zeit zum Umsteuern habe – allgemein ist davon die Rede, dass man nur noch sieben Jahre Zeit für ein radikales Zurückfahren der Treibhausgasemissionen habe; danach könne das »2-Grad-Ziel« nicht mehr gehalten werden. Das mag so sein, kann aber allenfalls ein flankierendes Argument abgeben, das die Notwendigkeit praktischer Veränderung unterstützt. Denn wie wir leben möchten: Das ist eine soziale und kulturelle Frage. Ihre Beantwortung und Umsetzung folgt kulturellen und sozialen Logiken, und die haben mit Naturgesetzen nichts zu tun. Deshalb kann man den Zeitrahmen, den man für die Politik der Transformation braucht, nicht aus den Modellen der Klimaforschung herauslesen. Es würde ja auch niemand die Gestaltung des eigenen Lebens nach den Sterbetafeln des statistischen Bundesamtes entwerfen.

Ganz ähnlich wird beim sogenannten Eurorretten regelmäßig behauptet, dass man keine Zeit zum Diskutieren und Abwägen habe – die »Märkte« seien beunruhigt und müssten daher so schnell wie möglich kalmiert werden. Ein solches Argument ist für demokratische Verfahren irrelevant: Wenn es Zeit braucht, um zu einer Entscheidung zu kommen, dann braucht es eben Zeit. Dasselbe gilt für den Umbau unseres Gemeinwesens: Wenn der Weg dahin Zeit braucht – und er wird sie brauchen, schon allein, weil kein Masterplan existiert –, dann braucht er eben Zeit, Klimaforschung hin oder her.

Demokratien bauen ihre Entscheidungen nicht auf wissenschaftliche Theorien. Die beiden politischen Systeme, die das im 20. Jahrhundert getan haben, waren totalitär und tödlich; allein das sollte einen gründlich darüber belehrt haben, dass man die Entscheidung darüber, wie man leben will, nie der Wissenschaft überlassen kann.[86] Wissenschaft kann Entscheidungen informieren, sie kann auf erwartbare Probleme hinweisen, Szenarien entwerfen und auch warnen. Aber die lebendige Aushandlung, wie man leben will, was zum Beispiel Bildungs- und Erziehungsziele sind, was die Werte sind, die handlungsorientierend sein sollen – das alles kann nur außerwissenschaftlich begründet werden und ist in freien Gesellschaften immer das vorläufige Ergebnis von Kontroversen, Aushandlungen und Konsensbildungen. Also immer das Ergebnis einer sozialen Praxis. Die Vorstellung, der Energieverbrauch, die Ernährungskultur oder die persönliche Mobilität sei auf Grundlage der Befunde einer wissenschaftlichen Disziplin zu reglementieren, ist horribel. Wer legt denn in einer funktional differenzierten Gesellschaft fest, wer, wo, wie viel zu verbrauchen hat? Führt das zur Einführung von Energiesparlampen in Operationssälen oder zur Zwangseinweisung von Hartz-IV-Empfängern in Passivhäuser? Wer möchte die Ergebnisse der überbordenen Phantasie aushalten, die Öko-Bürokraten entwickeln, wenn sie irgendetwas verregeln dürfen?

Daher kann ausschließlich gesellschaftlich darüber befunden werden, wie viel Zeit gebraucht wird, um den notwendigen Umbau von Wirtschaft und Gesellschaft einzuleiten und voranzutreiben. Die Klimaforschung hat das genauso hinzunehmen wie die Finanzindustrie: Soziale Praxis hat ihre Eigenzeit und ihre Eigenlogik. Freiheit hat so wenig einen Preis wie die notwendigen Überlebensbedingungen, die ein »Ökosystem« bereithält. Beide sind notwendige Voraussetzungen für eine menschenwürdige Existenz und daher wissenschaftlich nicht verhandelbar.

UTOPIEN

Utopien können gefährlich werden, wenn sie in die Hände von Leuten geraten, die aus ihnen mit aller Macht Wirklichkeit machen wollen. Aber Utopien sind ein großartiges Mittel, um Denken und Wünschen zu üben: sich einen wünschbaren Zustand in einer denkbaren Zukunft zu imaginieren, macht den Status quo zu lediglich *einer* Variante von vielen möglichen Wirklichkeiten. Und die Imagination einer wünschbaren Zukunft zieht natürlich auch gleich Überlegungen nach sich, wie das Zusammenleben der Menschen, die Organisation der Städte und des Verkehrs, das Bildungswesen und die Wirtschaft besser eingerichtet werden könnten als in der unvollkommenen Gegenwart. Mit dem erstaunlichen menschlichen Vermögen, sich im Tempus der vollendeten Zukunft vorstellen zu können, ergibt sich auch eine Methode: von dieser imaginierten Zukunft her den Weg zu rekonstruieren, den man zurückgelegt haben muss, um dort hingelangt zu sein. Das nennt man neudeutsch »backcasting«, aber man kann auch den altmodischeren, jedoch viel tieferen Begriff der »Vorerinnerung« von Edmund Husserl nehmen, um aus der Zukunft zurück auf die Schritte zu blicken, die man zu ihrem Erreichen zurücklegen musste.

Vorerinnerungen: das sind mentale Vorgriffe auf etwas erst in der Zukunft Existierendes. Sie spielen als Orientierungsmittel für die Ausrichtung von Entscheidungen und Handlungen in der Gegenwart eine mindestens so wichtige Rolle wie der Rückgriff auf real oder vorgestellt erlebte Vergangenheiten. Alfred

Schütz hat das in seinem Konzept der »antizipierten Retrospektionen« weiterentwickelt,[87] die für menschliches Handeln eine zentrale Rolle spielen – jeder Entwurf, jeder Plan, jede Projektion, jedes Modell enthält einen Vorgriff auf einen Zustand, der in der Zukunft vergangen sein wird. Und genau aus diesem Vorentwurf eines künftigen Zustands speisen sich Motive und Energien – aus dem Wunsch, einen anderen Zustand zu erreichen als den gegebenen.

Sich nach vorwärts zu erinnern – darin besteht die Heuristik des Zukünftigen, und das wird mehr sein als eine banale »Gegenwart plus«, die ein bisschen technologisch aufgepimpt ist. Es muss schon besser, gerechter, schöner und nachhaltiger zugehen in unserer vorerinnerten Zukunft, und wie alle Erinnerungsarbeit wird auch die an der Zukunft eine kunstvolle und kreative Montage ganz unterschiedlicher Elemente, von Vor- und Rückblenden, von Fehlern und Korrekturen, von Versuchen und Irrtümern sein.

Utopien werden gefährlich, wenn sich jemand daranmacht, einen Masterplan zu entwickeln, um direkt umzusetzen, was wünschbar erscheint. Soziale Masterpläne haben immer den Nachteil, dass es Individuen und Gruppen gibt, die sich den aus der Utopie gefolgerten Beglückungsvorstellungen nicht fügen mögen oder können – oder dass umgekehrt die jeweilige Theorie der Menschheitsbeglückung zwingend voraussetzt, dass erst mal einige Gruppen und Einzelpersonen beseitigt werden müssen, weil sie der perfekten Einrichtung der Welt leider im Wege stehen. Die beiden großen Masterplan-Utopien des zwanzigsten Jahrhunderts, der Kommunismus und der Nationalsozialismus, haben demgemäß insgesamt ein paar hundert Millionen Menschenleben gefordert, im einen Fall, um den theoretisch festgestellten Niedergang der »absterbenden Klassen« zu beschleunigen, im anderen Fall, um »den ewigen Gesetzen der Natur« ein wenig nachzuhelfen und die »minderwertigen Rassen« zu versklaven oder zu vernichten. Dass sich die »Realisierung des Utopischen« (Hans Mommsen) weder von theoretischen Widersprüchen irritieren noch von Irrtümern aufhalten lässt, zeigt die Geschichte: Jeder Wunsch, jede Theorie, jeder denkende Mensch kann in die Kategorie der Dinge einsortiert werden, die unbedingt beseitigt gehören. Der Faschismus genauso wie die vielen Spielarten kommunistischer Beglückungsexperimente von Stalin über Mao bis zu Pol Pot haben gezeigt, dass die Skala sozialen Irrsinns nach oben offen ist.

Um die Übersetzung von Sozialutopien in die Wirklichkeit kann es daher nicht gehen, wenn man darüber nachdenkt, wie Gesellschaften unseres Typs so zu transformieren wären, dass sie aus der Sackgassenlogik der Wachstumswirtschaft aussteigen und Nachhaltigkeit und Generationengerechtigkeit zu ihren fundierenden Prinzipien erheben. Man muss an dieser Stelle auch noch mal daran erinnern, dass die industrielle Revolution nicht nur Wohlstand und Konsummöglichkeiten mit sich gebracht hat, sondern mit der Entstehung der bürgerlichen Gesellschaften eben auch Freiheit, Demokratie, Rechtsstaatlichkeit, Sozialversorgung, Gesundheitsversorgung, Recht auf Bildung.

Nichts davon muss utopisch aufgeladen werden: Das ist ein schon errungener zivilisatorischer Standard in Gesellschaften unseres Typs, und die Suche nach der verlorengegangenen Zukunftsfähigkeit ist ja gerade auch dadurch begründet, dass man diesen Standard nicht preisgeben darf. Deshalb wäre eine Ökodiktatur auch weder wünschenswert noch funktionsfähig, sondern in der Konsequenz eine phantasielose Technokratie, die opfert, was sie zu retten vorgibt: ein lebenswertes, gerechtes Modell von Kultur. Also: Die Utopie des 21. Jahrhunderts ist weder techno- noch autokratisch verengt; sie hat schon viel, was sie behalten will, und sie hat vor, das erstmals nicht auf dem Weg der Expansion, sondern dem der Reduktion zu sichern. Die konkrete Utopie heißt: Zivilisierung durch weniger. Nämlich durch weniger Material, weniger Energie, weniger Dreck. Neugier, Sehnsucht nach anderem, Wünsche und Träume darf es dagegen durchaus *mehr* geben: Sie sind die eigentlichen Produktivkräfte des Zukünftigen.

Die Eleganz einer auf diese Weise vorerinnerten Zukunft besteht darin, dass man sich weder der scheinbaren Widerspruchsfreiheit einer theoretischen Konstruktion unterwerfen noch daraus abgeleitete (Fünf- oder Zehn-Jahres-) Pläne abarbeiten muss. Die Zukunft wird nur auf einem Weg zu erreichen sein, der selbst durch Irr- und Abwege, unpassierbare Stellen, gute Passagen, Steigungen und Gefälle, kurz: durch alles andere als Gradlinigkeit gekennzeichnet ist. Das ist keine Zukunft für Zwangscharaktere, weil man sich von vornherein als fehlerfreundlich verstehen muss, wenn man in eine andere Zukunft gelangen möchte: Wir wissen ja eben heute noch nicht, wie denn eine nachhaltige moderne Welt aussieht, die frei, demokratisch, sicher, gerecht auf der Basis eines Ressourcenbedarfs ist, der gegenüber heute um den Faktor fünf bis zehn verringert ist. Weil unser kulturelles Modell technoid und expansiv geprägt ist, wissen wir lediglich etwas über die technologische Seite einer solchen Zukunft, kaum etwas aber über die kulturelle Formatierung von Arbeit, Mobilität, Ernährung, Wohnen, Zeit in einer solchen Welt. Das heißt: Wir kennen nur die Welt nach Plan A, noch nicht die nach Plan B, C, D, E usw.

Also entwirft man den nächsten und allenfalls den übernächsten Schritt auf Probe und prüft, wie das Ergebnis jeweils ausfällt: ob man so weiterkommt oder nicht. Man denke hier nur an die hübsche Idee mit der Erzeugung von Energie aus Biomasse: ein sozialer und ästhetischer Irrweg, den man tunlichst nicht weiterverfolgen sollte. Die Heuristik einer nachhaltigen Moderne ist deshalb ein *Utopisches-bis-auf-Weiteres* und kennt daher auch Handlungsmaximen, die der nichtnachhaltigen Moderne völlig wesensfremd sind: probieren, abbrechen, aufhören, innehalten, pausieren. Kein Masterplan also, sondern immer nur ein Patchwork aus unterschiedlichen Experimenten: welche Erfolge und Probleme die Implementierung von Cradle to Cradle in der diversifizierten Produktion mit sich bringt, wie genossenschaftliche Organisationsformen auf große Konzernstrukturen zu übertragen sind, wie reduzierte Mobilität mit besserer Gesundheits- und Bildungsversorgung gekoppelt werden kann, wie ein verändertes Energieregime veränderte Beteiligungsformen fordert usw. Für alles das gibt es Ideen und zum Teil schon Realexperimente, aber noch keine gesellschaftliche Synthese. Es weiß auch niemand, welche immanenten Widersprüche eine solche Synthese aushalten müsste: Zum Beispiel wird man die berühmte Entschleunigung mit Gewinn für viele Lebensbereiche fordern, sicher aber nicht für den Katastrophenschutz, die Feuerwehr oder die Notfallmedizin.

Der Weg in eine nachhaltige Moderne ist ein Weg ganz unterschiedlicher Geschwindigkeiten, aber das ist kein prinzipielles Problem. Auch die erste industrielle Revolution war ein höchst ungleichzeitiger Prozess – die Produktivitätssteigerung in der Stahlproduktion oder die Geschwindigkeit der Verstädterung etwa eilten der Auflösung von Traditionen weit voraus; deren Zeitrhythmen hinkten den Synchronisierungserfordernissen der Fabrikarbeit lange hinterher, weshalb Industriearbeit lange Zeit erst mal ein Prozess handfester, gewalttätiger Disziplinierung war.[88] Bis heute ist nicht genau sortiert, ob die Philosophie der Veränderung der Welt hinterherhinkt, ob also die Hegel'sche Eule der Minerva ihren Flug *immer* erst in der Dämmerung beginnt oder ob nicht gelegentlich das Denken den realen Transformationen weit voraus ist und diese anbahnt. Und davon ganz abgesehen: Schon die gebauten Infrastrukturen haben höchst ungleiche Eigenzeiten. Ein Kanalisations- und ein Verkehrssystem haben eine größere Beharrungskraft als ein Universitätssystem, eine kulturelle Versorgungsinfrastruktur eine andere als eine medizinische. Daher wird die Transformation, wie immer sie aussieht, widersprüchlich, uneinheitlich, ungleichzeitig sein. Eine Kombinatorik, deren Gestalt wir noch nicht kennen.

Überhaupt ist, wieder mit Blick in die Geschichte, ja kaum die Frage, welcher Typ Revolution die nachhaltigere Wirkung entfaltet: diejenigen, die schon von den Zeitgenossen als solche verstanden und intentional herbeigeführt worden sind – also der Typus der *politischen Revolution* wie etwa die Französische oder die russische. Oder der Typus der *formativen Revolution*, die das Antlitz von Staaten und schließlich der ganzen Welt tiefgreifend transformiert, und zwar ohne dass die Tragweite der Verwandlung in actu von den Zeitgenossen bemerkt würde. Historisch betrachtet spricht viel dafür, dass die sukzessive und nicht die abrupte Veränderung von Produktions- und Konsumverhältnissen wirkmächtiger und nachhaltiger ist[89] – was übrigens ein weiteres Argument gegen den von der Klimaforschung artikulierten Zeitdruck ist. Insgesamt jedenfalls braucht man auf dem Weg in eine nachhaltige Moderne keinen Masterplan. Im Gegenteil ist hier der Weg schon die Utopie: Er wird zeigen, wie produktiv es ist, Fehler zu riskieren, wenn man Reversibilität systematisch ermöglicht, wie sinnvoll es ist, Erfahrung nur als *bis auf weiteres* als hilfreich zu betrachten, überhaupt einen jeweiligen Status quo lediglich als Vorschlag, nicht als Seinsbehauptung zu verstehen.

ACHTSAMKEIT

Wenn man also nicht in die Falle tappen will, in die die gescheiterten Gesellschaften geraten sind, indem sie die Strategien intensivierten, mit denen sie unter Normalbedingungen erfolgreich waren, muss man seine Handlungsmaximen radikal umstellen: nicht Effizienz, sondern Achtsamkeit, nicht Schnelligkeit, sondern Genauigkeit, nicht Weitermachen, sondern Innehalten wären Maximen für den Weg in die reduktive Moderne.

Die Organisationspsychologen Karl Weick und Kathleen Sutcliffe haben untersucht, wie Unternehmen lernen können, das Unerwartete zu managen.[90] Sie haben dafür sogenannte High-

Reliability-Organisationen analysiert – Institutionen, bei denen das Eintreten unerwarteter Ereignisse nicht einfach nur unangenehme, sondern katastrophale Folgen haben kann. Beispiele dafür sind Atomkraftwerke, Flugzeugträger, Feuerwehren, Krisenteams, die bei Geiselnahmen eingesetzt werden, Katastrophenschützer etc. Die Arbeit in solchen Organisationen zielt vor allem darauf ab, dass bestimmte Ereignisse *nicht* eintreten – weshalb einen ganze Reihe von Eigenschaften, die in anderen Organisationen als wertvoll gelten, hier problematisch sind: Jede Form von Routine etwa ist ein Problem, weil sie die Sensibilität in Bezug auf sich ankündigende Probleme unterminiert. Erfahrung ist kontraproduktiv, weil sie dazu führt, dass man ein Ereignis vorzeitig für etwas hält, was schon mal vorgekommen ist und was man daher wie üblich betrachtet und behandelt – ein häufig tödlicher Fehler. »Erfahrung an sich«, schreiben Weick & Sutcliffe, »ist noch kein Grund für Sachkenntnis, weil Menschen sehr häufig immer wieder dieselbe Erfahrung machen und wenig tun, um diese Wiederholungen zu etwas Neuem weiterzuentwickeln«.[91] Erfahrung kann zur Falle werden, wenn etwas so aussieht wie ein Ereignis, das man kennt, in Wahrheit aber etwas ganz anderes ist – das Challenger-Unglück ist auf diese Weise ebenso entstanden wie der Super-GAU von Tschernobyl.

Erfahrungen sind dann hilfreich, wenn man es mit Vorgängen zu tun hat, die jenen gleichen, an denen man die Erfahrungen gemacht hat – für die zutreffende Einschätzung präzedenzloser Ereignisse sind Erfahrungen dagegen meist irreführend. Auch Pläne sind nach Daten und Abläufen entwickelt, die man schon kennt, und deshalb haben sie oft die verhängnisvolle Wirkung, haargenau an den Anforderungen und Aufgaben vorbeizuführen, die man eigentlich anzugehen hätte, um ein unerwartetes Problem zu bewältigen. »Das uneingeschränkte Streben nach Vorausschau mittels Planung und Forschung kann gefährliche Folgen haben. Es unterstellt ein Maß an Verstehen, das man unmöglich erreichen kann, wenn man es mit unsicheren und dynamischen Verhältnissen zu tun hat. Es vermittelt den Beteiligten die Illusion, sie hätten die Lage im Griff, und macht sie blind für die sehr reale Möglichkeit einer Fehleinschätzung.«[92] Für den Umgang mit Unerwartetem kommt es vor allem darauf an, Sensorien dafür zu entwickeln, dass sich etwas ankündigt oder abzeichnet, das die routinemäßige Behandlung sofort überfordern würde – das heißt, es geht gerade darum, misstrauisch gegenüber der Erfahrung zu sein und die Dinge immer aufs Neue in Augenschein zu nehmen.

Und es geht auch darum, auf Unerwartetes nicht mit Rückgriff auf »bewährte« Rezepte zu reagieren, sondern so schnell wie möglich die unterschiedlichsten Kompetenzen zu versammeln, die zu einer zutreffenden Problembeschreibung und -analyse beitragen können. Denn häufig fehlt es schon daran: zu erkennen, welches Problem überhaupt vorliegt.

Eine Kultur der Achtsamkeit (»mindfulness«) sortiert daher nicht alles, was einem in die Optik kommt, sofort in die Kategorien des schon Bekannten und Gewussten. Achtsamkeit bedeutet eine permanente Prüfung und Überarbeitung bestehender Erwartungen, dazu eine erhöhte Aufmerksamkeit auf mögliche

Monument der Achtsamkeit: Flugzeugträger.

Fehler und Abweichungen – kurz: ein permanentes Lernen in einer Umgebung, die in ständiger Veränderung begriffen ist. Achtsamkeit ist nichts anderes als die stetige Aktualisierung seiner Beobachtungen und Deutungen, aber was sich so schlicht anhört, hat einen Paradigmenwechsel in den Prioritäten zur Voraussetzung, nach denen man handelt: Wie Erfahrung hinderlich ist und Pläne problematisch sind, so gelten nun Fehler nicht als schlecht, sondern als eminent wichtige Quellen von Informationen – Informationen darüber, welchen Lauf die Dinge nehmen können. Während das normale Verhalten Fehler zu vermeiden und, wenn sie geschehen sind, möglichst zu vertuschen sucht, gilt hier der Fehler als etwas sehr Wertvolles: Entsprechend werden Mitarbeiter, die auf Fehler hinweisen, in High-Reliability-Organisationen auch nicht gemobbt, sondern ausgezeichnet.

»Achtsamkeit gründet in der Erkenntnis«, schreiben Weick & Sutcliffe, »dass Wissen und Unwissenheit gemeinsam wachsen. Wenn das eine zunimmt, nimmt auch das andere zu. Achtsame Menschen akzeptieren die Tatsache ihrer eigenen Unwissenheit und geben sich große Mühe, ihre Lücken aufzudecken, weil sie sehr wohl wissen, dass jede neue Antwort eine Vielzahl von Fragen aufwirft. Die Macht einer achtsamen Orientierung besteht darin, dass sie die Aufmerksamkeit vom Erwarteten auf das Irrelevante umlenkt, von den bestätigenden Hinweisen auf die Gegenbeweise, vom Angenehmen auf das Unangenehme, vom Sicheren zum Ungewissen, vom Expliziten zum Impliziten, vom Faktischen zum Wahrscheinlichen und vom Übereinstimmenden zum Widersprüchlichen. Achtsamkeit und Aktualisierung wirken den vielen toten Winkeln entgegen, die sich in der Wahrnehmung entwickeln, wenn Menschen zu sehr auf ihre Erwartungen vertrauen.«[93]

Der Einwand, der Sie jetzt schon seit ein paar Absätzen ganz ungeduldig macht, lautet natürlich: In welcher Welt lebt der eigentlich? Während wir uns jetzt wie Hans im Glück tiefenentspannt auf den Weg machen und eine Kultur der Achtsamkeit experimentieren sollen, läuft der Rest der Welt leider in die genau entgegengesetzte Richtung und zerstört in jeder Stunde mehr, als wir in Jahren retten können! Dieser Einwand ist zweifellos berechtigt, er hat nur einen Nachteil: Aus ihm folgt nichts. Denn erstens macht der Rest der Welt auch dann nichts anderes, wenn unsereins so weitermacht wie bisher; er kann das sogar viel ungestörter, wenn andere Möglichkeiten unprobiert und ungezeigt bleiben. Die Moderne bleibt dann ausschließlich die expansive Moderne; eine reduktive Moderne nur eine unausgeschöpfte Möglichkeit.

Und zweitens würde man sich bei keiner anderen Entscheidung, die damit zu tun hat, wie man leben möchte, daran orientieren, was der Rest der Welt macht. Sie denken ja keine Sekunde an »den Chinesen« oder »den Inder«, wenn Sie sich ein Auto bestellen, einen Flug buchen, eine Versicherung abschließen, ein Haus kaufen oder eine Schule für Ihr Kind aussuchen. All das sind ja Entscheidungen unterschiedlicher Tragweite für den Fortgang Ihres Lebens, bei keiner spielt der Rest der Welt auch nur die geringste Rolle. Warum dann ausgerechnet da, wo es um das Einschlagen der Richtung geht, in der die Zukunft liegt?

Schließlich: Was geht Sie der Rest der Welt eigentlich an? Keine Lichtgestalt hat am Tag Ihrer Geburt neben Ihrer Wiege gestanden und Ihnen mit hoher Stimme die Mission aufgegeben: »Lars, du bist zu uns gekommen, um die Welt zu retten!« Warum argumentieren Sie dann, als ob das der Fall wäre? Es genügt völlig, wenn Sie die Verantwortung für Ihr eigenes Handeln übernehmen.

Insgesamt also lautet der Befund einmal mehr: Es findet sich kein plausibles Argument dafür, nichts zu tun. Das Fehlen eines Masterplans gibt Ihnen sogar die Freiheit, Fehler zu machen und Misserfolge zu haben, sogar sich selbst als jemanden zu erleben, der sich Fehler nicht übelnimmt. Die Zukunft wird offener, als sie es im Augenblick ist. Ein günstiges Angebot.

OHNE MASTERPLAN

Allerdings: Das Fehlen eines Masterplans hat auch einen erheblichen Nachteil. Historisch entfalten große Ideen, wenn sie mit einiger Plausibilität und Verve eine bessere Welt versprechen, Dynamik: Sie sprechen das Gefühl und die Identität an. Das gilt für die nationalsozialistische »Volksgemeinschaft« genauso wie für die Befreiungsversprechen aus Unterdrückung, Knechtschaft und Ungerechtigkeit, die die sozialistischen Utopien anzubieten hatten. Auch die relative Friedfertigkeit, mit der sich die kapitalistische Wirtschaftsform seit 1989 über die Welt verbreitet hat, spricht Bände über die guten Gefühle, die die konsumistischen Attraktionswelten zu entfalten vermögen. Das Versprechen von *mehr* Wohlstand, *mehr* Teilhabe, *mehr* Versorgung, *mehr* Komfort, das der Kapitalismus zu offerieren hat, ist ja nicht leer, sondern spiegelt sich in der konkreten Lebenswelt der aufsteigenden Gruppen in den aufsteigenden Ländern wider. Genauso wie es sich in westeuropäischen Lebenswelten der vergangenen Jahrzehnten gespiegelt hat: Ich verdiene das Zehnfache von dem, was mein Vater verdient hat, lebe auf der doppelten Wohnfläche, habe zwanzigmal mehr von der Welt gesehen. Nach unserem Kulturmodell ist das gelebter, erlebter Fortschritt, keine Chimäre.

Ohne Masterplan hat man diesem bislang eingelösten Versprechen auf expansiven Fortschritt scheinbar kaum etwas entgegenzusetzen. Die emotionale Sexyness der Aufforderung »Lasst uns von allem weniger haben!« ist arg begrenzt in einer Kultur, die in jeder Faser auf Expansion geeicht ist. Da liegt die Schwäche des modularen Experimentierkastens für eine nachhaltige Moderne, den ich anzubieten habe. Das nun sieht nach einem ziemlich schwachen Angebot aus.

Aber: Wird eine Geschichte eigentlich dadurch machtvoll, dass sie die Wirklichkeit auf ihrer Seite hat? Oder wird sie machtvoll, wenn Wünsche und Träume über eine andere, bessere Zukunft ihren Antrieb bilden? Wenn das so wäre, und dafür spricht einiges, hat die alte Geschichte, die die westliche Welt seit zwei Jahrhunderten über sich erzählt, ihren emotionalen Kern, ihre Wunschenergie längst verloren. Wir haben ja schon alles, was wir uns – materiell – erträumt haben. Wir waren auch schon überall. Wir können auch überallhin. So wie Glück durch weitere Zufuhr von Geld und Waren ab einem bestimmten Niveau nicht mehr nennenswert steigerungsfähig ist, so bekommen auch Wünsche und Träume eine gewisse Sättigung, wenn sie von der Realität eingeholt werden. Wenn mein Autoquartett-Traumauto Ferrari Daytona mit seinen 280 Stundenkilometern Höchstgeschwindigkeit vom Traumfußballer Günter Netzer tatsächlich auf einer deutschen Autobahn gefahren und er dabei gesehen werden konnte, dann blieb bei diesem zur Wirklichkeit gewordenen Traum eine Menge zu wünschen übrig: ein Spitzensportler zu werden, einen Ferrari zu fahren, schnell zu sein. Wenn sich heute irgendein stinkreicher Nobody einen 400 Stundenkilometer schnellen Bugatti Veyron in die Garage stellt, weil man den auf keiner Autobahn der Welt ausfahren kann, fehlt das Traumhafte völlig (zumal das Ding auch noch von Volkswagen hergestellt wird).

Und schien es in den 1960er Jahren noch als etwas Besonderes, nach Spanien, Ägypten, gar nach Südamerika zu reisen, ist das heute allerpiefigster Standard, und im Modus »all-inclusive« ist es auch völlig egal, ob man sich die kostenlosen Drinks an einer Strandbar in der Dominikanischen Republik, auf Mallorca oder in Sri Lanka verabreicht. Die Gespräche der zurückgekehrten Urlauber in den Rail-and-fly-Zügen sind dann auch danach: wie das Essen war, die »Anlage«, das Wetter. Auch die Tourismusindustrie hat die Wunschwelten längst überholt; heute kann man, wenn man unbedingt will, den Mount Everest besteigen oder Rafting im Grand Canyon machen. Kein unerfüllter Wunsch, nirgends.

Dass die meisten Wünsche und Träume der Wirtschaftswunderjahre von der Wirklichkeit überholt worden und abgestanden sind, zeigt sich auch an der radikal absinkenden Innovationskurve der einstmaligen Traumindustrien: Schon lange frage ich mich, *warum* die Astronauten zu dieser Weltraumstation fliegen, die da aus unerfindlichen Gründen im Orbit kreist; das ist doch nichts gegen die Mondlandung! Oder warum die Phantasie neureicher Gesellschaften nicht weiter reicht, als ein *noch höheres* Gebäude zu bauen – es wird ohnehin nie an den Wunschinhalt des Empire State Building oder des Chrysler Building heranreichen! Oder warum Autos und Flugzeuge einfach nur *größer* werden statt etwas ganz anderes! Oder warum so ein grotesker Wüstenstaat keine bessere Idee hat, als sich in eine Kitschkulisse in Palmenform zu verwandeln, wo die doch alles Geld der Welt hätten, mal was Interessantes zu machen!

Das alles ist nur noch Wirtschaft ohne Wunder. Und da sind wir exakt dort, wo man in aller Klarheit sieht, dass die expansive Kultur gar nichts mehr zu bieten hat: Die einzige relevante Erfindung der letzten vier Jahrzehnte, die sie hervorgebracht hat, war das Internet und die mobile Kommunikation. Alles andere ist die Moderne von gestern, von phantasieunbegabten Ingenieuren gescheucht zur emotionsfreien Sinnlosigkeit. Ohne jede Schönheit. Kitsch.

Kein Zufall, dass die Traumindustrie par excellence – Hollywood – nur Dystopien zu bieten hat, wenn sie in die Zukunft schaut, »I am Legend«, »Inception«, »The Road« sind Apotheosen zukünftiger Einsamkeit. Und wenn es um Abenteuer geht, liegen die alle in der Vergangenheit, bei den »Pirates of the Carribean« oder in den 1930er Jahren, bei »Indiana Jones«, als eben das Wünschen noch geholfen hat. Dazwischen nur öde Komödien, die die sterbenslangweilige Gegenwart verdoppeln. Glamour ist eine Kategorie von vorvorgestern, und niemand war realistischer als Andy Warhol mit seiner Prognose, dass irgendwann jedermann ein Star sein würde, für 15 Minuten.

Ich weiß nicht, wohin sich Teenies heute träumen, kann mir aber nicht vorstellen, dass ihr Wunschhorizont schon bei DSDS erreicht ist. Und der Eskapismus der Eventindustrie, der mit Achterbahnen, Bungee-Jumping, allen Arten von Climbing

Freizeitidioten.

usw. sogenannte extreme Bedürfnisse bedient, ist so sehr Spiegelbild der Leistungsgesellschaft, das man sich fragt, wieso das eigentlich niemandem von denen auffällt, die da kopfüber in der Gegend hängen. Als könnten sie sich nichts Besseres vorstellen.

Mir scheint, gerade die Träume des 20. Jahrhunderts sind es, die im 21. Jahrhundert alt geworden sind. Die Wunschwelt des ALLES IMMER ist in den frühindustrialisierten Ländern zur Wirklichkeit geworden und hat sich so entzaubert, dass die Anbieter sie nur noch bedienen können, in dem sie ihre Produkte in immer kürzeren Zyklen auf den Markt bringen. Was Traum war, ist mit seiner Realisierung Sucht geworden: Nur die Erhöhung der Dosis hilft noch beim Wünschen.

Aber: Welche Geschichte soll man darüber denn erzählen? Dass man jetzt das »Samsung Galaxy SIII« hat, ist keine Geschichte. Und eine dieser Urlaubsreisen wird höchstens dann berichtenswert, wenn wegen eines isländischen Vulkans kein Flieger mehr geht und man in der Abflughalle übernachten muss. Noch weniger Erzählstoff bieten die Wochenenden in den

Wellness-Gulags. Das Problem ist: Es gibt keine Wünsche mehr, wenn man alles haben kann, keine Träume, wenn man alles sein kann. Und nichts zu erzählen, wenn man alles erlebt.

Das ist exakt der Punkt, an dem man ansetzen kann, wenn man eine andere Geschichte über sich und die Zukunft zu erzählen beginnt: Wie man in diesem geheimnislosen Universum jederzeitiger Bedürfnisbefriedigung wieder Autonomie und Zukunft entdecken kann. Wie man nicht immer schon angekommen ist, sondern sich auf den Weg macht. Wie nicht schon alles fix und fertig ist, sondern gefunden werden muss. Wie man nicht mehr Produkt ist, sondern Gestalter. Mit einem Wort: wenn man eine Geschichte über sich zu erzählen beginnt, in der man vorkommt.

Solche Geschichten sind (und waren immer) Geschichten vom Aufbruch, vom Anfangen, vom Entdecken, und sie handelten von unerwarteten Begegnungen im Raum und in der Zeit. Abenteuer- wie Bildungsromane haben das gemeinsame Merkmal, dass ihre Protagonisten sich selbst verändern, indem sie sich auf den Weg machen. Am Ende sind sie andere geworden, und das macht die eigentliche Verlockung aus. Nie waren Geschichten von Aufbruch attraktiver als jetzt: in der zeit- und transzendenzlosen Gegenwart. Die Grundregel stammt von Henry James: Abenteuer erlebt nur der, der sie zu erzählen weiß.

LEBENSKUNST, SCHON BALD[94]

Ihre Schlagbohrmaschine ist kaputt. Also setzen Sie sich an den Computer, klicken auf otto.de; Sie wollen sich das aktuelle Angebot zeigen lassen. Aber zu Ihrer großen Überraschung bekommen Sie kein einziges Produkt gezeigt, nachdem Sie »Bohrmaschine« in die Suchmaske getippt haben, stattdessen werden Sie gefragt: »Warum möchten Sie eine neue Bohrmaschine kaufen?« Erstaunt antworten Sie: »Weil meine defekt ist.« Nächste Frage: »Worin besteht der Defekt? Er lässt sich möglicherweise beheben.« Auf Ihre Antwort, dass das Gerät einfach überhaupt nichts mehr tut, nennt Ihnen otto.de eine Reihe von Adressen: »Wir empfehlen Ihnen die folgenden Elektriker in Ihrer Nähe, die als Vertragspartner mit Otto zusammenarbeiten. Möchten Sie, dass wir einen Kontakt zu einem Reparateur herstellen?« Sie antworten: »Nein! Zeigen Sie mir bitte Produkte.« Daraufhin werden, wie Sie es gleich zu Anfang erwartet hatten, endlich alle verfügbaren Bohrmaschinen gezeigt.

Eine ganz neue von Bosch sieht am besten aus, ein Bohrhammer mit ordentlich Durchschlagskraft, dazu niedrigste Geräusch- und Effizienzklasse. 319 Euro. Was soll's? Man kauft so ein Ding ja nicht alle Tage. Also kaufen? Kaufen. Statt nun aber auf Ihren Klick hin die Maschine »in den Warenkorb« zu legen, fragt otto.de schon wieder etwas: »Wie oft benutzen Sie Ihre Bohrmaschine durchschnittlich pro Jahr?« Sie überlegen. Gute Frage. Na, so vier-, fünfmal werden es schon sein. Allmählich sind Sie gespannt, was nun als Nächstes kommt. Otto teilt mit: »Unsere Beraterinnen und Berater sind der Auffassung, dass es sich bei Ihrer Nutzungsfrequenz nicht lohnt, so eine Maschine zu kaufen. In Ihrer Nachbarschaft hat eine Person unlängst die gleiche Maschine gekauft und sich als Leihgeber registrieren lassen. Sie können die Maschine bei ihm ausleihen.« Das wird ja immer besser, denken Sie. Wer verleiht denn seine Bohrmaschine? »Möchten Sie diese Option wählen? Wünschen Sie den Kontakt?« Klar wünschen Sie den Kontakt, jetzt schon aus Neugier. Otto berechnet 3,95 Euro für die Vermittlung, fairer Preis. Und bietet die kostenfreie Abholung der defekten Maschine an. Jetzt haben Sie 315,05 Euro gespart. Und eine Last weniger. Auf dem Bildschirm erscheinen die Kontaktdaten des Leihgebers. Der Näumann! Hab ich mir gedacht, denken Sie, der hat sowieso alles. Aber super, mit dem wollte ich längst mal wieder plaudern. Der hat auch so eine nette Frau. Sie klicken auf »Beenden«. Auf dem Bildschirm erscheint: »Vielen Dank, dass Sie bei Otto gefragt haben! Übrigens: Kunden, die die von Ihnen gewünschte Bohrmaschine ebenfalls nicht gekauft haben, haben auch folgende Artikel nicht gekauft: Akkuschrauber Bosch PX 17, Winkelschleifer Black & Decker WS 34/3, Werkzeugkoffer Konfix XL.«

Keine schlechte Geschichte, oder? Sie passt in eine Welt, die ihre Intelligenz nicht mehr in die Vermehrung von Produkten, sondern in die der Nutzung steckt: soziale Intelligenz. Der Kollateraleffekt: Sie haben nicht nur mehr als 300 Euro gespart, sondern Ihren ökologischen Rucksack durch Nichtkonsum wesentlich leichter gehalten, als wenn Sie überflüssigerweise diese schicke Maschine gekauft hätten. Und vor allem: Sie haben mal wieder bei Näumanns reingeschaut. Natürlich war es keine Frage, dass Sie sich die Maschine ausleihen konnten. Schließlich hatte er sich ja als Leihgeber registrieren lassen. Sie haben dann aber noch ein paar Gläser Wein zusammen getrunken. Bei der zweiten Flasche haben Sie kurzerhand beschlossen, aus Ihrer Nachbarschaft eine Mikrogenossenschaft zu machen. Zusammen mit den anderen Leuten aus der Straße würden Sie jetzt einen kleinen Fonds auflegen, aus dem Rasenmäher, Gartenschläuche, Leitern und was man sonst so *manchmal* braucht, angeschafft und als Gemeingüter vorgehalten werden. Nach einer Erprobungsphase, in der die Nutzungsfrequenz ermittelt wird, können Sie Ihre Mikrogenossenschaft wiederum bei otto.de registrieren lassen, um andere Nutzer gegebenenfalls an ihrem Maschinenpark teilhaben zu lassen. Genial.

Das Modell lässt sich beliebig erweitern. Man kann das in Miethäusern mit Waschmaschinen machen, mit luxuriösen Kaffeemaschinen, die sich ein einzelner Nutzer gar nicht leisten könnte, mit Autos, Fahrrädern, Rollern, Segways, Zelten, was immer Sie wollen. Auf diese Weise werden aus Konsumgütern Gemeingüter, man spart Geld, Platz, Material und bekommt nicht nur, was man braucht, sondern wird auch noch Teil einer Gemeinschaft, die zuvor gar nicht existierte. E-Commerce-Händler wie Otto können ihr Geschäftsmodell schon heute

Givebox. Hartmut Wild, Sarah Möller und Victoria Pomsel studieren soziale Arbeit an der Berufsakademie Gera.

darauf abstimmen. Sie verdienen dann weniger mit den Produkten, aber dafür mehr mit Beratungen, Vermittlungen, Reparaturdienstleistungen, sie holen die Geräte ab und bringen sie zum nächsten Nutzer. Die Internethändler kapitalisieren die soziale Intelligenz der Nutzer.

LEBENSKUNST, ZWANZIG JAHRE SPÄTER

Wir schreiben das Jahr 2033. Schon vor zwanzig Jahren hatte sich über die rasche Verbreitung von Car-Sharing-Modellen und Giveboxen[95] in den Städten der Paradigmenwechsel vom Besitzen zum Nutzen angekündigt, der heute im vollen Gange ist: Es gilt mittlerweile als cool, nur noch so viel wie nötig und so wenig wie möglich zu haben. Es ist der Lifestyle des Loslassens (neudeutsch LORAF = Lifestyle of Relief and Fun): Was man *nicht* hat, braucht keinen Raum, was man *nicht* hat, kann nicht geklaut werden, was man *nicht* hat, braucht nicht umzuziehen, was man *nicht* hat, kostet nichts. Umgekehrt erhöht sich die Nutzungsdauer jedes Produkts durch seinen sozialen Gebrauch. Man hat jetzt viel weniger: Die durchschnittliche Menge an Produkten, die jeder Deutsche besitzt, ist von 10 000 im Jahr 2012 auf heute 5000 abgesunken. Der Materialverbrauch hat sich mithin halbiert, die Emissionsmenge ebenfalls. Der Spaß hat sich verdoppelt, die verfügbare Zeit vermehrt: Man verschwendet sich nicht mehr an Konsumentscheidungen. Das kulturelle Modell heißt: Lebenskunst. Das zugehörige Adjektiv: leicht.

Die Mikrogenossenschaften, wie Sie sie damals mit Näumann gegründet haben, sind natürlich nur ein kleines Element einer insgesamt leichter gewordenen kulturellen Praxis. Die meisten Leute arbeiten heute weniger. Klar: Weil der Rückgang der Produktion erheblich weniger Arbeitskraft und -zeit erfordert. Anders als im Spätkapitalismus führt Produktivitätsfortschritt heute nicht mehr zum Abbau von Arbeitsplätzen, sondern zur Verkürzung der Arbeitszeit. Viele Beschäftigte arbeiten heute nur noch halbtags; sie verdienen natürlich auch nur noch die Hälfte, was sich auf den Lebensstandard aber kaum auswirkt, weil sie insgesamt weniger Geld für Konsum brauchen. Obwohl der Gesetzgeber dafür gesorgt hat, dass endlich die lange Zeit externalisierten Kosten (wie die des Umweltverbrauchs) in die Preise eingerechnet werden, ist zwar vieles teurer geworden – besonders Produkte mit langen Wertschöpfungs- und Transportketten. Aber dafür sind Produkte mit kurzer Wertschöpfungskette, aus regionaler Produktion und aus lokalem Anbau, heute erheblich günstiger, so dass sich der Kaufkraftverlust in erträglichen Grenzen hält. Wer im alten Stil angeben will und es sich leisten kann, kauft heute noch importierte Luxusartikel. Das gilt aber als plump und unelegant.

Heimische Produkte gelten als leicht und attraktiv; dazu kennt man manche der Leute, die sie herstellen, persönlich, und man weiß auch, unter welchen Bedingungen produziert wird. Selbstverständlich gibt es auch heute noch industriell gefertigte Waren, die sich regional nicht sinnvoll produzieren lassen: Fernseher, Computer, Mobiltelefone, Elektroautos, Lampen und Leuchtmittel, Waschmaschinen, Bohrhämmer – alles, was große Industrie erfordert, um kostengünstig und effizient hergestellt zu werden. Allerdings: Auch hier wird in vielen Bereichen heute anders produziert als in der Endstufe des Kapitalismus: Cradle to Cradle beginnt sich in immer mehr industriellen Anwendungen durchzusetzen, zum Beispiel als »returnity«-Stoff der österreichischen Traditionsfirma Backhausen.[96] Viel mehr Ressourcen verlassen heute den Kreislauf von Produktion – Konsumtion – Return – Produktion nicht mehr: Schrott und Müll sind Kategorien von gestern, als die Kultur noch plump war. Die wirtschaftlichen Aufsteiger des letzten Jahrzehnts: Repairs und Moduls, die höchst effizient organisierten Reparaturbetriebe und Re-Designer, die Produkte nach Verbrauch in andere konvertieren. Es haben sich neue Ausbildungsberufe entwickelt: Instandhalter, Reparierer, Renovierer, Re-Designer, Provider, Share-Trader.[97]

Das alles hat sein Spiegelbild im Privaten: Weil fast alle mehr Zeit haben als früher, haben sich immaterielle Tauschbörsen rasch ausgebreitet: Jemand renoviert einem das Wohnzimmer und bekommt dafür eine Homepage eingerichtet; man passt auf die Kinder auf und bekommt dafür den Garten gemacht. Im Zusammenhang der Tauschbörsen haben sich auch die Regionalwährungen schnell verbreitet: Sie sind nur in begrenztem Radius gültig und verkürzen auf diese Weise die Wertschöpfungsketten. Geschäfte, die Regionalwährungen akzeptieren, wählen Zulieferer, die sich in derselben Währung bezahlen lassen; deren Beschäftigte bekommen einen Teil ihres Gehalts ebenfalls in der Regionalwährung ausgezahlt. Regionalökonomien können perfekt mit genossenschaftlich organisierten Unternehmen korrespondieren – Niko Paech hatte das seinerzeit visionär schon so zusammengefasst: »Entmonetarisierte Lokalversorgung, regionalökonomische Systeme auf Basis zinsloser Komplementärwährungen und – als zu minimierende Restgrößen – Leistungen aus globaler Arbeitsteilung könnten kombiniert werden, um die nach Ausschöpfung aller Suffizienzpotentiale verbleibenden Bedarfe so wachstumsneutral wie möglich zu befriedigen.«[98]

Kulturell haben sich die gravierenden Veränderungen in Mikro- und Makroökonomie in einem Strukturwandel der Öffentlichkeit und des Sozialen niedergeschlagen, der spektakulär ist: Die neue Ökonomie der Zeit hat, unterstützt durch veränderte Arbeitszeitmodelle und das bedingungslose Grundeinkommen, Zeitwohlstand geschaffen. Dadurch haben sich nicht nur erweiterte Möglichkeiten der selbstorganisierten sozialen Arbeit und der Eigenarbeit ergeben, sondern über die damit wieder enger geknüpften sozialen Netze auch Reorganisationen lokaler politischer Öffentlichkeiten. Die Leute nehmen heute die öffentlichen Angelegenheiten viel stärker wieder als *ihre eigenen Angelegenheiten* wahr und befinden kommunen- und quartiersweise über künftige Strategien der Energieversorgung, der Sozialdienste oder der Infrastruktur des öffentlichen Verkehrs.

Das alles ging nicht nur einher mit einem Strukturwandel der sozialen und politischen Öffentlichkeit, sondern auch des Raumes: Je mehr die Leute wieder miteinander zu tun hatten und, vor allem, zu tun haben *wollten*, desto mehr wurde öffentlicher Raum zurückerobert. Während die Städte früher in fast jeder

Hauptverkehrsstraße. Salzburg, St.-Julien-Str., begrünt durch fairkehr e. V. am 30. 5. 2010.

Hinsicht durch das Auto und die zu ihm gehörenden Infrastrukturen organisiert und gestaltet waren, führte das Verschwinden des motorisierten Individualverkehrs zu einer Rekultivierung des öffentlichen Raumes.

Und als sie erstmals oder wieder zu begehen und besetzen waren, die Plätze, ehemaligen Straßen und Verkehrskreuzungen, regte sich sofort Interesse an Gestaltung: Spielplätze, Speaker's Corners, Bühnen, Zeltplätze, Parks restrukturierten das Stadtbild. In Paris kam das Dandytum erneut in Mode: Im Sommer führten teuer gekleidete Menschen wieder Hummer und Schildkröten spazieren. Der Strukturwandel des Raumes führte zu einer unglaublichen Veränderung der Geräuschkulisse der Städte: Biolärm statt Verkehrslärm.

Überhaupt die Mobilität: Sie wird regelrecht neu erfunden im Moment. Die nationalen und internationalen Warenströme sind zurückgegangen, weil man weniger transportiert; viel mehr als früher wird auf der Schiene, vor allem aber auf Flüssen,

Kanälen und über das Meer bewegt. Auch touristische und geschäftliche Reisen werden heute fast ausschließlich mit Schiffen abgewickelt, die hybrid mit Wasserstoff-Brennstoffzellen und Segelsystemen angetrieben werden.[99] Natürlich dauern die Reisen länger als früher, was aber nichts macht, weil man es sich leisten kann. Zeit gibt es ja wieder genug.

Das hat übrigens auch dazu geführt, dass die Schulzeiten in Deutschland wieder verlängert wurden. Der Unsinn mit dem achtjährigen Gymnasium wurde zurückgenommen, was gleich mit einer grundlegenden Schulreform verbunden wurde: Das Klassensystem wurde zugunsten eines Systems von Lernunits aufgegeben, in denen beispielsweise die Fünfzehnjährigen die Elfjährigen unterrichten und das Lehrpersonal hauptsächlich noch für die individuelle Betreuung der Schülerinnen und Schüler zuständig ist. Das bundesweit eingeführte Potsdamer Modell[100] der Mittelstufe sieht vor, dass es für Dreizehn- bis Sechzehnjährige keinen regulären Schulunterricht mehr gibt. Sie arbeiten, lernen, konstruieren und diskutieren in Landschulheimen und organisieren ihren Schulalltag weitgehend selbst.

Schließlich hat sich in erstaunlich kurzer Zeit die Demokratie modernisiert und revitalisiert. Besonders durch die neuen Energieversorgungsinfrastrukturen und die Mikrogenossenschaften haben sich Kulturen der Partizipation entwickelt, die zuerst die lokale, dann mehr und mehr auch die nationale Ebene erreichten. Die Dezentralität der Versorgungskultur hat auch zu einem Strukturwandel des Politischen geführt: Die Gewinne aus der Energiewirtschaft blieben vor Ort und führten zu mehr direkten Gestaltungsmöglichkeiten der um die Jahrtausendwende weitgehend verarmten Kommunen und Gemeinden. Das sorgte für eine größere Diversität lokaler Kulturen und eine Renaissance der Bürgerengagements. Schwimmbäder wurden nicht mehr geschlossen, sondern ökologisch saniert; Seniorenwohnheime mit Kindertagesstätten zusammengelegt,[101] entlegene Ortschaften durch Beförderungsgenossenschaften angeschlossen.[102] Internetanschlüsse gehören genauso zur gesetzlichen Versorgung wie Teilnahmemöglichkeiten an öffentlichen Veranstaltungen, Versammlungen etc.

Berufspolitiker gibt es nicht mehr. Diese spezialistischen Menschen, die wenig anderes konnten als Macht, weil sie seit ihrem Jugendalter nichts anderes kennengelernt hatten als Parteigliederungen und deshalb unter den heutigen Bedingungen als sozial unintelligent betrachtet werden, sind total aus der Mode gekommen. Die öffentlichen Angelegenheiten werden von politisch engagierten Menschen betrieben, die nur nebenberuflich oder temporär Politikerinnen und Politiker sind: wenn sie Abgeordnete sind, ein Ministerium leiten usw. Die gegenwärtige Bundeskanzlerin hat ausdrücklich Wert darauf gelegt, nach spätestens zwei Legislaturperioden wieder in die Wissenschaft zurückkehren zu können. Der Strukturwandel des Politischen hat auf der kommunalen Ebene mehr Elemente direkter Demokratie geschaffen, aber im Großen und Ganzen hat sich das System der parlamentarischen Demokratie als so robust erwiesen, dass es auch in der nachhaltigen Moderne kaum strukturelle Anpassungen brauchte.

Am besten angesehen in der nachhaltigen Moderne sind die, die das in jeder Hinsicht leichteste Leben führen und sich am stärksten für das Gemeinwohl engagieren. Dabei gelten diejenigen mit den verwegensten und scheinbar unmöglichsten Ideen als besonders interessante Menschen; es macht auch nichts, wenn sie scheitern, sofern sie elegant und nonchalant scheitern. Probieren und experimentieren gilt als sexy, Selbstironie und Großzügigkeit als lässig, Selbstdenken wird bewundert. Die Glücksindizes messen für Deutschland kontinuierlich ansteigende Werte, anders als im Rest der Welt, der in einer Mischung aus Bewunderung und Entgeisterung auf dieses Land schaut. Ausgerechnet die Deutschen gelten heute international als die entspanntesten Menschen; die Chinesen halten sie für stinkfaul und die G20 für nicht mehr integrationsfähig. Deutschland wird nicht mehr zu den Gipfeln eingeladen. »Kann passieren«, sagt dazu die Kanzlerin. »Ich halte das sowieso für keine demokratische Veranstaltung.«

Natürlich ist auch in Deutschland die soziale Ungleichheit nicht beseitigt worden, selbstverständlich gibt es jede Menge Vorurteile, Stereotype, Konflikte, Proteste – alles, was zu einem vitalen Gemeinwesen dazugehört. Lebendigkeit und Konvivialität bringen immer Reibungen mit sich, man hätte sonst auch keine Geschichten über sich und andere zu erzählen. Gossip ist nicht abgeschafft.

So. Diese Geschichte ist, wie mir scheint, nicht so schlecht, als dass man sie nicht über sich erzählen können wollte. Besser als die Geschichte, die wir in der Gegenwart des Jahres 2013 über uns erzählen können, ist sie allemal. Und: Jedes einzelne ihrer Elemente lässt sich weiterspinnen, eine unendliche Menge an Geschichten über Möglichkeiten des Gelingens.

EINE NICHT GANZ SO SCHÖNE GESCHICHTE AUS DEM JAHR 2033[103]

Im Jahr 2011 hat Steven Pinker ein hochinteressantes Buch über »Gewalt« veröffentlicht, das – ganz im Gegensatz zur damals aktuellen Sicherheitshysterie und zum Menetekel der Man-made-Disasters des 20. Jahrhunderts (vor allem dem Ersten und dem Zweiten Weltkrieg und dem Holocaust)[104] – einen kontinuierlichen Rückgang des Gewaltniveaus in globaler Perspektive verzeichnete.[105] Obwohl punktuell Ausbrüche extremer Gewalt den Zivilisierungsprozess unterbrachen, zeigten die Daten doch einen gleichmäßigen Rückgang der Zahlen von Gewaltopfern an, der mit dem Bildungsniveau, mit der zunehmenden Gleichheit der Geschlechter, vor allem aber mit entwickelter Staatlichkeit korrelierte. So konnte Pinker zeigen, dass die Mordquote, die in nichtstaatlichen Gesellschaften bei 500 Opfern je hunderttausend Einwohner pro Jahr lag, zu Beginn des 21. Jahrhunderts in Westeuropa bei einem Opfer je hunderttausend Einwohner pro Jahr rangierte. Pinker bettete seine Daten in die weit ältere Theorie des Zivilisationsprozesses von Norbert Elias ein, der bereits in den 1930er Jahren gezeigt hatte, dass Langfristbetrachtungen historischer Prozesse zu ganz anderen Ergebnissen führten als die Konzentration auf Ereignisse, die zwar aktuell als Gewalteruptionen ungeheuren Ausmaßes erschienen, in weiterer Perspektive aber nicht mehr als Ausreißer in einer grundsätzlich beibehaltenen Entwicklungsrichtung zu geringerem Gewaltgebrauch waren. So betrachtet waren die etwa 55 Millionen Toten des Zweiten Weltkriegs bei einer damaligen Weltbevölkerung von etwa 2,3 Milliarden Menschen (1940) nicht mehr als ein statistisches Rauschen. Die Kriege des 20. Jahrhunderts kosteten direkt und indirekt etwa 180 Millionen Menschen das Leben; das sind drei Prozent aller in diesem Jahrhundert gestorbenen Personen. In vormodernen Gesellschaften lag die Quote von Kriegsgewaltopfern bei mehr als dreizehn Prozent, so dass von einer erheblichen Reduktion des Ausmaßes von Gewalt gesprochen werden konnte.

Pinkers Buch, das von beträchtlichem und empirisch gut begründetem Zukunftsoptimismus zeugte, ließ freilich zwei Aspekte außer Acht: erstens, dass schon Norbert Elias tiefgreifende Prozesse von Entzivilisierung für möglich gehalten hatte, also die einmal eingeschlagene Richtung des Zivilisationsprozesses nicht für unumkehrbar hielt, und zweitens, dass der empirisch gut belegbare Rückgang des Gewaltniveaus unter Weltbewohnern stattfand, deren durchschnittlicher Lebensstandard sich kontinuierlich erhöhte. Die zunehmende Friedfertigkeit korrelierte mit zunehmendem Wohlstand, und der wiederum basierte auf der globalen Verbreitung des kapitalistischen Wirtschaftsmodells, das eine Steigerung des Wohlstandsniveaus durch Erhöhung von Produktivität sicherstellte, die ihrerseits durch permanent gesteigerten Energieeinsatz und Ressourcenverbrauch ermöglicht wurde.

Das ging so lange gut, wie der Planet Erde nur für einen relativ geringen Teil seiner Bewohner Ressourcen bereitzustellen hatte, die diese Zivilisierungsmaschine fütterten; als eine sogenannte Globalisierung begann, die vor allem darin bestand, das kapitalistische Modell der Wachstumswirtschaft über die ganze Erde zu verbreiten, trat ein rapide sich beschleunigender Prozess der Ressourcenübernutzung ein, der Pinkers historisch zutreffende Analyse durch reale Veränderungen widerlegte: Denn der bis dahin abgelaufene Prozess der Zivilisierung hatte eine prinzipiell unbegrenzte Verfügbarkeit von Ressourcen zur Voraussetzung, die Wohlstandssteigerung durch Wirtschaftswachstum ermöglichte. In dem Augenblick, in dem nicht mehr genug für alle da war (und der trat lange vor dem erhofften Zeitpunkt ein, da für jeden Erdenbewohner ein auskömmliches Leben gesichert war), kehrte der Zivilisierungsprozess sich um und die Gewalt zurück.

Langsam und unerwartet war die ganze Welt zu einer großmaßstäblichen Osterinsel[106] geworden: Denn wie dieses kleine Reallabor zur Untersuchung des Scheiterns von Gesellschaften hatte die globalisierte Welt kein Außen, aus dem es die Ressourcen beziehen konnte, die für das Überleben der Bewohner notwendig waren. Besonders bedrückend daran war, dass die Osterinsulaner immerhin 900 Jahre durchgehalten hatten, bevor sie sich selbst in einem absoluten Krieg abschafften, die Bewohner der kapitalistischen Welt für ihren Niedergang aber keine 250 Jahre brauchten. Die Osterinsulaner und die globalisierten Weltbewohner haben drei Gemeinsamkeiten: Erstens bemerkten sie nicht rechtzeitig, dass sich ihre Überlebensbedingungen radikal veränderten, zweitens passten sie ihre kulturelle Praxis nicht den veränderten Überlebensbedingungen an, und drittens griffen sie zu Gewalt, als die Ressourcen knapp wurden. Der Zivilisierungsprozess, der dem Niedergang vorausgegangen war, hatte die globale Verfügbarkeit hinreichender Ressourcen zur Verbesserung von Lebensstandards zur Voraussetzung; die nun anhebende Entzivilisierung hatte ihre Ursache folgerichtig darin, dass den Menschen die Ressourcen in wachsender Geschwindigkeit ausgingen. Natürlich nicht allen im selben Umfang und zur gleichen Zeit. Aber das war nicht tröstlich. Es führte lediglich dazu, dass kaum jemand bemerkte, was tatsächlich vorging.

Eine Eigenschaft, die menschliche Überlebensgemeinschaften evolutionär für 200 000 Jahre außerordentlich erfolgreich gemacht hatte, ist ihre schier unbegrenzte Anpassungsfähigkeit. Auch heute noch, unter den gegenüber dem 20. Jahrhundert gänzlich veränderten Lebens- und Überlebensbedingungen, passen sich die Menschen an die Gegebenheiten an, die ihnen ihre Umwelten liefern. Deshalb bestand auch nie die Gefahr, dass »die Menschheit« aussterben würde. Das war nur eine narzisstische Endzeitphantasie, die die Menschheitsgeschichte seit ihren Anfängen durchzog und unterschiedliche Gestalten annahm: von der Apokalypse des Johannes bis hin zu den Endzeitszenarien der scheinbar säkularen Wissenschaft des 20. und 21. Jahrhunderts. Narzisstisch waren diese Szenarien deswegen, weil sie die tröstliche Vorstellung beförderten, dass die Welt *in toto* untergehen, die Menschheit mithin komplett abtreten würde. Endlichkeit ist für Menschen ja nur so lange bedrohlich, wie man allein stirbt, während alle anderen noch am Leben bleiben. Wenn alle sterben, ist das die Apotheose des eigenen Lebens: Man verpasst nichts, wenn man nicht mehr da ist. Die wirkliche Endzeit dauert dagegen leider lange, und sie trifft die Menschen so unterschiedlich, dass die meisten gar nicht merken, dass die Apokalypse gerade schon stattfindet.

Und dieses Nichtbemerken des Niedergangs ist die Kehrseite der evolutionär so praktischen Anpassungsfähigkeit der Menschen: Sie finden keinen Referenzpunkt, an dem sie automatisch merken würden: *Jetzt* hat sich etwas gravierend verändert. Denn die Wahrnehmung justiert sich beständig nach, um bei dem kontinuierlich sich selbst bestätigenden Befund zu enden: keine Gefahr, alles wie gehabt. Der Philosoph Günther Anders hatte das schon 1960 »Apokalypseblindheit« genannt und außerdem darauf hingewiesen, dass die durch technische Aufrüstung scheinbar omnipotent gewordenen Menschen unglücklicherweise zunehmend mehr »herstellen« als sich »vorstellen« konnten, so dass sie Risiken auf Risiken häuften, aber leider nur in Ausnahmefällen in der Lage waren, die mittel- oder gar langfristigen Konsequenzen ihres riskanten Tuns abzusehen. Leider behielt Günther Anders recht: Gigantische technische Katastrophen wie die Havarien von Atomkraftwerken in Tschernobyl (1986), Fukushima (2011) und im tschechischen Temelin (2020) brachten die Menschen von ihrem nicht zu stillenden Energiehunger so wenig ab wie den Heroinsüchtigen von der Nadel; und weder der um sich greifende Proteinmangel durch die Überfischung der Meere noch der desaströse Mangel an Wasser und nutzbaren Böden in manchen Weltregionen führte dazu, apokalypsebewusst zu werden. Es starben ja nur die, die starben.

Die anderen, die das Glück hatten, dort zu leben, wo Mangel noch nicht bedrohlich war, lebten ja weiter, nicht selten sogar luxuriös, meist jedenfalls zufrieden. Die Population der Welt teilte sich auf in Gewinner und Verlierer, und wie sich die Überlebensbedingungen veränderten, so verschoben sich auch die sozialen Verhältnisse und mit ihnen die Normen und Ansichten darüber, was richtiges und falsches, gerechtfertigtes und illegitimes, gutes und böses Verhalten war. Die Bereitschaft, Gewalt gegen die Verlierer anzuwenden, stieg an.

Zu Beginn des 21. Jahrhunderts alarmierten Wissenschaftler unterschiedlichster Disziplinen die »Weltgemeinschaft«, dass die »Planetary Boundaries«, also die Grenzen lebensdienlicher Ressourcenlagen, bald überschritten würden bzw. schon überschritten seien.[107] Sie votierten für die Einhaltung sicherer Zonen – etwa, was eine weitere Klimaerwärmung, eine weitere Überfischung der Meere oder Übersäuerung von Böden anging –, stießen dabei aber auf das Problem, dass dies nicht vereinbar war mit den gerade weltweit sich ausbreitenden Bedürfnissen nach mehr Wohlstand, mehr Mobilität, mehr

Fleischkonsum usw. Mit anderen Worten: Exakt in dem Augenblick, in dem sich die Aussichten auf ein künftig auskömmliches Dasein für alle Menschen verdüsterten, schlugen alle Gesellschaften endgültig den falschen Weg ein. Und: In dem Augenblick, in dem durch moderne Kommunikationsmittel die Vision einer Weltgemeinschaft Wirklichkeit zu werden begann, zerfiel sie. Unglücklicherweise fand nämlich die wirtschaftliche Globalisierung unter der Bedingung statt, dass die postulierte »Weltgemeinschaft« nationalstaatlich strukturiert war, was zur Folge hatte, dass jegliche Orientierung an der Erhaltung von »commons«, also von Gemeinschaftsgütern wie Luft, Böden, Wasser etc., durch partikulare Interessen unterlaufen wurde, die nationalstaatlich oder mit den Ansprüchen multinationaler Konzerne begründet wurden. Und was noch schlimmer war: Hinter der politischen Schauseite der nationalstaatlichen Regierungen hatte sich längst eine Wirtschaftsautokratie herausgebildet. Sie bestand aus einer ungefähr 150 Unternehmen starken Gruppe von Wirtschaftskorporationen, vornehmlich aus der Finanz- und Mineralölindustrie, die so viel Macht akkumuliert hatten, dass sie Volkswirtschaften nach Belieben ruinieren oder prosperieren lassen konnten. In fünf Jahren, von 2008 bis 2013, war es ihnen zum Beispiel gelungen, eine Reihe europäischer Volkswirtschaften zu ruinieren und eine gigantische Umverteilung von öffentlichen in private Vermögen zu organisieren.

Diese Wirtschaftsautokratie agierte transnational; deshalb konnte keine Staatlichkeit ihr Einhalt gebieten. Hinter der Fassade aufrechterhaltener Nationalstaatlichkeit vollzog sich eine radikale Umstrukturierung der Machtverhältnisse auf der Welt. Weder die Politikwissenschaft noch die Wählerschaften hatten davon etwas mitbekommen. Viele Politiker natürlich ebenfalls nicht.

Das historische Verhängnis des beginnenden 21. Jahrhunderts lag also darin, dass sich die Folgen rücksichtsloser Übernutzung von Ressourcen globalisierten, das Prinzip der partikularen Aneignung von Gewinnen aus dieser Übernutzung aber mächtiger und umfassender wurde als jemals zuvor. Ausgerechnet ein Wirtschaftsprinzip, das den Eigennutzen so förderte wie keines zuvor in der Geschichte, wurde, und das war eine wirkliche Ironie, zu dem Wirtschaftsprinzip, das der »einen Welt« zugrunde gelegt wurde und diese damit folgerichtig zerstörte. Und mit ihr die Standards, die nach den Katastrophen des 20. Jahrhunderts erreicht worden waren: Menschenrechte – die galten nur mehr eingeschränkt und staffelten sich nach Besitz; dasselbe galt für das Wahlrecht.

Die in zunehmender Zahl stattfindenden transnationalen Konferenzen zur Erhaltung der Biodiversität, des Abbremsens der Klimaerwärmung, der Rettung der Ozeane bildeten zwischen den 1970er und den 2010er Jahren noch so etwas wie die Folklore einer Globalisierung, die Weltgemeinschaftlichkeit erreichen zu können glaubte. Tatsächlich kam es zu einer »failed globalisation«, wie sie der Soziologe Lars Clausen in seinem Todesjahr 2010 vorausgesagt hatte.[108]

Was nun geschah – und zwar so, dass es kaum jemand bewusst wahrnahm –, war nicht die wachsende Vernetzung der Welt, wie sie die damals »neuen Kommunikationsmedien« wie das einige Jahrzehnte zuvor erfundene Internet suggerierten, sondern im Gegenteil ihre »Entnetzung« auf der Ebene der Problemlagen. Im indischen und pazifischen Raum nahmen die Überflutungen zu, in Südeuropa und im subsaharischen Afrika breiteten sich die Wüsten aus, in der Mongolei schmolz der Permafrost, im Himalaya schrumpften die Gletscher. Entsprechend wurden die sozialen Folgen immer unüberschaubarer: Wirtschaftskrisen, Grenzkonflikte, rapide ansteigende Zahlen von »Umwelt«- und »Klimaflüchtlingen« führten zu inner- und zwischenstaatlichen Konflikten. Die Konkurrenz um Ressourcen wie Wasser, Böden, seltene Erden, Öl, Gas, Kohle, Coltan usw. nahm an Härte zu und privilegierte diejenigen, die frühzeitig ihre Militärausgaben erhöht und ihre Skrupel abgesenkt hatten, Gewalt anzuwenden.[109] Eine Welt, die zu Zeiten des »Kalten Krieges«, der drei Jahrzehnte des 20. Jahrhunderts beherrscht hatte, von einem einzigen Eisernen Vorhang durchzogen war, nahm sich im Nachhinein betrachtet als geradezu idyllisch aus. Schon um die Jahrtausendwende hatten sowohl die USA als auch Europa begonnen, aufwendige Grenzsicherungsanlagen zur Abwehr unerwünschter Zuwanderer zu errichten und mit brutaler Gewalt gegen Flüchtlinge vorzugehen. Solche Anlagen wurden auch dort errichtet, wo die Aufsteigergesellschaften des 21. Jahrhunderts – China, Brasilien, Indien – wenig Neigung zeigten, andere an ihrem neuerworbenen Reichtum teilhaben zu lassen. Diese gigantischen Abschottungen gegen die »Überflüssigen«[110] fanden ihre kleinteiligen Entsprechungen in den Gated Communities, in die die Gewinner der »failed globalisation« ihre Wohnviertel einteilten und die sie mit rigoroser und umstandsloser Gewalt verteidigen ließen.[111]

Denn die Welt sah in vielen Ländern nun zunehmend so aus, wie »failed societies« schon gegen Ende des 20. Jahrhunderts ausgesehen hatten: Aufgrund von fehlender oder zerstörter Staatlichkeit und dem damit fehlenden staatlichen Gewaltmonopol fiel die Sicherheits- bzw. Sanktionierungsmacht an private Gewaltakteure: Warlords, Milizen, parastaatliche Gruppierungen und private Gewaltunternehmer unterschiedlicher Art. Die verbliebenen Staatsgesellschaften hatten sich nach chinesischem und russischem Vorbild als Autokratien organisiert, in denen Ein-Parteien-Regierungen oder Militärs die inner- und zwischenstaatlichen Gewaltverhältnisse regulierten. Insbesondere im Zuge der wachsenden wirtschaftlichen Instabilitäten, die sich nach den ersten beiden Finanz- und Wirtschaftskrisen zu Beginn des 21. Jahrhunderts verstetigt hatten, waren die demokratischen Regierungen entweder per Wahl abgelöst, durch außerstaatliche Wirtschaftsakteure (»Troikas«) ersetzt oder schlicht durch Notstandsgesetze, Notverordnungen, Expertenräte etc. sukzessive autokratisiert worden.

Die führenden politischen Theoretiker und Philosophen bezeichneten nun die »Demokratie« als Schönwetterregierungsform, die nur unter Bedingungen von Expansion und Prosperität funktioniere, nicht aber unter Krisenbedingungen. Da allerdings inzwischen Krise in Permanenz – ökonomisch, ökologisch, sozial, politisch und kulturell – herrschte, schienen langwierige und schwer berechenbare demokratische Verfahren längst zu umständlich. Warum Lösungen abwägen, wenn ihre Alternativlosigkeit auf der Hand lag? Warum auf Minderheiten Rücksicht nehmen, wenn ohnehin nicht mehr genug für alle da war?

Das Ende staatlich organisierter Sicherheit führte nicht zuletzt dazu, dass diejenigen, die als »Überflüssige«, Flüchtlinge, »Gemeinschaftsfremde« etc. definiert wurden, de facto ihren Status als juristische Personen verloren und damit keine bürgerlichen Rechte mehr in Anspruch nehmen konnten. Den Status als Staatsbürger gab es auf unterschiedlichen Levels mit je unterschiedlichen bürgerlichen Rechten. Die Einstufung wurde nach Geburt, rassischer Zugehörigkeit, Einkommen bzw. Vermögen oder Schichtzugehörigkeit vorgenommen und unterlag kontinuierlichen Updates.

Den herrschenden Konzernen und ihren Regierungen fiel dabei ein Vorteil zu, den die totalitären Herrscher des 20. Jahrhunderts noch nicht hatten: die totale Überwachung aller Bürgerinnen und Bürger, die alles in den Schatten stellte, was sich die negativen Utopisten vom Schlage Aldous Huxleys oder George Orwells ausgemalt hatten. Es bedurfte nämlich keiner Big-Brother-Instanz, also eines Systems der Überwachung von außen. Unternehmen wie Google und Facebook, die Informationen jeder Art bereitstellen konnten, hatten das genialste und gigantischste Überwachungssystem der bisherigen Menschheitsgeschichte etabliert, denn die notwendigen Daten lieferten die Beherrschten mit ihren unablässigen Klicks selbst.

Faschismus mit Facebook: Das war die totale Transparenz, die einfach dadurch entstand, dass jeder so viele Informationen über sich preisgab, wie es überhaupt geben konnte. Die Nutzerprofile, die Google und Facebook über Jahrzehnte angelegt und gepflegt hatten, waren unter der Bedingung des Scheiterns der Demokratien von unschätzbarem, aber durchaus bezahlbarem Wert: Denn nun gab es ja keinerlei Kontrollinstanz mehr, die die informationellen Bedürfnisse der neofaschistischen Korporationen hätten beschneiden können. Mehr noch: Jeder Netzteilnehmer wurde zur Stasi seiner selbst, keines seiner Worte, seiner Mitteilungen, seiner Geschmacksurteile ging jemals wieder verloren, keine seiner Bewegungen blieb unregistriert, keine Absicht unentdeckt. Die Datenprofildienstleister lieferten den Regierungen der Konzerne alles, was diese brauchten, um autonom über Kriterien der Zugehörigkeit und Nichtzugehörigkeit zu entscheiden. Sie begründeten diese Entscheidungen mit den Vorlieben der Nutzer, stellten diese mit Arbeit und Konsumartikeln zufrieden oder empfahlen verschiedene Wege, sie verschwinden zu lassen. Das ging bei größeren Gruppen nicht ohne Gewalt ab, aber meist fand das die Zustimmung der jeweiligen Mehrheitsbevölkerungen.

Auf diese Weise ergaben sich innerstaatlich höchst disparate Verhältnisse, das Gewaltniveau erhöhte sich beträchtlich, und das bis zum Beginn des 21. Jahrhunderts erreichte Zivilisierungsniveau konnte bis heute leider nicht wieder erreicht werden. Zudem führten die immer häufiger auftretenden Extremwetterereignisse zu Gewaltausbrüchen, Plünderungen etc., was die Sicherheitsbedürfnisse der Bürgerinnen und Bürger wiederum erhöhte, die ihren Schutz privaten Gewaltunternehmern, Bürgerwehren oder zu allem entschlossenen Schlägertrupps und Mörderbanden anvertraute. In jedem Fall war es hilfreich, wenn man solche Gewaltakteure bezahlen konnte.

Dies alles korrespondierte auf negative Weise damit, dass sich die zwischenstaatliche Gewalt insbesondere durch die rapide wachsende Konkurrenz um Rohstoffe erhöhte. Der afrikanische Kontinent war 2025 nahezu hälftig in je ein arabisches und ein chinesisches Protektorat aufgeteilt worden, die nach funktionalen Kriterien verwendungsfähige Bevölkerung in unterschiedliche Status- und Rechtsgruppen differenziert worden, was aber nichts daran änderte, dass Coltan, Seltene Erden, Öl und so ziemlich alles andere mehr und mehr zur Neige gingen. Nordamerika war es kaum anders ergangen: Die vormalige Supermacht konnte sich noch bis in die Mitte der 2020er Jahre als Union halten; dann kam es vermehrt zu Unabhängigkeitskriegen einzelner Bundesstaaten und zu Bündnissen der Separatisten mit Russland, China und Indien. Die USA schrumpften schließlich auf eine eher museale Kernregion aus den ehemaligen Ostküstenstaaten, die durch extrem hohe Verteidigungsausgaben immerhin die Sicherung ihres Territoriums bis heute erreichte. Dieses Territorium befindet sich in hundertprozentigem Besitz von JP Morgan.

Die europäische Union dagegen hatte einen vergleichbaren Schrumpfungsprozess schon viel früher durchgemacht; 2020 schlossen die Beneluxländer, Frankreich, Skandinavien und Deutschland ein Staatenbündnis und transformierten sich in der Folge in den föderalistischen Staat Neuropa. Auch diese Geschehnisse gingen natürlich nicht gewaltlos ab, aber relativ zu der bis zur Jahrhundertmitte auf 9 Milliarden wachsenden Erdbevölkerung sind die geschätzt 900 Millionen Menschen, die den Sezessionen, Kolonialisierungen, Terroranschlägen und kleinen Dauerkriegen bis heute zum Opfer fielen, akzeptabel. Im Gegenteil rühmten sich die chinesischen, russischen und indischen Autokraten, dass die wieder einigermaßen stabile Weltordnung ohne unnötige Opfer erkämpft worden sei und dass nunmehr das Zeitalter des finalen Friedens eingeläutet sei und sich eine neue Kultur der »global governance« entwickelt habe.

Tatsächlich gleichen sich die sozialen Standards und die wirtschaftlichen Strategien in allen drei Gesellschaften weitgehend, so dass sich Gewaltkonflikte einstweilen regional begrenzen ließen. Übrigens waren Länder wie Nordkorea oder Iran schon in den 2020er Jahren durch nukleare Erstschläge unter Mandat der UN verdampft, so dass es keine, wie es damals hieß, »Schurkenstaaten« mehr gab, die den etablierten Mächten wirklich gefährlich werden konnten. Und selbstverständlich gab es, unter der Voraussetzung vollständigen Wissens über jeden einzelnen

Menschen, auch keine Verbrecher mehr. Sie wurden schon aus dem Verkehr gezogen, bevor sie selbst auch nur ahnten, dass sie möglicherweise gegen irgendetwas aufzubegehren oder zu verstoßen die Absicht haben könnten.

Im Großen und Ganzen befindet sich die Welt heute, nach dem rapiden Niedergang der westlichen Ordnungssysteme bis 2026 und dem radikalen Entzivilisierungsprozess, im Zustand einer postkritischen Konsolidierung. Die große Zerstörung bot eben auch die Möglichkeit für einen großen Neustart, und die meisten scheinen zufrieden mit dieser rationalen Einrichtung der Welt, in der die sozialen Teilhaberechte vernünftig festgelegt sind und regelmäßig evaluiert werden. Jeder nach seinen Chancen, jeder nach seinen Möglichkeiten.

Zwar sind die Rohstoffe nach wie vor knapp, aber seit das Paradigma der Nachhaltigkeit in das Prinzip der ungleichen Verteilung integriert wurde, hat sich ein Nullsummenspiel der Zukunftsfähigkeit etabliert: Droht der Ressourcenaufwand über den »safe operating space« hinauszugehen, werden Verbrauchergruppen ermittelt, die dann weniger oder gar nichts mehr bekommen, damit im Gesellschaftsdurchschnitt etwa 20 Prozent der Bürgerinnen und Bürger weiter nachhaltig gut leben können. Diese salomonische Strategie heißt offiziell »sf5« (sustainability factor five), wird im Volksmund aber auch als »Goldener Schnitt der Nachhaltigkeit« bezeichnet.

Sowohl die Regierten als auch die Regierenden hielten die gefundene Staats- und Lebensform für wünschenswert, gerecht und zivilisiert. Ihre Funktionalität stellt sie unter anderem dadurch unter Beweis, dass heute, 2033, schon ein paar Jahre Weltfrieden herrscht. Diese »global postwar era« wird, alle Politik- und Geschichtswissenschaftler stimmen darin überein, lange andauern.

Ein Beobachter, der dies alles zu Beginn des 21. Jahrhunderts vorhergesehen haben würde, würde das nicht für eine wünschenswerte Entwicklung gehalten haben. Aber wenn er nicht gerade das Pech gehabt hätte, zu jenen zu gehören, die bei der

Restrukturierung der Weltordnung unter die Räder gekommen waren, würde er sich gesagt haben: Das hätte ja auch schlimmer kommen können.

HYPOTHETISCHES LEBEN

Welche der beiden Geschichten gefällt Ihnen besser? Wie Ihre Einschätzung ausfällt, hängt ausschließlich von Ihrer moralischen Phantasie ab; beide Geschichten sind gleich wahrscheinlich. Was davon künftige Wirklichkeit wird, wird dadurch bestimmt, was man aus den heute gegebenen Möglichkeiten macht. Robert Musil hat in seinem Roman »Der Mann ohne Eigenschaften« die vielzitierte Überlegung angestellt, dass es nicht nur einen »Wirklichkeitssinn«, sondern ebenso einen »Möglichkeitssinn« gibt – eine Fähigkeit, »alles, was ebensogut sein könnte, zu denken und das, was ist, nicht wichtiger zu nehmen als das, was nicht ist«.[112]

Das ist ein faszinierender Gedanke, weil er folgenreich ist: Sobald eine Möglichkeit gedacht wird, tritt ja eine weitere Variante neben die gerade vorhandene Wirklichkeit. Damit nun aber diese Möglichkeit eine Chance bekommt, zur Wirklichkeit zu werden, muss es mehr als nur den bloßen Gedanken geben. Es bedarf der Aktivität eines Menschen mit Möglichkeitssinn, denn, so schreibt Musil, es werden »in der Summe oder im Durchschnitt immer die gleichen Möglichkeiten bleiben, die sich wiederholen, so lange bis ein Mensch kommt, dem eine wirkliche Sache nicht mehr bedeutet als eine gedachte. Er ist es, der den neuen Möglichkeiten erst ihren Sinn und ihre Bestimmung gibt, und er erweckt sie.«[113]

Mit anderen Worten: Auch wenn es auf den ersten Blick genau umgekehrt aussieht, erweist sich der Mensch mit dem Möglichkeitssinn als viel praktischer als der mit dem Wirklichkeitssinn: Dessen Handlungsmöglichkeiten sind beschränkt, weil sein Denken durch die Parameter des Wirklichen begrenzt ist, während die mit einem Möglichkeitssinn ausgestattete Person einen unbegrenzten Raum alternativer Denk- und Handlungsweisen vor sich hat. Ulrich, der Protagonist von Musils Roman, ist mit einem Möglichkeitssinn ausgestattet und beschließt, »essayistisch« zu leben. Essayistisch zu leben, das heißt, man entwirft sich in eine mögliche Zukunft hinein und geht dabei von Annahmen aus, die nicht schon vollständig auf ihre Richtigkeit hin überprüft sind. Man beginnt etwas, ohne genau zu wissen, worauf das am Ende hinauslaufen wird. »Ungefähr wie ein Essay in der Folge seiner Abschnitte ein Ding von vielen Seiten nimmt, ohne es ganz zu erfassen, – denn ein ganz erfasstes Ding verliert mit einem Male seinen Umfang und schmilzt zu einem Begriff ein – glaubte er, Welt und eigenes Leben am richtigsten ansehen und behandeln zu können. Der Wert einer Handlung oder Eigenschaft [...] [erschien] ihm abhängig von den Umständen, die sie umgaben, von den Zielen, denen sie dienten, mit einem Wort, von dem bald so, bald anders beschaffenen Ganzen, dem sie angehörten.«[114]

Essayistisch zu leben erfordert eine »paradoxe Mischung aus Genauigkeit und Unbestimmtheit«[115] – man könnte auch sagen: Es erfordert Selbstdenken, eine exakte Wirklichkeitstüchtigkeit verbunden mit der Neugier darauf, was wohl aus dem werden mag, was man denkend und handelnd beginnt. So wie soziale Handlungen niemals vollständig determiniert sind, weil ihr Ergebnis von Interdependenzen und Interaktionen abhängt, die sich nicht vorab bestimmen lassen, so kann man versuchen, vor dem Hintergrund einer Analyse, einer Idee, einer Vorstellung, einer Schlussfolgerung der jeweiligen Konstellation eine Art Schubs in die Richtung zu geben, die man für vielversprechend hält. Und dann schauen, was herauskommt.

PRODUKTIVKRÄFTE DES BEGINNENS

Die Zahl der Gründe, etwas *nicht* zu tun, ist unendlich. Das gilt besonders dann, wenn die Wirklichkeit, in der man existiert, eine Komfortzone darstellt, die man nur ungern verlässt. Deshalb lohnt es sich, sich auf die Suche nach jenen Handlungsgründen und -motiven zu machen, die mit der expansiven Kultur nichts oder nur wenig zu tun haben, die älteren Ursprungs sind, aber heute noch wichtige Rollen in der Lebenswelt spielen. Denn nach wie vor folgen viele Erfordernisse des Lebens Eigenlogiken, und nach wie vor gibt es daher Wissensbestände, Routinen und Haltungen, die eigensinnig und nicht ökonomisierbar sind.

Beziehungen zum Beispiel, die Menschen miteinander und zueinander haben, sind niemals rein utilitaristisch. Immer finden sich neben Zwecken und Absichten darin auch Aspekte, die über das rein instrumentelle Verhältnis hinausgehen – so etwa, wenn eine Vorgesetzte nicht nur will, dass ihre Leute tun, was sie für richtig hält, sondern darüber hinaus von ihnen auch *als Person* gemocht werden möchte. Anerkennungsverhältnisse sind durch reinen Utilitarismus, wie sie etwa die absonderliche Theorie vom Homo oeconomicus voraussetzt, überhaupt nicht oder allenfalls momentweise zu ersetzen. Menschen wollen gemocht, anerkannt, am besten geliebt werden, und zwar nicht dafür, was sie haben, sondern dafür, was sie sind. Meist sind ja Besitz, Macht und Bedeutung nur Mittel, um Anerkennung zu bekommen, was in einer auf Expansivität ausgelegten Kultur auch prächtig funktioniert. Das ist aber nicht damit zu verwechseln, dass ein Investmentbanker einen Ferrari kauft, um ihn zu *haben* – er kauft ihn als Mittel, um Anerkennung für das zu ernten, was er zu sein glaubt. Der Ferrari ist in diesem Sinn kein Fortbewegungs-, sondern ein Beziehungsmittel, wie andere Güter, die der Identitätsausstattung dienen (man denke nur an die Harleys, die ja heute vor allem als Identitätsprothesen von Männern in der Midlife-Crisis gekauft und benutzt werden – buy to be wild).

Beziehungsmittel: Ferrari.

Da die menschliche Lebensform eine durch und durch kooperative Lebensform ist, sind Menschenbilder, wie sie etwa die Ökonomie, der Behaviorismus, aber auch philosophische Alteritätstheorien voraussetzen, falsch. Sie haben irrtümlicherweise eine anthropologische Theorie aus der Beobachtung gemacht, wie Menschen sich im Kapitalismus verhalten, also die Zeitgestalt der Erscheinung des Individuums mit seinem Wesen verwechselt. Das menschliche Gehirn ist konstitutiv auf Kooperation eingestellt, ein biokulturelles *Beziehungsorgan,* das sich nur in der Interaktion mit anderen Menschen entwickelt. Während die allermeisten nichtmenschlichen Lebewesen mit einem Gehirn ausgestattet sind, das zum Zeitpunkt der Geburt weitgehend ausgereift ist und es dementsprechend vor allem voreingestellte Verhaltensprogramme und Reaktionsmuster sind, die sie überlebensfähig machen, kommen Menschen mit einem sehr unfertigen Gehirn auf die Welt. Die organische Ausreifung einzelner Gehirnareale und -funktionen dauert bei ihnen bis zum jungen Erwachsenenalter an; die Entwicklung der neuronalen Verschaltungsarchitektur geschieht lebenslang. Das bedeutet:

Menschliche Gehirnentwicklung findet immer unter Bedingungen von Kultur statt. Die Entwicklungsumgebungen und Fähigkeiten, die Gesellschaften zu einem gegebenen Zeitpunkt entwickelt haben, gehen in die Organisation der synaptischen Verschaltungen eines sich entwickelnden menschlichen Gehirns ein. Menschliche Gehirne kommen nicht im Singular vor, sondern bilden sich nur in einem Netzwerk anderer Gehirne aus.

Philosophen dagegen stellen sich Menschen als Erwachsene vor, die niemals Kinder waren (das hat Norbert Elias einmal dem verblüfften Iring Fetscher in einer Fernsehdiskussion gesagt). Und tatsächlich findet ja der Prozess des Aufwachsens so durch und durch in einem sich beständig erweiternden Beziehungsgeflecht statt, dass schon die Frage falsch ist, wie Individuum und Gesellschaft, Alter und Ego, zueinanderfinden. Menschen sind immer schon sozial, *bevor* sie auch zu Individuen werden. Menschliche Überlebensgemeinschaften basieren nicht auf Individualismus und Konkurrenz, sondern auf Kooperation.

Unser heutiges Selbstbild geht auf ein kulturell geprägtes Selbstmissverständnis zurück: Natürlich benötigt eine arbeitsteilige Gesellschaft, die ihre Mitglieder zu hoch leistungsfähigen Spezialistinnen und Spezialisten macht, Menschen, die von sich ein egozentrisches, kompetitives, individualistisches Selbstbild haben. Je individualistischer diese Selbstbilder im Prozess der kapitalistischen Zivilisation werden, desto konsumistischer wird die Kultur, denn Konsum ist ja Distinktion. Waren werden desto mehr zur Identitätsausstattung, je weniger anderes dafür zur Verfügung steht. Daher gibt es heute Biographie-Coaches, die Lebensläufe so designen, dass umfassende Kompatibilität und gefühlte Individualität eine perfekte Symbiose bilden: »So sollte ein Manager, der an seiner Karriere interessiert ist, mindestens eine – möglichst extreme – Sportart wie Klettern oder Drachenfliegen betreiben und die komplette Ausrüstung dafür immer auf dem neuesten Stand halten. Ferner sollte er seine zwei oder drei (kurzen) Urlaube im Jahr für unterschiedliche

Erlebnistypen nutzen: einmal für eine Fernreise mit Erholungsfaktor und exotischem Flair, einmal für einen Trip mit kulturellem Anspruch und einmal für etwas Extremeres, am besten in Verbindung mit seinem Sport. Auch dafür sind jeweils Konsumartikel vom Reiseführer bis zur passenden Kleidung zu erwerben. Schließlich sollte er wenigstens ein ›ungewöhnliches‹ Hobby wie Kochen oder das Sammeln von Wein verfolgen, bei dem sich Kennerschaft ebenfalls am besten über Konsumentscheidungen darstellen lässt.«[116]

Auch so ein Manager war einmal ein Kind. Damals spielten die Identitätsmarker, die er sich heute zulegt, kaum eine oder jedenfalls eine viel geringere Rolle: Die meisten Eltern lieben ihre Kinder nach wie vor voraussetzungslos, und nach wie vor sind Eltern-Kind-Beziehungen nicht ökonomisiert. Ein Kind in den Schlaf zu singen, ihm vorzulesen, mit ihm herumzutoben, ihm einen Hund zu schenken: Das zahlt sich nicht aus. Kein Gegenwert der Beziehungsarbeit lässt sich monetarisieren; Kinder zu haben kostet in jeder Hinsicht mehr, als es wirtschaftlich einbringt. Eltern-Kind-Beziehungen entziehen sich dem Markt; Wettbewerb, Konkurrenz, Effizienz, Kalkül stehen nicht im Vordergrund. Und nach wie vor funktionieren sie prinzipiell auf anderer Basis: Vertrauen, Solidarität, Fürsorge, Empathie, Verzeihen, Schutz, Interesse, Mitfreuen und Mittrauern wären auf dem Markt dysfunktional, sie lassen sich nicht verrechnen. Aber für gelingende Beziehungen sind sie die notwendige Voraussetzung.

Vor diesem Hintergrund ginge es um eine neue Geschichte über uns selbst, zusammengesetzt aus Potentialen des guten Lebens, die noch nicht verschüttet sind, und solchen, die neu entdeckt und experimentiert werden. Beziehungsfähigkeiten unterliegen selbstverständlich ebenfalls historischen Formatwandlungen, darüber sollte man keine allzu romantischen Vorstellungen hegen. Aber immerhin stehen die 200 Jahre Kapitalismus und besonders die paar Jahrzehnte Neoliberalismus zu den 200 000 Jahren Menschheitsgeschichte im Verhältnis einer historischen Fußnote. Grundlegende Prinzipien einer Lebens- und Überlebensform lassen sich nicht durch kurzzeitig erfolgreiche Wirtschafts- und Subjektformen zum Verschwinden bringen, zum Glück.

Eine Alphabetisierung zum guten Leben kann auch bei anderen Vergemeinschaftungen ansetzen, die nicht marktförmig begründet und organisiert sind: Freundschaften, Cliquen, Sportvereine, Selbsthilfegruppen, Bürgerinitiativen. Auch hier gilt, dass solche Sozialbeziehungen durchaus instrumentellen und utilitaristischen Zwecken folgen können, aber eben nicht funktionieren könnten, würden sie *ausschließlich* solchen Zwecken folgen. Ohne Vertrauen, Solidarität, Kooperation, Empathie, Reziprozität, Kameradschaft geht hier nichts; die Beziehungen sind einer moralischen Ökonomie[117] verpflichtet, nicht einer monetären.

MORALISCHE ÖKONOMIE

Anfang Juli 2012 sprang die siebenunddreißigjährige Erzieherin Ina K. im Osterwald in Niedersachsen in einen 25 Meter tiefen Bergwerksschacht. Einer ihrer Schützlinge, ein dreijähriger Junge, war durch eine morsche Abdeckung in die Tiefe gestürzt; Ina K. sprang ihm, ohne zu zögern, hinterher, konnte das Kind in der Dunkelheit des Schachts finden und zwei Stunden lang im fünf Grad kalten Wasser oben halten, bis die Feuerwehr beide retten konnte. Der Junge wie auch Ina K. wurden nur leicht verletzt.

Nichts von dem, was Ina K. getan hat, lässt sich mit einer rationalistischen Theorie erklären. Die Wahrscheinlichkeit, dass die Erzieherin beim Sprung in die Dunkelheit selbst ums Leben kommen würde, war extrem hoch; die Aussicht, das Kind zu finden und zu retten, extrem niedrig. Sie wusste nicht ein-

Ina K., Homo non oeconomicus.

mal, wie tief der Schacht war, in den sie sprang. Sie wusste auch nicht, wie sie aus ihm jemals wieder herauskommen würde. Ina K. ging es ausschließlich um die gefühlte Notwendigkeit, dass das Kind eben gerettet werden müsse. Grund genug, es zu retten.

Überhaupt findet prosoziales Verhalten viel häufiger statt, als es nach den Theorien von »rational choice« oder »homo oeconomicus« möglich wäre. Nicht selten nehmen die Beteiligten dabei Verluste in Kauf und sind gerade nicht auf Gewinn aus, riskieren Gesundheit und Leben, um einen Hund aus dem Fluss oder eine Katze vom Baum zu retten. Das ist nicht mit Altruismus gleichzusetzen; dieselben Menschen können sich an anderer Stelle egoistisch oder höchst kalkuliert verhalten. Prosoziales Verhalten ist primär auch keine Persönlichkeitseigenschaft, sondern ein Potential oder eine Bereitschaft, die unter bestimmten Bedingungen praktisch wird. Dieses Potential gibt es aus dem schon genannten einfachen Grund: weil Kooperation und Hilfe für die menschliche Lebensform funktional und daher konstitutiv sind.

Nehmen wir den scheinbar abweichenden Fall: das Bystander-Phänomen, das die immer wiederkehrenden Situationen bezeichnet, in denen eine Gruppe von Menschen Zeugen eines Unfalls oder eines Überfalls wird und nicht eingreift, sondern »gaffend« stehen bleibt. Die Presseberichte sprechen dann von »Herzlosigkeit«, »Schaulust« oder »erschreckender Gleichgültigkeit«, aber das alles ist nicht der Grund für das Nichteingreifen. Denn meist sind alle Außenstehende mit einer Situation konfrontiert, die für sie ungewöhnlich und höchst verunsichernd ist. Sie wissen nicht, was sie tun sollen, und machen daher das Naheliegendste: Sie nehmen das Verhalten der anderen als Informationsquelle, um herauszufinden, was das angemessene Verhalten ist. Da die anderen aber genau dasselbe machen, verstärkt sich die Tendenz zum Nichteingreifen automatisch: Alle bleiben stehen, niemand tut etwas. Wenn Menschen dagegen allein in eine vergleichbare Situation geraten, helfen sie meistens. Man könnte sagen, dass die Gruppensituation das prosoziale Potential blockiert, das in der Alleinsituation ohne weiteres aktiviert wird.

Viele Experimente zum Hilfeverhalten haben gezeigt, dass spontane Hilfe zwar abhängig von Ursachenzuschreibungen geleistet wird (zum Beispiel wird einer jungen gutgekleideten Frau, die in der Tram zusammenbricht, eher geholfen als einem nach Alkohol riechenden schlechtgekleideten älteren Mann), aber generell doch viel häufiger vorkommt, als man annehmen sollte. Auch hier gilt: Prosoziales Verhalten ist wahrscheinlich, antisoziales unwahrscheinlich. Die Sozialpsychologie der Intergruppenbeziehung zeigt, dass bereits oberflächlichste und künstlichste Gruppenzuordnungen sofort Loyalitäts- und Solidaritätsbeziehungen etablieren,[118] und auch die Verhaltensökonomie weist regelmäßig nach, dass bei Spielen, in denen es darum geht, Geld an die Mitspieler zu verteilen, soziale Normen häufig eine größere Rolle spielen als das partikulare Interesse am eigenen Nutzen.[119] So kann man insgesamt sagen, dass solidarisches und helfendes Verhalten eigentlich nicht erklärungsbedürftig ist: Wenn die menschliche Lebensform kooperativ ist, braucht es dafür eben Subjekte, die am Nutzen der Gruppe und nicht am eigenen orientiert sind. Eher sind Erklärungen nötig, wenn radikale Entsolidarisierungen stattfinden und antisoziales gegenüber prosozialem Verhalten die Oberhand gewinnt. Das ist bei Ausgrenzungsgesellschaften wie etwa der nationalsozialistischen der Fall, in denen in kurzer Zeit eine Spaltung der Gesellschaft in Zugehörige und Nichtzugehörige etabliert wird, die Grenzüberschreitungen zwischen den Gruppen zur einsamen Ausnahme macht. Aber diese Form der radikalen Entsolidarisierung geht mit einer Intensivierung der sozialen Bindungen auf der Seite der Zugehörigen einher (»Volksgemeinschaft« versus »Gemeinschaftsfremde«), schafft also ihrerseits ein soziales Attraktionsangebot für die, die dazugehören dürfen. Dabei ist wichtig zu verstehen, dass Solidarität nicht universal ist, sondern innerhalb von definierten oder gefühlten Wir-Gruppen wirksam wird; werden die Wir-Gruppen-Grenzen verschoben, verschiebt sich auch der Geltungsbereich prosozialer Normen. Daher ist, wie die Genozidforschung zeigt, das Schüren tödlicher Gruppengegensätze kein grundsätzliches Problem, bedarf aber zur Dynamisierung und Radikalisierung des gezielten Einsatzes von Gewalt.

Gewaltlos gegen eine andere Gruppe zu sein ist dagegen völlig normal; das gehört zur Identitätsbildung von Wir-Gruppen dazu und stellt auch kein grundsätzliches Problem da. Um aus sozialen Ordnungen Ausgrenzungsverhältnisse oder gar Gewaltverhältnisse zu machen, bedarf es zusätzlichen Aufwands: Die negativen Eigenschaften, die der jeweiligen Sie-Gruppe zugeschrieben werden, müssen als so bedrohlich erscheinen, dass sie präventive Gegenmaßnahmen zu erfordern scheinen – die Völkermordforschung liefert zu diesem Prozess des »accusation in a mirror« (Alison Des Forges) vielfältige Belege, die sämtlich zeigen, dass die Herstellung von Gegenmenschlichkeit zunächst der Propaganda, Manipulation und Steuerung bedarf, bevor sie sich eigendynamisch fortschreibt.[120]

Ein weiteres Beispiel dafür, dass antisoziales Verhalten im Unterschied zu prosozialem gelernt werden muss, zitiert Richard David Precht: Dabei geht es um die Forschungen, die die Arbeitsgruppe von Michael Tomasello am Leipziger Max-Planck-Institut für Evolutionäre Anthropologie durchführt, vergleichende Forschungen über die Entwicklung von Kindern und nichtmenschlichen Primaten. Eine Studie hat das Hilfeverhalten von Kindern zum Gegenstand: Ein Mann wird von zwanzig Monate alten Kindern dabei beobachtet, wie er mit einem Stapel Bücher in den Händen vergeblich versucht, eine Schranktür zu öffnen. Gewöhnlich helfen Kinder spontan, wenn sie mit solchen Situationen konfrontiert sind. In einer Versuchsanordnung wurden drei verschiedenen Gruppen von Kindern gebildet: Die Kinder der ersten Gruppe erhielten für ihre Hilfe eine Belohnung, die der zweiten wurden gelobt, wenn sie halfen, bei der dritten erfolgte auf die Hilfeleistung gar nichts. Das Ergebnis: Während die Kinder der zweiten und der dritten Gruppe über die komplette Versuchsreihe hinweg hilfsbereit blieben, stellten die Kinder, die belohnt worden waren, ihre Hilfe nur noch dann in Aussicht, wenn ihnen eine weitere Belohnung versprochen wurde. Die unbedingte Hilfebereitschaft hatte sich in einen bedingte verwandelt[121] – anders gesagt: Das prosoziale Kooperationsverhalten hatte sich unter kulturellem Einfluss in antisoziales, gewinnorientiertes Verhalten transformiert.

LOKALE KULTUREN

Selbst unter repressiven staatlichen Bedingungen kann es eine Frage lokaler Kulturen sein, welches Verhalten Menschen an den Tag legen, wenn es um Fragen des Umgangs mit ausgegrenzten Personengruppen geht. Im oberitalienischen Dorf Nonantola wurden 1943 73 jüdische Kinder aus Deutschland, Österreich und Jugoslawien gerettet, die von einer jüdischen Hilfsorganisation dorthin geschleust und in einer Villa untergebracht wurden. »Was die Rettung dieser Kinder so bemerkenswert macht, ist neben der relativ hohen Zahl die Kooperation der Bewohner von Nonantola, der örtlichen Behörden, kirchlichen Würdenträger und jüdischen Hilfsorganisationen. Die Kinder lebten nicht versteckt und abgeschirmt in der Villa, sondern nahmen am dörflichen Leben teil. Nach Mussolinis Sturz und dem Einmarsch der Deutschen im September 1943 waren sie akut bedroht. Spontan entschieden die Dörfler, die Kinder zu verstecken; 30 fanden Zuflucht in den Seminarräumen der Abtei, die anderen bei Familien. Die Behörden in Nonantola stellten den Kindern gefälschte Pässe aus, so dass die meisten fünf Wochen später in die Schweiz fliehen konnten. Abgesehen von einem Jungen überlebten alle Kinder die nationalsozialistische Verfolgung und wanderten 1945 nach Palästina aus.«[122]

Die Rettung der Kinder konnte nur gelingen, weil sie von ganz unterschiedlichen Personengruppen der Dorfgemeinschaft getragen wurde. Das muss nicht heißen, dass alle Bewohner des Ortes dafür gewesen wären; entscheidend war, dass sich hinreichend viele Menschen in den unterschiedlichsten Schichten und Funktionen fanden, um die Rettung zu organisieren. Nonantola hatte also eine lokale Kultur, die die Kinder als zugehörig betrachtete und es daher als selbstverständlich erscheinen ließ, sie vor den Deutschen zu retten. Das war in diesem Umfang nirgendwo anders der Fall: Überall galt Hilfe als abweichendes Verhalten und musste konspirativ erfolgen, eben nicht als gemeinschaftliche Aktion eines ganzen Dorfes. Ein anderes, noch umfassenderes Beispiel stellt die Rettung der dänischen Juden dar, die von Fischern nach Schweden in Sicherheit gebracht wurden. Auch dies war nur möglich durch eine gelebte Kultur der Zugehörigkeit. Seine Bedeutung erschließt sich daraus, dass es etwas Vergleichbares in keinem anderen europäischen Land gegeben hat – überall war die Zuarbeit der Behörden und Bevölkerungen zur Verfolgung der Juden der Normalfall und Widerstands- und Rettungshandeln die seltene Ausnahme.[123]

Es wird meist unterschätzt, wie wichtig eine gelebte Kultur für die Entscheidungen der Einzelnen ist, und überschätzt, welche Rolle Wissen und Ethik für individuelle Handlungen spielen. Wenn heute in hierarchischen Institutionen wie Schulen Ausgrenzung, Ungleichheit und Konkurrenz gelebt werden, kann man noch so viele Seminare und Vorträge zum Thema »Zivilcourage« abhalten: Praktisch wirksam wird nur das implizite Handlungsmodell der gelebten Kultur sein, und nicht die explizite, aber nicht gelebte Norm. Denselben performativen Widerspruch trifft man in wissenschaftlichen Institutionen an, die nachhaltiges Handeln postulieren, es aber nicht mal schaffen, Recyclingpapier zu verwenden oder Videokonferenzen zu veranstalten, statt aufwendigste Flugreisen für halbtägige Workshops zu finanzieren.

Sowenig Ina K. auch nur eine Sekunde darüber »nachgedacht« haben dürfte, ob es nun sinnvoll sei, das Kind zu retten oder nicht, so wenig dürfte in einer integrativen Kultur »Zivilcourage« überhaupt ein Thema sein. Und in einer nachhaltigen Kultur würde der internationale Workshop, bei dem die Beteiligten physisch anwesend sind, die problematische und legitimationsbedürftige Ausnahme sein und die Vermeidung sinnlosen Aufwands der Normalfall gelebter Praxis.

Warum? Weil gelebte lokale oder professionelle Kulturen Wir-Bilder bei ihren Mitgliedern hervorbringen, die ein bestimmtes Verhalten kategorial ausschließen (»so etwas machen wir nicht«), ein anderes dafür kategorial voraussetzen (»das ist für uns selbstverständlich«). Die Bedeutung solcher Wir- und Selbstbilder kann für eine Kultur der Transformation gar nicht hoch genug eingeschätzt werden: Erst wenn ein achtsamer Umgang mit Ressourcen und ein entsprechender Lebensstil nicht mehr »gedacht« werden, sondern fragloser Teil lebensweltlicher Praxis sind, ist man in der nachhaltigen Moderne angekommen.

COMMUNITIES OF PRACTICE

Natürlich werden nicht alle gleichzeitig dort ankommen, in der nachhaltigen Moderne. Einige sind heute schon da, andere haben sich bereits auf den Weg gemacht, viele werden mit Verzögerung nachkommen, einige nie. Soziale Transformationen sind ungleichzeitig; zunächst werden die sogenannten »first movers« als Spinner betrachtet, dann als Avantgarde, dann als Vorbilder. Man braucht daher auch keine Mehrheiten, um Gesellschaften zu verändern; andere kulturelle Modelle und Praktiken diffundieren dann in die Gesamtgesellschaft, wenn sie von Minderheiten in allen relevanten gesellschaftlichen Schichten getragen werden. Drei bis fünf Prozent der Bevölkerung reichen unter dieser Voraussetzung, um einen tiefgreifenden und nachhaltigen gesellschaftlichen Wandel in Gang zu setzen.

Lokale Kulturen sind für die Entwicklung und Etablierung neuer Handlungsnormen von entscheidender Bedeutung. In allen Institutionen, Unternehmen, Dorfgemeinschaften, Schulen, Akademien, NGOs usw. ist es jeweils die gelebte Kultur, die ihren Mitgliedern das positive Gefühl gibt, Teil einer Wir-Gruppe und darauf stolz zu sein – oder eben nicht. Im positiven Fall setzt diese Identifikation Bereitschaft zum Engagement frei, im negativen blockiert die fehlende Identifikation jedes Engagement, das über das unbedingt Notwendige hinausgeht. Als Außenstehender spürt man, ganz unabhängig vom Zweck der Institution, in der Regel sofort, ob sie eine Wir-Gruppen-Identität ausgebildet hat oder nicht. Wenn beispielsweise ein geisteswissenschaftliches Forschungsinstitut aussieht wie ein Ordnungsamt und die Institutsangehörigen sich beim Mittagessen darüber aufregen, was gerade als Neuestes nicht funktioniert, weiß man: Hier identifiziert niemand sich mit einem gemeinsamen Ziel, es gibt keine Wir-Gruppen-Kultur. Das Institut wird entsprechend unproduktiv sein, eine hohe Mitarbeiterfluktuation haben; seine Mitglieder werden sich als Einzelkämpfer verstehen.

Der Schweizer Sozialforscher Etienne Wenger hat Lernprozesse in Gruppen unterschiedlichster Art untersucht und den Begriff »communities of practice« geprägt. »Communities of practice sind Gruppen, die ein Interesse oder eine Leidenschaft für etwas teilen, was sie tun, und die gemeinsam lernen, das besser zu tun.«[124] Alle Gruppen, die in einem gemeinsamen Lernprozess an einer definierten Aufgabe arbeiten, können also als Communities of practice bezeichnet werden: Das kann eine Stammesgesellschaft sein, die ihre Überlebenstechniken verbessert, eine internationale Gruppe von Künstlerinnen und Künstlern, die – wie etwa die Impressionisten – einen bestimmten Stil praktizieren und durchsetzen, eine Gruppe von Ingenieuren, die einen Scheibenwischer entwickelt oder eine studentische Gruppe, die – wie etwa die Heidelberger Initiative für eine postautistische Ökonomie – ihre Disziplin zeitgemäßer studieren möchte.

Alle diese Gruppen zeichnen sich Wenger zufolge durch eine Identität aus, die ihrerseits durch den Arbeitsgegenstand bestimmt ist, um den sich die Aktivität der Community zentriert. Es handelt sich dabei also nicht um Netzwerke oder um Menschen mit den gleichen Interessen, sondern um Gruppen, die mit einer spezifischen Kompetenz an einem gemeinsamen Ziel arbeiten; jedes Gruppenmitglied versucht, etwas in den damit verbundenen Lernprozess einzubringen. Dieses Ziel kann sich im Prozess durchaus verändern, da es »durch das Handeln der Beteiligten selbst definiert wird [...]. Es handelt sich nicht einfach um ein festgesetztes Ziel, sondern um eines, das unter den Beteiligten eine wechselseitige Verbindlichkeit schafft, die zum integralen Element ihrer Praxis wird.«[125]

Zweitens existiert die Gruppe nicht virtuell, sondern konkret: Im Verfolgen ihrer Aufgabe und im Erschließen ihres Gegenstandsbereichs kooperieren ihre Mitglieder, tauschen Informationen aus, helfen sich wechselseitig – kurz: Sie stehen in einem lernenden Dialog miteinander. Das muss keineswegs eine formale Organisation voraussetzen: Neue Kunst- oder Musikrichtungen zum Beispiel entwickeln sich durch informelle Austauschprozesse. Auch der Transition-town-Bewegung, die aus vielen unabhängigen Communities of practice zusammengesetzt ist, liegt keine formale Organisationsstruktur zugrunde.

Drittens schließlich entwickeln funktionierende Communities of practice, wie Wenger sagt, ein Standardrepertoire von Ressourcen und Instrumenten, mit denen sie arbeiten: Das können Werkzeuge im klassischen Sinn sein, aber auch Geschichten, Erfahrungen, Routinen, Kniffe, Techniken usw. Die Weitergabe solchen gruppenspezifischen Handlungswissens muss ebenfalls nicht formal organisiert sein; die wichtigsten Informationen werden von den Beteiligten zum Beispiel während der Kaffeepausen ausgetauscht, nicht im Rahmen formaler Meetings.

Wenn diese drei Aspekte – Identität, Austausch, Repertoire – zusammenkommen, hat man eine handlungsfähige Gruppe, die Erfahrungen, Engagement, Kompetenz und Interesse in sozialer Praxis zusammenschließt; Norbert Elias würde sagen: ein Wandlungskontinuum – eine Einheit, die konstant bleibt und sich in ihrer Praxis verändert. »Praxis existiert nicht abstrakt. Sie existiert, wenn Menschen etwas tun, über dessen Bedeutung sie sich austauschen. […] Praxis lebt vom wechselseitig aufeinander bezogenen Engagement in einer Gruppe.«[126]

Die im Entstehen begriffene soziale Bewegung zur Transformation der Industriegesellschaft unseren Typs setzt sich aus vielfältigen Communities of practice zusammen: Solargenossenschaften, Gemeinschaftsgärten, Baugruppen, Recyclingbörsen usw. sind sämtlich identitätskonkrete Praxisgruppen, die ihre gemeinsamen Interessen, Absichten und Fähigkeiten in selbstgesetzten Aufgaben bündeln und wirksam werden lassen. Diese Gruppen sind Wir-Gruppen, in denen spezifische Selbstbilder etabliert werden, die wiederum Handlungsbereitschaft, Mut, Selbstvertrauen, Phantasie freisetzen – weil sie eben Identität sichern und Spaß bereiten, beides Voraussetzungen für Engagement. Man muss nur einen Augenblick daran denken, dass im Gegensatz dazu Gruppen, die sich auf Austausch und Diskussion beschränken, in der Regel bei der Formulierung von Konjunktiven landen (»Man sollte, man könnte, man müsste«) und daher hauptsächlich Gefühle von Frustration, Rechthaben und Missmut erzeugen. Universitäre Gremien, Parteigliederungen und andere Selbsterfahrungsgruppen liefern dazu reiches Anschauungsmaterial.

Communities of practice erzeugen bei ihren Mitgliedern das zutiefst positive Gefühl der *Selbstwirksamkeit*, ein Gefühl, das sich immer dann einstellt, wenn man etwas bewegt hat. Da Menschen es wünschenswert finden, positive Gefühle zu haben, tendieren sie zur Wiederholung dessen, was die positive Emotion ausgelöst hat – weshalb Menschen, die Selbstwirksamkeit erfahren, dazu neigen, immer weitere Aktivitäten in derselben Richtung zu entfalten. Wer einmal mit dem Verändern anfängt und damit erfolgreich ist, hört so schnell nicht wieder damit auf (deshalb übrigens lassen sich in der Forschung zum prosozialen Verhalten regelrechte Karrieren von Helfern beschreiben, also von Menschen, die mit einer zufällig von ihnen erbetenen Hilfeleistung beginnen und kurze Zeit darauf mehrere Schützlinge versorgen und vor Verfolgung sichern).

RESILIENZGEMEINSCHAFTEN UND COMMONS

Resilienz bedeutet: Widerstandsfähigkeit gegenüber Belastungen und Bedrohungen. Sie kann eine individuelle Eigenschaft sein, die damit zurechtzukommen hilft, wenn man von großen oder kleinen Katastrophen heimgesucht ist, seinen Arbeitsplatz verliert, mit einer Krankheit oder einem Verlust konfrontiert wird. Oder eine soziale, wenn Kollektive mit den Folgen von Katastrophen umgehen müssen, mit dem Verlust ihres Besitzes, von Anbauflächen usw. In der Gesundheitspsychologie ist es schon seit langem üblich, neben den Ursachen von Krankheiten auch die Ursachen von Gesundheit zu untersuchen. Das Konzept der Salutogenese, also der Entstehung von Gesundheit, geht auf den Soziologen Aaron Antonovsky zurück, der nach dem Ende des Zweiten Weltkriegs und der Befreiung der Konzentrationslager die Beobachtung machte, dass identische traumatisierende Ereignisse keineswegs dieselben Folgen für alle Betroffenen hatten: So gab es ehemalige KZ-Häftlinge, die kaum unter dem litten, was ihnen angetan worden war, während andere für ihr ganzes Leben von der Gewalt, der Ohnmacht, den Verlusten gezeichnet blieben, die Folge der Konzentrationslagerhaft waren. Für Kinder, die die fürchterlichen Lagererfahrungen anscheinend ohne psychische Folgen überstanden hatten, wurde der Begriff der »Unverwundbaren« (Michaela Ulich) geprägt, um zu bezeichnen, dass bei ihnen kein Trauma zu verzeichnen war, wo doch nach allen Erfahrungen der Psychologie eines hätte sein müssen.

Der Begriff der Resilienz ist mit dieser Perspektive verwandt, wird aber viel allgemeiner verwendet: eben hinsichtlich der Frage, was Menschen widerstandsfähig gegen Belastungen, Stress, Überforderungen usw. macht. Resilient ist zum Beispiel jemand, der mit multifaktoriellem Stress, etwa dem Verlust des Arbeitsplatzes mit anschließendem Auseinanderbrechen der Ehe, noch so gut umgehen kann, dass er handlungsfähig bleibt und aus der miesen Situation wieder herauskommt. Ein interessantes Phänomen sind resiliente Gemeinschaften, wie sie der Historiker Greg Bankoff untersucht hat.[127] Am Beispiel der Philippinen hat er dargelegt, dass es dort eine Fülle selbstorganisierter Hilfenetzwerke gibt, die etwa im Fall eines Erdbebens dafür sorgen, dass zerstörte Häuser durch organisierte Nachbarschaftshilfe wiederaufgebaut werden, dass Kinder betreut werden, deren Eltern umgekommen oder verletzt sind, dass es informelle Fonds gibt, die Geld an Menschen geben, die in Not geraten sind, usw. Die erstaunliche Fülle solcher Resilienzgemeinschaften auf den Philippinen hat zwei Ursachen: viele Katastrophen und einen schwachen Staat. Die Philippinos leben auf einer der unruhigsten Landmassen der Erde, weshalb Erdbeben eine tägliche Bedrohung sind: Durchschnittlich fünfmal am Tag bebt hier irgendwo der Boden, dazu kommen im Schnitt zwanzig Taifune pro Jahr. Das »Centre for Research on the Epidemiology of Disasters« in Brüssel stuft die Philippinen als eines der katastrophenträchtigsten Länder der Erde ein.

Da die Philippinen zugleich ein Land mit schwacher Staatlichkeit sind, eine lange Kolonialgeschichte hinter sich haben und über keine verlässlichen Infrastrukturen wie einen funktionierenden Katastrophenschutz verfügen, war es naheliegend, dass die Menschen selbst Hilfesysteme entwickelten, um im Katastrophenfall nicht ohnmächtig und schicksalsergeben dazustehen. Bankoff zeichnet nach, dass die vielfältigen Resilienzgemeinschaften zum Teil jahrhundertealte Vorläufer haben, die auch durch die Kolonialmächte nicht zerstört worden sind, dass aber diese Gemeinschaften keineswegs altruistische Veranstaltungen sind: Vielmehr funktionieren sie nach Normen der wechselseitigen Verpflichtung. Eine Familie, die infolge eines Taifuns ihr Haus verliert und von der Gemeinschaft ein neues gebaut bekommt, ist verpflichtet, im nächsten Notfall anderen zu helfen. Wer Geld aus einem Gemeinschaftsfonds bekommt, um sich das Nötigste wiederbeschaffen zu können, hat vorher eingezahlt und wird das auch wieder tun, sobald er es kann. Bankoff nennt das zugrundeliegende Prinzip eine Kombination aus kurzfristigem Altruismus und langfristigem Eigeninteresse. Selbstverständlich liegen einem solchen Prinzip implizite, aber harte Regeln zugrunde: Wer seinen Hilfsverpflichtungen nicht nachkommt, muss im eigenen Schadensfall damit rechnen, dass es auch für ihn keine Hilfe gibt. Solche ausbalancierten Unterstützungssysteme schaffen Resilienz durch soziale Intelligenz, nicht durch Versicherungsmathematik.

Verwandte Sozialformen gibt es übrigens auch hierzulande. In ländlichen Räumen ist es auch heute nicht selten, dass Wohnhäuser reihum mit Nachbarschaftshilfe gebaut werden; wem geholfen worden ist, der hat die Verpflichtung, in gleicher Weise mit anzupacken, wenn die nächste Familie ihr Häuschen baut. Auch formale Organisationen wie die freiwillige Feuerwehr, Ortsvereine vom Roten Kreuz, Landfrauenverbände etc. gibt es noch viele – auch sie sind Resilienzgemeinschaften, die Schutz vor Bedrohungen, wechselseitige Dienst- und Hilfeleistungen und Gefühle von Aufgehobenheit und Gemeinschaft bieten. Sie bilden einen sozialen Kitt, der in stärker fremdversorgten Strukturen wie in großen Städten so nicht vorhanden ist. Resilienzgemeinschaften folgen wiederum dem Prinzip der moralischen Ökonomie: Sie verrechnen die wechselseitigen Leistungen nicht monetär, sondern in einer ausbalancierten informellen Praxis von Leistung und Gegenleistung. Daher stellen sie eine starke Ressource auf dem Weg in eine nachhaltige Moderne dar.

Je weniger eine Gruppe auf Fremdversorgung angewiesen ist, um Probleme, Notlagen, Katastrophenfolgen bewältigen zu können, umso resilienter ist sie. Und umso größer ist ihr Lernpotential, Hilfe- und Unterstützungssysteme weiterzuentwickeln. Man kann das am Beispiel einer ländlichen Kooperative in Costa Rica verdeutlichen, zu deren sozialen Leistungen zählt, den Bauern Zugang zum Internet und zu freier Software zu ermöglichen, was ihnen erlaubt, ihre Lagerbestände zu kontrollieren, Zulieferer und Lieferanten zu erfassen oder auch Behördengänge zu sparen, die Arbeitszeit kosten. Dies alles, ohne dass die Bauern über formales Wissen oder Computerkenntnisse verfügen würden: »Jemand, der das Feld bestellt, versteht sehr schnell, dass es sich auszahlt, wenn er selbst oder die Gemeinschaft ihr Saatgut und ihre Software kontrollieren und nicht Dritte. [...] Hier mit Werkzeugen zu arbeiten, die unsere Nutzungsmöglichkeiten nicht einschränken, die kostenlos sind und auch auf alten Computern schnell und effektiv laufen – wie das auf dem Land häufig der Fall ist –, ist immer eine sehr attraktive Möglichkeit.«[128]

Die Philologin Adriana Sanchez, die für die Kooperative arbeitet, rechnet die auf den ersten Blick ungewöhnliche Kombination von einfacher Landarbeit und Softwareentwicklung zum lokalen Wissen, das wiederum zur Resilienz der Gemeinschaften beiträgt. Das ist zugleich ein Beispiel dafür, wie traditionelle Sozialformen mit modernen Werkzeugen weiterentwickelt werden können. Wohlgemerkt: Es ist die lokale Kultur, die den Technikeinsatz bestimmt, nicht umgekehrt.

Mit diesem Beispiel ist man auch schon fast bei jenen Gemeinschaftsformen von Produktion, die auf dem Weg in eine nachhaltige Moderne von großer Bedeutung sind: Die beiden bekanntesten Beispiele sind das kollektiv entwickelte Betriebssystem Linux, das Millionen von Nutzern (und Mitproduzenten) hat, und natürlich die im Jahr 2001 gegründete Wikipedia, die inzwischen Millionen von Artikeln enthält, verfasst von Millionen von Autorinnen und Autoren. In beiden Fällen ist der dezidiert freie und nichtkommerzielle Charakter der kollektiven Arbeit bemerkenswert, die geleistet wird, um die Produkte kontinuierlich besser zu machen. Solche Open-source-Projekte auf der Basis sozialer Intelligenz gibt es inzwischen zahlreich – nicht nur in Form des spektakulären Guttenplag, das zum Rücktritt eines populären Politikers geführt hat, sondern in Feldern der Software-Entwicklung, des Designs, der Produktion von Texten und Bildern etc.»Freie Design-Projekte (oft auch ›Open Hardware‹ genannt) entwerfen gemeinsam materielle Produkte und stellen dabei Objektbeschreibungen, Konstruktionspläne und Materiallisten zur freien Verfügung. Im Bereich elektronischer Hardware ist zum Beispiel das italienische Arduino-Projekt sehr bekannt geworden. Es wird von vielen anderen Projekten genutzt und erweitert. Offenes Möbeldesign betreiben Ronen Kadushin und das SketchChair-Projekt. Im Open Architecture Network und im Projekt Architecture for Humanity entsteht Architektur, die sich an den Bedürfnissen der Bewohnerinnen und Bewohner und nicht an den Profitinteressen von Baufirmen oder der Selbstdarstellung von Designern orientieren soll. OpenWear ist eine kollaborative Kleidungsplattform, die Menschen ermutigt und unterstützt, selber zu Produzenten zu werden. […] Das Freifunk-Projekt baut frei zugängliche Funknetze auf. Das Open Prosthetics Project entwickelt frei nutzbare Arm- und Beinprothesen. Es wurde von einem ehemaligen Soldaten gestartet, der im Krieg eine Hand verloren hatte und mit den kommerziell erhältlichen Prothesen nicht zufrieden war.«[129]

Wenn man nach Veränderungspotentialen und Engagementbereitschaften sucht, findet man sie heute also weniger im Feld etablierter politischer Organisationen, Gewerkschaften oder NGOs, sondern eher dort, wo individuelle Beiträge geleistet werden können, ohne dass das mit weitergehenden Verpflichtungen oder Bekenntnissen verbunden wäre. Communitybasierte Projekte sind ohne politische Programmatik gemeinwohldienlich und daher für viele Beiträger attraktiv. Da es um eine gemeinsame Arbeit geht, die freiwillig erbracht wird, knüpfen Communities dieser Art an die tradierten Formen von Freiwilligendiensten an, verzichten aber auf formale Organisationsstrukturen, weil man die unter den heutigen Kommunikations- und Assoziationsbedingungen auch gar nicht mehr braucht. Gewerkschaften und Parteien waren traditionell ja nicht nur dafür da, einen politischen Willen oder strategische Absichten zum Ausdruck zu bringen, sondern auch, um Kommunikation zu ermöglichen: Die Arbeiterbewegung des 19. und auch noch des 20. Jahrhunderts brauchte, nicht anders als die bürgerlichen Parteien, Versammlungen, Treffen, Vereine, Zeitungen, um politische Kommunikation zu ermöglichen und zu verstetigen.

Die seit Jahren sinkende Wahlbeteiligung und die rapide abnehmenden Mitgliederzahlen von Parteien und Gewerkschaften sind nicht Ausdruck von politischem Desinteresse, sondern spiegeln einerseits das verbreitete Gefühl, durch solche Organisationen nicht mehr angemessen vertreten zu sein. Andererseits zeigen sie den Strukturwandel der kommunikativen und politischen Öffentlichkeit an. Die wachsende Engagementbereitschaft, was die Assoziation zu wechselnden Communities oder die Teilnahme an punktuellen Aktionen angeht, weist auf veränderte Formen des Engagements und der politischen Beteiligung und auch auf ein höheres Autonomie- und geringeres Festlegungsbedürfnis der Akteure hin. Wie übrigens unter gänzlich anderen Vorzeichen die arabische Rebellion zeigt, hat die Netzkommunikation ein enormes Mobilisierungspotential und entfaltet dabei eigene Logiken der Vergemeinschaftung, die ungeheuer machtvoll sein können.

Der Erfolg von Internetportalen wie abgeordnetenwatch.de und netzpolitik.de zeigt genauso wie die zum Teil enormen Teilnehmerzahlen bei Kongressen von Attac oder bei MacPlanet, dass von sinkendem Interesse an öffentlichen Angelegenheiten keine Rede sein kann. Man darf in diesem Zusammenhang daran erinnern, dass auch die Studentenbewegung nur von einer Minderheit der seinerzeit Studierenden getragen wurde; dasselbe gilt für die Anti-AKW-Bewegung und die Friedensbewegung, die natürlich nie Mehrheiten organisieren konnten. Der tatsächlich mobilisierte Bevölkerungsteil bleibt zahlenmäßig klein; entscheidend für die Wirkung ist, wie gesagt, dass die Bewegung in die unterschiedlichsten Bevölkerungsgruppen diffundiert und modellbildend wirkt.

Auch heute tut sich eine ganze Menge, zum Beispiel unter jungen Klimaaktivistinnen und -aktivisten.[130] Und allein der Umstand, dass es heute eine Differenzierung von Online- und Offline-Aktionen gibt, ist Teil eines Strukturwandels politischer Öffentlichkeit, der noch nicht voll erfasst ist. Wenn bestimmte Themen im Netz diskutiert, Kampagnen entwickelt, Carrot mobs organisiert und Petitionen auf den Weg gebracht werden, dann ist das politisches Handeln online, was überhaupt nicht ausschließt, dass man offline protestiert, wenn physische Anwesenheit erforderlich ist. Wenn offline Wahlkampfveranstaltungen von FDP oder CDU durch übertriebenes Klatschen und laute Dauerzustimmungen ruiniert werden (»Angela Merkel kommt – und alle so: yeah!!!«), ist das überdies äußerst spaßhaft, was derlei Aktionsformen schon mal fundamental von

Wahlkampf: »Und alle so: yeaahh«.

Ortsvereinsversammlungen, Parteitagen usw. unterscheidet, die ja begrenzt lustig sind (vor allem, weil es immer die eine Frau gibt, die auf den Gender-Aspekt hinweist, oder den einen Multikulturalisten, der auf Berücksichtigung der internationalen Perspektive besteht).

Der Altersdurchschnitt der Besucherinnen und Besucher nahezu jeder öffentlichen Vortragsveranstaltung, Podiumsdiskussion oder Tagung liegt, wie ich aus leidvoller Erfahrung weiß, bei über 50 Jahren, was keinesfalls ein Indikator für ein politisches Desinteresse der Jüngeren ist, sondern ein Hinweis auf die Antiquiertheit, man könnte auch sagen: Abgestandenheit der Formate, in denen öffentliche Angelegenheiten diskutiert und dargeboten werden.

Interessant in diesem Zusammenhang sind die Ergebnisse der 16. Shell-Jugendstudie aus dem Jahr 2010, die darüber hinaus einen erstaunlich hohen Beteiligungsgrad von Jugendlichen (hier als Altersgruppe der Achtzehn- bis Fünfundzwanzigjährigen definiert) in formalen Organisationen dokumentiert: Fast die Hälfte (47 Prozent) sind Mitglied eines Vereins, dazu übernehmen viele Jugendliche freiwillig Ämter in ihrer Schule oder in der Universität, überraschende 16 Prozent sind in ihrer Kirchengemeinde aktiv, bei Greenpeace und amnesty international engagieren sich fünf Prozent, nur noch drei Prozent in Gewerkschaften und zwei Prozent in Parteien.[131] Mit Ausnahme der letzten beiden Zahlen weisen die Werte gegenüber den vorangegangenen Studien von 2002 und 2006 sogar leicht steigende Tendenz auf – und ein überraschender Indikator für die Engagementbereitschaft junger Menschen ist auch der Befund, dass sich nach der faktischen Abschaffung der Wehrpflicht und damit des Zivildienstes 2012 weit mehr Bewerberinnen und Bewerber für ein freiwilliges soziales Jahr fanden, als Stellen zur Verfügung standen. Bei einer Entlohnung von 300 Euro im Monat plus Wohngeld ist das ein erstaunlicher Sachverhalt. Dafür dürfte mitverantwortlich sein, dass sich viele Jugendliche nach dem Absolvieren des hirnrissigen Turbo-Abiturs nicht sofort in die gleichermaßen hirnrissige Maschinerie überfüllter und verschulter Bachelor-Studiengänge begeben wollen und ihren Dienst an der Allgemeinheit somit auch als Freiheitsgewinn betrachten können.

Jedenfalls kann von fehlender Engagementbereitschaft unter Jugendlichen keine Rede sein; dass dieses Engagement sich gegenwärtig nur zu einem sehr kleinen Teil auf Nachhaltigkeit richtet, ist vermutlich darauf zurückzuführen, dass die Angebote von BUND, NaBu, Grünen usw. nicht hinreichend sexy und cool ausfallen, als dass man sich dort gut aufgehoben fühlen würde – das scheint eher etwas für »Ökostreber« zu sein. Um die vorhandenen Engagementbereitschaften abrufen zu können, bedarf es ganz offensichtlicher neuer Beteiligungs-, Veranstaltungs- und Diskursformate.

Hinsichtlich der Wertorientierungen von Jugendlichen übrigens lohnt der Blick in die Shell-Jugendstudie ebenfalls. Denn hier bildet sich wenig von dem ab, was dem neoliberalen Wunschbild einer Masse miteinander konkurrierender Ich-AGs entsprechen würde. Für 97 Prozent (!) der Jugendlichen stellt es den größten Wert dar, »gute Freunde zu haben, die einen anerkennen«, Partnerschaft und Familie folgen mit ebenfalls über 90 Prozent dahinter. Wünsche nach eigenverantwortlicher Lebensgestaltung (90 Prozent) und Unabhängigkeit (84 Prozent) rangieren ebenfalls sehr hoch, aber die sind ja nicht gleichbedeutend mit antisozialen Einstellungen: Die Autoren der Studie interpretieren das rundweg als »grundsätzliche Neigung zum Nonkonformismus«,[132] übersehen dabei aber wohl, dass in unserem Kulturmodell Nonkonformismus als wünschens- und erstrebenswert gilt, seinerseits also konformistisch ist.[133]

Allerdings votieren mehr als zwei Drittel der Jugendlichen dafür, sich dagegen zu wehren, dass »vieles in Arbeitswelt und Gesellschaft falsch läuft«, und ebenfalls zwei Drittel sind der Auffassung, dass es sich auszahlt, »wenn man sich um einen anderen Menschen kümmert«.[134] Umgekehrt stimmt die Hälfte nicht zu, dass man nichts dagegen tun könne, was »die Mächtigen in Arbeitswelt und Gesellschaft wollen«. Insgesamt sehen sich 41 Prozent als »gesellschaftlich stark interessiert«.[135]

Und jetzt kommt der entscheidende Punkt: Gesellschaftliches Interesse ist für die Jugendlichen ausdrücklich nicht mit politischem Interesse identisch. Alles, was mit Politik zu tun hat, ist deutlich negativ konnotiert – das zweifelhafte Verdienst einer Generation von Politikerinnen und Politikern, die das Politische so apparathaft, unglaubwürdig und »uncool« gemacht haben, dass man sich damit offenbar auf keinen Fall mehr identifizieren kann. Die Kauders, Bütikofers, Steinmeiers und Dörings haben es geschafft, die Arena des Politischen als völlig unattraktive, losgelöste Parallelgesellschaft erscheinen zu lassen, zu der man besser Distanz hält. Daraus folgt einmal mehr der Schluss, dass alle Bemühungen, jugendliche Engagementbereitschaft auf dem Weg in einer nachhaltige Moderne zu nutzen, zum Scheitern verurteilt sind, wenn sie in traditionelle Formen gegossen werden. Die Jugendlichen, heißt es in der Studie,

»können sich durchaus für den Idealismus erwärmen, aber dieser muss ›cool‹ sein. Es muss klar sein, dass sich jemand engagiert, der fest auf dem Boden der Realität steht, der die Dinge im Griff hat, der kein weinerlicher oder psychisch angeschlagener Typ, kein angestaubter oder weltfremder Polit-Freak ist. Das ist das Nadelöhr, durch das im Moment eine ›soziale und politische Mobilisierung‹ der Jugend hindurchmuss.«[136]

Das ist alles in allem keine schlechte Nachricht. Zusammen mit den Daten zu den Einstellungen und Werthaltungen stehen wir damit nämlich vor dem interessanten Befund, dass die vorhandenen Engagementbereitschaften am besten in Handlungsfeldern zu aktivieren sind, wo man konkret etwas tun und Ergebnisse sehen kann – wo es also um etwas geht, *worin man vorkommt*. Das können höchst unterschiedliche Handlungsfelder sein, und sie müssen gerade nicht politisch festgelegt sein: Communities of practice, Arenen gemeinsamer praktischer Lernerfahrungen. Das Potential für einen Wandel ist da, man muss ihn nur konkret und attraktiv machen.

Daraus folgt: Man muss sie dort aufsuchen, wo sie sind, die Engagements und die Engagementbereitschaften, man muss von den neuen Assoziations- und Aktionsformen lernen und man muss die veränderten Kommunikations- und Mobilisierungsformen in Rechnung stellen, wenn man eine soziale Bewegung zu einer nachhaltigen Moderne in Gang bringen will. Es geht um das Lernen von Widerständigkeit, und da haben in der Gegenwart Ältere Jüngeren nichts beizubringen, gar nichts. Wie überhaupt die Zeit der Belehrungen vorbei ist; es gibt ja keine gelernten Experten für Transformation.

ALPHABETISIERUNG FÜR EINE NACHHALTIGE MODERNE

So, wie man von der sozialen Intelligenz resilienter Gemeinschaften in Asien oder Südamerika einiges für den Aufbruch in die nachhaltige Moderne lernen kann, so kann man gewiss von den Jugendlichen etwas darüber lernen, welche Assoziations- und Kommunikationsformen heute wirkungsvoll sind. Man muss sich ja ohnehin grundsätzlich in die Rolle eines Lernenden von Zukunftsfähigkeit begeben, denn wir wissen ja nicht, wie die Kombinatorik sozialer, technologischer und politischer Strategien auszusehen hat, mit der wir in die nachhaltige Moderne kommen können. Auch von daher ist die Zeit der Experten und des Belehrens vorüber. Zu der notwendigen Alphabetisierung für eine nachhaltige Moderne gehört nicht nur die Suche nach widerständigen Vergemeinschaftungsformen, sondern auch das Aufsuchen tradierter Ideen, Konzepte, Haltungen und Kulturtechniken, die heute ziemlich aus der Mode gekommen scheinen, die man künftig aber vielleicht wieder gut gebrauchen kann. Zum Beispiel:

ZEIT

Die Grundsteinlegung für den Kölner Dom fand 1248 statt, das Gebäude ist aber erst sechs Jahrhunderte später fertig geworden. Noch heute muss ständig am Dom gebaut werden; Säure zerfrisst die Steine, hier und da wird etwas brüchig, eigentlich befindet sich das gewaltige Gebäude wie alle seiner Art in einem beständigen Restaurierungsprozess. Deshalb gibt es auch heute noch einen Dombaumeister. Der steht in einer endlosen Kette von Personen, die dieses hohe Amt über die letzten sieben Jahr-

Viel Zeit: Kölner Dom um 1820, Grundsteinlegung 1248.

hunderte innehatten, und derjenige, der heute für alle Baumaßnahmen am Dom verantwortlich ist, wird viele Nachfolger haben. Wenn man Dombaumeister ist, übt man zweifellos eine nachhaltige Tätigkeit aus, weil man sich innerhalb eines Rahmens bewegt, der Jahrhunderte zuvor festgelegt wurde. Natürlich verändern sich die Aufgaben mit der Technik und der jeweiligen Umweltsituation, aber abgesehen davon, ist die Arbeit des Baumeisters eingeschrieben in ein Projekt, das viele Generationen vor ihm begonnen hat und viele Generationen nach ihm beendet sein wird, falls überhaupt jemals.

Man kann sagen: Das lohnt sich. Der Kölner Dom ist nach wie vor die meistbesuchte Sehenswürdigkeit Deutschlands, nicht nur, weil seine Türme die dritthöchsten weltweit sind. So ein Dom transportiert Zukunft, weil er von einer Glaubensvorstellung getragen ist, die jenseits menschlicher Zeitskalen angesiedelt ist. Aber erstaunlich ist doch, dass so ein altes Gebäude, das weder dem Zeitgeist noch seinen Funktionalitätserfordernissen, noch seiner ökonomischen Rationalität entspricht, immer noch sprachlos macht, wenn man vor ihm steht oder sich in ihm aufhält. Überhaupt sind ja die Kirchen und ihre Türme nach wie vor fast überall und besonders im ländlichen Raum die Landmarks, die man aus den weitesten Entfernungen sieht, und die, Säkularisierung und Kirchenaustritte hin oder her, von

Welten künden, die andere sind als die der Gegenwart. Diese Gebäude haben kein Verfallsdatum.

Ganz im Unterschied zu denen, die heute gebaut werden und deren berechnetes Lebensalter schon nach ein paar Jahrzehnten abgelaufen sein wird. Ganz zu schweigen von den Instant-Bauten der Discounter, diese auf Abriss gebauten kulturellen Verfallszustände, die sich in keiner Weise um ihr jeweiliges Umfeld bekümmern und überall, in Innenstädten, Vorstädten, Dörfern, Shopping malls wie Hütten für Hunde dastehen, zu denen man schlecht sein darf. Sie dienen dem einzigen Zweck, Waren möglichst unaufwendig umzuschlagen, und deshalb sind sie reine Gegenwart. Ihre Mitteilung: In dieser Gegenwart geht es um nichts anderes, als Dinge zu kaufen, egal unter welchen Umständen.

Man kann Dom und Kaufhundehütte als diametrale Konzepte darüber verstehen, worum es im Leben geht und welches Verhältnis jeweils zwischen Vergangenheit, Gegenwart und Zukunft herrscht. Die Erbauer des Kölner Doms, der Sixtinischen Kapelle oder der Potsdamer Heilandskirche waren jeweils daran interessiert, ihr Werk für künftige Menschen so bedeutsam sein zu lassen, wie es ihnen selbst erschien: Deshalb spielt keine Rolle, welche Zeit und welche Mühe in sie eingehen muss. Dasselbe gilt für die Lebenszeit der Baumeister, die ihre Gebäude oft nicht mehr als vollendete gesehen haben. Noch mehr gilt das für die Gartenbaumeister des 18. und 19. Jahrhunderts, die ihre Ideallandschaften in der Imagination entwarfen, dass die Blätter der frisch gepflanzten Bäume in einem hundert Jahre entfernt liegenden Herbst ein genau abgestimmtes Farbspiel zeigen würden. Das ist eine Kalkulation mit den Eigenzeiten und den Eigenlogiken einer domestizierten Flora – aber welche Vorstellungen über die Durchlässigkeit und Unbedeutsamkeit des Gegenwartspunktes kommen darin zum Ausdruck! Ein solcher Park, ein solches Bauwerk werden in eine Zukunft hinein entworfen, und genau damit gestalten sie diese Zukunft mit, verleihen ihr eine historische Signatur.

Das Erlebnis, das man heute beim Durchwandern des Wörlitzer Gartenreichs oder des Babelsberger Parks haben kann, stammt aus einer anderen Zeit und ist zugleich ganz gegenwärtig. Es verbindet Zeitspannen praktisch über viele Generationen hinweg und ist um die Begrenztheit individueller Lebenszeit ganz unbekümmert. Solche Nachhaltigkeit ist ein Beitrag zur Ästhetik des guten Lebens.

Die Menschen, die heute im Rahmen der transgenerationellen Zeitlichkeit solcher Projekte arbeiten, die vor ihnen entstanden und nach ihnen bestehen werden, arbeiten in einem völlig anderen temporalen Verhältnis als das Personal in den Kaufhundehütten. Sie arbeiten paradoxerweise viel mehr an der Zukunft, obwohl sie an Historischem arbeiten. Die nachhaltige Moderne erfordert ein anderes Zeitregime als die expansive Moderne, weshalb man von der Zeitenthobenheit der Dom- und Gartenbaumeister eine Menge lernen kann, was man in Zukunft brauchen wird.

Dasselbe gilt für alle Tätigkeiten, die anderen Zeitvorgaben unterworfen sind, als dem Synchrontakt moderner Arbeitsteilung. Jemand, der als Restaurator im Metropolitan Museum in New York zwanzig Jahre lang ein Studiolo aus dem 15. Jahrhundert rekonstruiert, arbeitet in einer Zeitlichkeit, die von der Intarsienkunst und dem bald sechs Jahrhunderte alten Nussbaum und Rosenholz definiert ist und die mit den Zeittakten der Stadt draußen nicht das Geringste zu tun hat. Oder wenn jemand ein Musikinstrument zu spielen lernt, unterwirft er sich beim Spielen der Funktionslogik des Instruments und der Zeitlogik der Partituren: Alles andere macht keinen Sinn. Das Üben wiederum hat seine eigene Zeit, die sich nur begrenzt dehnen und verdichten lässt. Es sind die Eigenlogiken und Eigenzeiten bestimmter Dinge, denen man sich zu fügen hat, wenn man mit ihnen etwas anstellen will. Das anzuerkennen ist die Basis nicht nur für eine Ästhetik der Nachhaltigkeit, sondern auch für ihre Praxis. Eine reduktive Moderne hätte, anders gesagt, von Francesco di Giorgio Martini eine Menge zu lernen.

Nachhaltig. Studiolo aus Gubbio, Werkstatt von Francesco di Giorgio Martini, zweite Hälfte des 15. Jahrhunderts. Metropolitan Museum of Art, New York.

SPARSAMKEIT

Als kleiner Junge, schätzungsweise im Alter von vier Jahren, habe ich mal ein Butterbrot weggeworfen, das mir meine Mutter geschmiert hatte. Blöderweise habe ich es nicht *irgendwo* weggeworfen, sondern in der Nähe unseres Hauses, so dass meine Mutter es finden musste. Die daraus resultierende Bestrafung für meinen Frevel war das eine; worin sie bestand, habe ich vergessen. Aber die Verachtung dafür, etwas weggeworfen zu haben, *was man essen kann*, hat mich bis in meine Gymnasialzeit verfolgt, wo ich mich lange Zeit außerstande sah, Pausenbrote fortzuwerfen, die ich, aus welchen Gründen auch immer, nicht gegessen hatte. Ich trug dann lieber wochenlang in durchgeweichtes Butterbrotpapier eingewickelte uralte Schnitten in meinem Ranzen herum, weil ich nicht den Mut fassen konnte, sie – wie man heute sagen würde – zu entsorgen. Es ging einfach nicht. Die Erfahrung eines ganz und gar säkularen Sündenfalls saß zu tief. Erst später habe ich gelernt, Nahrungsmittel nicht zu achten. Heute schmeiße ich Brot weg, ohne mit der Wimper zu zucken.

Ich folge damit den normativen Vorgaben unseres kulturellen Modells. Sparsamkeit aber folgt einem anderen Modell: Das dreht sich darum, auf keinen Fall mehr zu verbrauchen, als man zur Verfügung hat, ja, nach Möglichkeit davon immer etwas »aufzusparen« für die jederzeit mögliche Situation, dass man es »womöglich noch mal brauchen könnte«. Die meisten Angehörigen meiner Generation erlebten Sparsamkeit bei ihren Eltern als eine Tugend, die sich komplett verselbständigt hatte. Aus der Erfahrung der Knappheit der letzten Kriegsjahre und besonders der frühen Nachkriegszeit heraus waren viele Deutsche auch dann noch sparsam, als sie es längst schon nicht mehr sein mussten. Sprichwörter zur Tugend der Sparsamkeit gab es jede Menge (»Spare in der Zeit, dann hast du in der Not«, »Wer den Pfennig nicht ehrt ...« usw.), es gab das Sparschwein, das Sparbuch, den Weltspartag. Angesichts all der protestantischen

Zwanghaftigkeit, die durchaus in eine perverse Liebe zum Geld umschlagen konnte, war leicht zu übersehen, dass Sparsamkeit nicht nur unschöne Seiten hat, sondern zum Beispiel unnötige Abhängigkeiten vermeiden hilft. Wenn man keine Kredite zu bedienen hat, kann man über sein Einkommen frei verfügen, wenn man ein Bewusstsein darüber hat, was »man sich leisten kann« und was nicht, gerät man gar nicht erst in schuldnerische Abhängigkeiten. Die in Deutschland lange verbreitete Scheu vor Ratenkäufen und Konsumentenkrediten hat ihre Wurzel genau darin – und in dem protestantischen Ethos, dass man sein Brot im Schweiße seines Angesichts zu essen habe, also erst mal verdient haben muss, bevor man es konsumieren kann. Und was das Brot angeht: Erst unlängst ist mir zum ersten Mal wieder eingefallen, dass bei uns im Dorf jedes Jahr Erntedankfest gefeiert wurde. Für uns Kinder war das einfach ein schönes Fest mit geschmückten Traktoren und Anhängern, aber substantiell handelt es sich um ein Ritual, das festhält, dass es keine Selbstverständlichkeit ist, immer und unter allen Umständen genug zu essen haben.

Verbunden damit ist ein ganz fragloses Bewusstsein darüber, dass etwas, was man isst, irgendwo herkommt, also gesät, gewässert, gedüngt, geerntet, transportiert, gesäubert werden muss, während die Wertschöpfungsketten der Gegenwart den zugrundeliegenden Stoffwechsel völlig unsichtbar machen. Fremdversorgung bedeutet immer auch, dass die Produkte herkunfts- und geschichtslos werden. Insofern transportiert Sparsamkeit immer auch ein Bewusstsein über die prinzipielle Begrenztheit von Ressourcen und ist übrigens eine Sozialtechnik, die mit dem menschlichen Vermögen zur Vorausschau und Planung zu tun hat – man sollte sie nicht schon deshalb geringschätzen, weil sie inzwischen quer zum expansiven Kulturmodell liegt. In dem gilt ja schon eine homöopathische Reduktion der Neuverschuldung als »Sparen«, obwohl sie dessen exaktes Gegenteil ist.

Während es in der Politik und in der Administration zum

Standard geworden ist, »über seine Verhältnisse zu leben«, gilt es privat nach wie vor nur segmentär als akzeptabel, Schulden zu haben, etwa im Rahmen der Immobilienfinanzierung. Ansonsten geben die meisten Leute tunlichst nicht mehr aus, als sie haben, wirtschaften also nachhaltig. Dass hier eine Verhaltensressource für den Weg in eine nachhaltige Moderne schlummert, erschließt sich etwa auch anhand der kollektiven Klugheit, die sich vor einigen Jahren zeigte, als die Bundesbürger in Umfragen Steuererleichterungen ablehnten, weil die desolaten Staatsfinanzen das nicht zuließen.

VERANTWORTUNG

Zum Wertehorizont bürgerlicher und kleinbürgerlicher Kultur im Nachkriegsdeutschland gehörte nicht nur Sparsamkeit, sondern auch – bei aller Wertschätzung von Autoritätsverhältnissen – Eigenverantwortung. Gefasst in die markige Formulierung »für etwas geradestehen« galten Verfehlungen dann als heilbar, wenn man sich zu ihnen bekannte und zerknirscht bereit war, die Konsequenzen zu tragen: Strafe auf sich zu nehmen, einen Schaden zu beseitigen oder zu mildern usw. Das Selbstideal, für etwas geradezustehen, was man angerichtet hat, bedeutet auch, die Konsequenzen des eigenen Handelns abzuwägen und etwas nur dann zu tun, wenn man es nach Lage der Dinge verantworten kann. Es ermöglicht daher auch, Risiken einzugehen und Grenzen zu überschreiten, im Bewusstsein dessen, dass man für die Folgen solcher Überschreitung verantwortlich ist und auch sein kann. Damit hält Eigenverantwortung die Verbindung zwischen Entscheidung und Folgen aufrecht, die notwendig für achtsames Verhalten ist.

Eigenverantwortung wird durch lange Handlungsketten, die immer nur partikulare Verantwortlichkeit zulassen, unterminiert, weshalb die meisten Handlungszusammenhänge in modernen Gesellschaften von systematischer Verantwortungslosigkeit beherrscht sind und umgekehrt ein Gefühl der persönlichen Verantwortung für das, was am Ende einer Handlungskette herauskommt, kaum entwickelt werden kann. Natürlich gehört der Verlust der Zurechenbarkeit von Folgen zu Entscheidungen zu einem kulturellen Modell, das selbst auf die Folgenlosigkeit seines Umgangs mit Ressourcen gebaut ist. Daher ist Eigenverantwortung als soziales Vermögen etwas, das für den Weg in die nachhaltige Moderne unabdingbar ist: Man muss sich, mit Günther Anders gesprochen, vorstellen können, was man herstellen kann.

Im Übrigen sind, philosophisch betrachtet, Menschen die einzigen Wesen, die Verantwortung haben *können*, weil dafür ein Zukunftsbewusstsein die Voraussetzung bildet, das die künftigen Folgen von Handlungen antizipiert. Nicht wenige Philosophen, unter ihnen Hans Jonas, haben aus diesem Umstand gefolgert, dass Menschen damit auch Verantwortung haben *müssen*: für andere, zur Daseinsvorsorge, für den guten Umgang mit der Welt: »Für irgendwen irgendwann irgendwelche Verantwortung de facto zu haben […] gehört so untrennbar zum Sein des Menschen, wie dass er der Verantwortung generell fähig ist. […] Damit ist er noch nicht moralisch, aber ein moralisches Wesen, das heißt ein solches, das moralisch und unmoralisch sein kann.«[137] Eigenverantwortlichkeit setzt also die Entscheidung voraus, verantwortlich oder eben unverantwortlich handeln zu *wollen*. Das Kulturmodell der expansiven Moderne favorisiert – je weiter sie voranschreitet, desto mehr – Unverantwortlichkeit, weil sie die Kausalität zwischen den Voraussetzungen und den Gegebenheiten ihrer Existenz immer mehr ignoriert. Das Kulturmodell einer nachhaltigen Moderne würde gerade diese Kausalität in den Mittelpunkt rücken – das ist, wiederum mit Hans Jonas gesprochen, die Anerkennung der Nicht-Autarkie der menschlichen Existenz: Jede Lebensform, auch die menschliche, hängt vom Stoffwechsel mit der Natur ab.

TOD

Zum Umfang dessen, dass Menschen nicht autark sind, gehört auch der bedauerliche, aber unabänderliche Umstand, dass sie sterben müssen. Der Tod ist besonders unangenehm, wenn, wie in der entzauberten Moderne, kein Jenseits mehr auf einen wartet, wenn das irdische Leben zu Ende ist. Das metaphysische Programm der Moderne besteht demgemäß in der Überwindung von Endlichkeit, ihre Wirtschaftsform ist der säkulare Versuch der Überwindung des Todes. Metaphysisch ist dieses Programm, weil nichts im Grunde so gewiss ist wie der Tod, aber »Fortschritt«, »Entwicklung«, »Wachstum« versuchen, ihn mit aller Macht zu überwinden oder wenigstens hinauszuzögern, was ja mit der Verdoppelung der Lebenserwartung in nur einem Jahrhundert auch auf beeindruckende Weise gelungen ist. Auch und gerade hinter der Faszination über die »erneuerbaren« Energien steckt diese metaphysische Vorstellung von Unendlichkeit.

Aber gerade die trotz allen Fortschritts unabweisbare Tatsache, dass man den Tod nicht abschaffen kann, sorgt dafür, dass er in keiner Kultur so randständig und sozial inexistent ist wie in unserer: Klar, weil er alle Vorstellungen von der Grenzenlosigkeit des Wachstums und alle Versprechen von den Segnungen des Reichtums radikal negiert. Auch die Vorstellung von einem erfüllten Leben, in dem kein Bedarf nach Expansion besteht und der Tod seinen Schrecken verliert, steht »einer Welt, in der unbegrenzte Möglichkeiten zum Verbrauch bereitstehen, sinnlos und nutzlos« gegenüber.[138]

Der Tod ist gewissermaßen die ultimative Konsumverweigerung und die Widerlegung jeder Unendlichkeitsvorstellung; deshalb hat er in der expansiven Moderne keinen Ort. Das ist höchst unangenehm für die, die sterben müssen, weil unser kulturelles Modell dafür gar kein Konzept hat und das *Handling* dieses abseitigen Phänomens traditionellen Institutionen wie der Seelsorge überlässt. Sterbebegleitung hat lange Zeit überhaupt keinen Platz in der Ausbildung von Medizinern gehabt, entsprechend unbeholfen und demütigend für alle Beteiligten fällt der Umgang mit Sterbenden denn meist auch aus. Die expansive Moderne ist ihrem Selbstbild nach open end; der Tod ist demgemäß kein Problem der Gesellschaft: »Der Ort der Sinngebung des Todes«, schreiben die Soziologen Armin Nassehi und Georg Weber, »scheint in der modernen Gesellschaft allein die intrasubjektive Ebene des Ichs zu sein. Einerseits gibt es keine symbolische Sinnwelt von allumfassender Gültigkeit im traditionellen Sinne, andererseits können die Sinnträger der modernen Welt den Tod weder erklären noch verstehbar machen.«[139]

»Die Einsamkeit der Sterbenden in unserer Zeit«, der Norbert Elias ein kleines Buch gewidmet hat, ist eine Folge des Verlustes der Vorstellung, dass Leben lediglich einen zeitlich zwar variablen, unausweichlich aber begrenzten Zyklus zwischen dem Anfangspunkt der Geburt und dem Endpunkt des Todes darstellt; darüber hinaus geht es, da kann man sich noch so anstrengen, einfach nicht. In einer Kultur, der es gelungen ist, die einzelnen Lebensläufe aus der Generationenfolge herauszunehmen und so intensiv zu individualisieren, dass sie nur noch für sich vor der Aufgabe maximaler Lebenszeitnutzung stehen, gibt es nicht einmal mehr die tröstliche Vorstellung, dass das Leben Verlängerungen nach hinten zur Vorgängergeneration und nach vorn in die Generationen hat, die einem nachfolgen. Wenn man ein Leben lebt, das unerbittlich von einem Durchlaufzustand zum nächsten voranschreitet, muss man den Gedanken an den Tod so weit wie überhaupt nur möglich vermeiden: Sonst macht das alles ja gar keinen Sinn!

Und das ist in der Tat die überraschende Einsicht, wenn Menschen in lebensbedrohliche Extremsituationen kommen, durch schwere Krankheit oder Unfälle mit dem eigenen Tod oder dem von Angehörigen konfrontiert werden: Plötzlich spielen die Dinge, die kurz vorher noch enorm wichtig schienen, die Bauspardarlehen, die Sicherheit des Arbeitsplatzes, der störende Bauchansatz, das Auto so gar keine Rolle mehr, und es geht um ganz anderes. Was man zu sagen versäumt hat und jetzt nicht nachholen kann, sein eigenes Ungenügen als Partnerin oder Partner, die Verschwendung wertvoller Lebenszeit, um urplötzlich falsch scheinende Prioritäten, um Glaube und die Unfähigkeit dazu – kurz: um die berühmten letzten Dinge, die sich nun als die ersten und wichtigsten entpuppen.

Seit in der Pflege mehr mit biographischem Erzählen gearbeitet wird und über die verdienstvolle Arbeit der Hospize vermehrt Interaktionen mit Sterbenden über den engsten Familienkreis hinaus stattfinden, bestätigt sich, was man intuitiv schon immer gewusst hat: Wenn es ans Sterben geht, zählen andere Dinge, als man zuvor gedacht hatte. Wenn eines der zentralen Prinzipien der Hospizarbeit darin besteht, dass jeder Mensch das Recht hat, im Tod nicht einsam zu sein,[140] dann wirft das nicht nur einmal mehr Licht darauf, dass menschliches Leben (bis zum letzten Augenblick) auf Beziehung und Anerkennung angewiesen ist, sondern auch darauf, dass es in unserem Kulturmodell für die Lebenden angenehmer scheint, mit den Sterbenden nichts zu tun zu haben. Sie erinnern ja an die Unvermeidlichkeit des Todes und sind das durchaus lästige Memento, dass das meiste von dem, was einen gerade so sehr okkupiert, stresst, in Atem hält, woran man hängt und für das man arbeitet, nicht wirklich viel wert ist. Sterben und Tod sind nicht ökonomisierbar.

Das, was mit ihm an Selbst- und Beziehungserfahrungen verbunden ist, auch nicht.

Dasselbe gilt für kritische Lebensereignisse[141] allgemein, also für alle Geschehnisse, die den erwartbaren Verlauf des gewöhnlichen Alltagslebens abrupt unterbrechen und die Betroffenen vor erhebliche Bewältigungsprobleme stellen: Arbeitslosigkeit, Scheidung, Verlust von Angehörigen und Freunden, Krankheit, Invalidität, Flucht, Traumatisierungen unterschiedlichster Art. In all diesen Fällen ergeben sich für die Betroffenen regelmäßig Fragen nach der Wertigkeit und Sinnhaftigkeit der Prioritäten, die sie unter Normalbedingungen gesetzt haben, und andere

Dinge beginnen, wichtig zu werden. Das heißt aber nichts anderes, als dass solche anderen Dinge – Vertrauen, Gesundheit, Aufgehobensein, Fürsorge, Freundschaft etc. – die Grundierung unserer alltäglichen Existenz bilden, aber nicht sichtbar werden, solange die Benutzeroberfläche der expansiven Kultur intakt bleibt. Es muss also darum gehen, diese Grundierung freizulegen, das Unerwartbare zu tun, ohne dass negative äußere Umstände einen dazu zwingen. Anders gesagt: Man kann beginnen, sich ernst zu nehmen, bevor es zum Ernstfall kommt.

REPARIEREN, NUTZUNGSINNOVATIONEN

In Gesellschaften, in denen der Reichtum und das Niveau der Fremdversorgung nicht so ausgeprägt sind wie in Westeuropa und den USA, findet man verbreitet zwei Kulturtechniken, die hierzulande fast ausgestorben sind: das Reparieren und das Umnutzen. So gut wie alle Gebrauchsgegenstände gehen irgendwann kaputt, sei es durch Beschädigung, durch Abnutzung oder Verschleiß, oder durch geplante Obsoleszenz, also den planmäßigen Einbau von Defekten, die nach einer bestimmten Zeit auftreten. Während der Konsumtotalitarismus bestrebt ist, das funktionsunfähige Gerät sofort durch ein neues ersetzen zu lassen, und daher viel Kreativität darauf verwendet, Teile *nicht* austauschbar zu machen, entwickeln Menschen in ärmeren Gesellschaften mit eingeschränkter Konsumzone Fertigkeiten darin, Gegenstände, Geräte, Fortbewegungsmittel um jeden Preis zu erhalten – man denke nur an die barocken Straßenkreuzer auf Kuba.

Traditionell ist die Behebung von Defekten die Aufgabe klassischer Handwerksberufe und muss gar nichts mit Improvisation zu tun haben, aber häufig wäre es teurer, etwas wiederherstellen zu lassen, als es neu zu kaufen, weshalb heute kaum noch

Nachhaltig. Auto auf Kuba.

jemand einen Fernseher, einen Kühlschrank oder eine Waschmaschine reparieren lässt, wenn die Garantiezeit abgelaufen ist. Dasselbe gilt für Kleidung und Möbel. Das Stopfen von Socken ist ziemlich aus der Mode gekommen, genauso wie Aufarbeitung abgenutzter Möbelstücke.

Dabei wären Kulturtechniken des Erhaltens für den Weg in eine nachhaltige Moderne enorm wichtig. Ein Produkt, das nicht ersetzt wird, erfordert keinen Herstellungsaufwand, je mehr sein Lebenszyklus verlängert wird, desto nachhaltiger werden die Ressourcen genutzt, die zu seiner Herstellung verbraucht wurden. Daher tauchen in den vergangenen Jahren vereinzelt wieder Reparaturläden in den Metropolen auf, dort also, wo sich kulturelle Innovationen am schnellsten verbreiten. In Berlin zum Beispiel gibt es in bester Lage eine Änderungsschneiderei mit dem schönen Namen »Bis es mir vom Leibe fällt«, in dem alle Erhaltungsmaßnahmen vom stylischen Upcycling eines Designerkleids bis zum Sockenstopfen durchgeführt werden.[142] Upcycling ist eine Strategie, aus »alten« Dingen neue zu machen – womit etwa ein Modelabel, das gerade aus der Kombinatorik bereits verwendeter Stoffe und

Schnitte ästhetischen Mehrwert gewinnt, in kurzer Zeit zur angesagten Marke geworden ist.[143] Ein ähnliches Prinzip verfolgt die Herforder Recyclingbörse, die in Kooperation mit Künstlern und Designern aus alten Möbeln vielfach prämiierte Designerstücke formt.[144] Das Thema des deutschen Pavillons auf der Architekturbiennale in Venedig 2012 lautete »Reduce, Reuse, Recycle«. Dabei ging es um Beispiele architektonischer Metamorphosen: Statt Bauten abzureißen, baut man sie um, weiter, anders. Die Ergebnisse sind vielfach erstaunlich, schon vergleichsweise unaufwendige Eingriffe führen zu tiefen Nutzungsveränderungen. »Architektur«, schreibt Niklas Maak dazu, »wirkt hier wie eine Judobewegung, bei der mit einer einfachen Geste enorme Kräfte ins Positive gewendet werden und sogar eine Schönheit der klaren Form erscheint, wo man nur Tristesse vermutete.«[145]

Bleiben bei solchem Upcycling Häuser noch Häuser und Kleider Kleider, führen Nutzungsinnovationen zu einem gänzlich anderen Gebrauch von vorhandenen Dingen, Einrichtungen oder Strukturen. Auch diese Kulturtechnik ist in Knappheits- und Mangelgesellschaften besonders ausgeprägt vorhanden – in der untergegangenen DDR wurden besonders pfiffige Umnutzungsbeispiele im Rahmen der (gerade wieder aufgelegten) Fernsehsendung »Außenseiter Spitzenreiter« vorgestellt, zum Beispiel wenn jemand aus Konservendosen einen Auspuff zusammengelötet hatte.

Das Anwendungsgebiet von Nutzungsinnovationen ist unendlich. Es reicht von der Umnutzung von Flüssen und Kanälen zurück zur Fracht- und Personenschifffahrt mit Solarbooten über die Verwendung der Produkte von Schrebergärten für das Catering von Festivals[146] bis hin zur Zusammenlegung eines Seniorenheims mit einem Kindergarten. Was geschieht, wenn solche Nutzungsinnovationen stattfinden, ist spektakulär: Im letzten Beispiel etwa werden Bedürfnisse der Seniorinnen und Senioren nach sinnvoller Tätigkeit durch die plötzlich mögliche Betreuung von Kindern befriedigt, für die Institution und die

Eltern Entlastung geschaffen, für die Kinder intergenerationelle Begegnungen, die sie sonst gar nicht gehabt hätten. Solcher Mehrwert entsteht ohne jeden materiellen Aufwand, lediglich durch soziale Intelligenz.

Gerade in der vor Infrastrukturen geradezu berstenden expansiven Moderne finden sich eine Menge Dinge, die anderen Nutzungen zugeführt werden können. So wie in New York eine alte Hochbahntrasse zum Fahrrad-Highway wird, so werden städtische Brachen an vielen Orten zu interkulturellen Gärten.[147] Und so könnten, beispielsweise, fast 13 000 Kilometer deutscher Autobahntrassen in der nachhaltigen Moderne für die Platzierung von Windrädern genutzt werden, die dann nicht mehr andernorts die Landschaft verspargeln müssten. Oder als Flächen für Solaranlagen. Oder für beides, und die dritte Spur nutzt man noch für den Warentransport mit Elektrolastwagen. Der Phantasie, das ist das Elegante an Nutzungsinnovationen, sind prinzipiell keine Grenzen gesetzt, wenn man sich einmal von dem Gedanken verabschiedet hat, das etwas nur im Sinne

Nachhaltig. Nutzungsinnovation Gartenzaun auf Sizilien.

jenes eindimensionalen Gebrauchs genutzt werden könne, den irgendein Ingenieur im Kopf hatte, als er das Ding entwickelt hat. Nutzungsinnovationen, Konversionen des Gebrauchs sind höchst sinnfällige empirische Bestätigungen für die Theorie, dass alles anders sein könnte.

GENOSSENSCHAFTEN

Genauso wie das Reparieren und Umnutzen heute Reanimationen von tradierten Kulturtechniken darstellen, die der Konsumtotalitarismus lieber abgeschafft hätte, so finden sich auch Formen der gemeinschaftlichen Bewirtschaftung von Ressourcen, die der Neoliberalismus noch nicht hat zerstören können. Gerade in Zeiten von Wirtschafts- und Finanzkrisen erleben sie eine erstaunliche Renaissance: die Genossenschaften.

Diese gemeinschaftliche Wirtschaftsform ist so alt wie die Menschheitsgeschichte, schließlich bestanden auch Jäger- und Sammlerkulturen aus Gruppen, deren Mitglieder bestimmte Areale kooperativ nutzten, um ihr Überleben sicherzustellen. Dasselbe gilt für die Zeit nach der neolithischen Revolution, als die Menschen sesshaft wurden und Land- und Viehwirtschaft zu treiben begannen. Die privatisierte Nutzung von Böden, Wäldern und Gewässern ist vergleichsweise jüngeren Datums, hat sich aber als Differenzierungsprozess von Nutzern und Bearbeitern bis heute rasant ausgebreitet und schließlich zu jener arbeitsteiligen Kultur der Fremdversorgung geführt, wie wir sie kennen. Aber: Gemeinschaftliches Wirtschaften war auch bei uns nie völlig aus der Welt, und seine erste Renaissance erlebte es exakt mit dem Aufstieg des Kapitalismus: Mitte des 19. Jahrhunderts gründeten Arbeiter in England die ersten genossenschaftlichen Betriebe, 1867 eröffnete Friedrich Wilhelm Raiffeisen den »Heddesdorfer Darlehnskassenverein«, also das Modell für alle späteren Volksbanken und Sparkassen. Zur selben Zeit wurden die ersten Einkaufs- und Erzeugergenossenschaften gegründet, die Namen »Konsum« und »Coop« zeugten noch von dieser Tradition, als schon niemand mehr wusste, dass es sie gegeben hatte.

Heute erlebt das Genossenschaftsprinzip eine Renaissance; die Fülle der genossenschaftlich organisierten Erzeugergemeinschaften in den Bereichen Energie- und Landwirtschaft und Mobilität ist kaum noch zu zählen; auch genossenschaftliche Finanzierungen von Projekten in Form von »crowd funding« breiten sich immer weiter aus.[148] Das traditionelle Modell der Wohnbaugenossenschaften findet seine Wiederauflage in Baugruppen, die soziale Ziele mit nachhaltigen verbinden, zum Beispiel in Form von Mehrgenerationenhäusern in Passivbauweise.[149]

Auf dem Weg in die nachhaltige Moderne ist die Rückkehr der Genossenschaften ein wichtiger Schritt, steht hier doch nicht der private, sondern der gemeinschaftliche Nutzen im Vordergrund. Dass genossenschaftliche Strukturen darüber hinaus resilienter sind als privatwirtschaftliche, zeigt sich nicht zuletzt in der Finanzkrise: Sparkassen und Raiffeisenbanken mussten nicht »gerettet« werden. Eine Politik, die sich im Kern auf gemeinwirtschaftliche Prinzipien stützt und sie als »commoning« auf andere Bereiche von der Altenpflege bis zur Softwareentwicklung ausdehnt, gewinnt im Augenblick viele Anhänger. Den Anstoß dazu hatte nicht zuletzt die Verleihung des Nobelpreises für Wirtschaftswissenschaften an Eleanor Ostrom gegeben; sie hatte sich ein ganzes Wissenschaftlerinnenleben lang mit den Möglichkeiten und Grenzen von »commons« beschäftigt.[150]

Ob »commons« tatsächlich eine »Politik jenseits von Markt und Staat« bedeuten könnten und sollten, wie ein aktueller Buchtitel[151] verspricht, sei dahingestellt. Ich würde eine Entstaatlichung zugunsten einer flächendeckenden Lokalisierung von Entscheidungsstrukturen für eher gefährlich halten, weil kleine Soziotope gerade hinsichtlich der politischen Meinungsbildung oft seltsame Dynamiken entwickeln, aber ganz außer Frage steht, dass Genossenschaften genauso wie die erweiterte Strategie des Commoning zur reduktiven Moderne passen.

In das Feld des Commoning gehört auch die Renaissance von Tauschbörsen. Ihr Prinzip ist einfach: Jemand bekommt seinen neuen Computer eingerichtet und streicht dem IT-Menschen dafür das Wohnzimmer. Jenseits der informellen Gefälligkeit ist das in hoch arbeitsteiligen, funktional differenzierten und weitgehend fremdversorgten Gesellschaften extrem schwierig zu organisieren, wenn man jenes Mittel weglässt, das aus ungleichen Gütern und Dienstleistungen gleiche macht: das Geld.

Das Tauschen von Eigenarbeitsleistungen braucht drei Voraussetzungen: Vertrauen und implizite Regeln, wie sie schon im Zusammenhang der Resilienz thematisiert wurden (vgl. S. 188), verfügbare Zeit und eine lokale Währung, in der die Leistungen verrechnet werden können. Was das Vertrauen und die Regeln angeht, kann man auf die Traditionen bauen, die formelle und informelle Organisationen wechselseitiger Hilfe repräsentieren. Aber eine ausreichende Verfügung über Eigenzeit für Eigenarbeit setzt andere Modelle der Organisation von Erwerbsarbeit und Produktion voraus, als wir sie gewohnt sind – hier bedarf es einerseits des Anknüpfens an den ja durchaus erfolgreichen Kampf um die Arbeitszeit, also einer politischen Retraditionalisierung der gewerkschaftlichen Inhalte (vielleicht werden die Gewerkschaften dann auch wieder attraktiver). In den 1970er und 1980er Jahren bildete die Arbeitszeitverkürzung die Kernforderung der Gewerkschaften in der Bundesrepublik. Arbeitszeitverkürzung bedeutet die Verteilung von Gewinnen aufgrund von Produktivitätssteigerungen auf der Ebene der Zeit statt der Entlohnung. Seinerzeit wurde aber mit einem gewissen Maß an politischer Kurzsichtigkeit Arbeitszeitverkürzung »bei vollem Lohnausgleich« gefordert. Immerhin langte das zur Einführung der 35-Stunden-Woche, die in der Folgezeit wieder sukzessive rückgebaut wurde – heute arbeiten Vollzeitbeschäftigte im Schnitt 40,7 Stunden in der Woche.[152] Es wäre höchste

Zeit, Arbeitszeitverkürzung als Nachhaltigkeitsstrategie politisch zu diskutieren.

Neben der weiteren Verbreitung von Regiogeldern, also lokal begrenzten Zahlungsmitteln, mit denen Eigenarbeit wechselseitig verrechnet werden kann, bildet ein bedingungsloses Grundeinkommen eine weitere Voraussetzung für eine Transformation des Zeitregimes. Anders als im gegenwärtigen System, das am Regelfall des Erwerbseinkommens orientiert ist und Ersatzleistungen für diejenigen vorsieht, die, aus welchem Grund auch immer, kein Einkommen erzielen, gibt es beim bedingungslosen Grundeinkommen keine Bezugsvoraussetzungen. Es steht jedem Mitglied der Gesellschaft in einer Höhe zu, die einem zivilisatorischen Mindeststandard entspricht. Das Grundeinkommen muss also nicht höher sein als das heutige Hartz IV, steht aber jedem ohne Prüfung und Auflagen zu, womit der komplette bürokratische Apparat ersatzlos entfallen könnte. Der hat seine Wurzeln übrigens in der Erziehungs- und Zuchtfunktion, die Arbeit und Disziplin mit dem Aufkommen des Industriesystems zugeschrieben wurde.[153] Die Einführung von Arbeitshäusern als Zuchtinstitutionen und Erziehungsheimen für deviante Jugendliche diente der Einübung von Sekundärtugenden wie Pünktlichkeit, Fleiß, Ordnungsliebe usw.; sie ist mit der Geschichte des Kapitalismus untrennbar verwoben. Die Kontrolle über die, die am Erwerbssystem nicht teilnehmen, und die Restriktionen, die die Ersatzleistungsbürokratie und ihre wilhelminische Sprache durchherrschen, gehen direkt auf diese Tradition zurück. Mit dem bedingungslosen Grundeinkommen würde man diese frühmoderne Altlast endlich beseitigen; die Entscheidung, auf welchem Existenzniveau sie oder er leben möchte, bliebe jedem Einzelnen demütigungsfrei selbst überlassen.

Die damit verbundenen strukturellen Einsparungen kompensieren die Mehrkosten, die durch die weit größere Zahl von Beziehern von Grundeinkommen entstehen; im Übrigen lassen sich Steuerungen finden, ab welcher Einkommenshöhe das

Grundeinkommen entfällt, etwa mittels einer negativen Einkommenssteuer. Selbstverständlich kann man auf den Bezug freiwillig verzichten, wenn man meint, man habe auch so genug. In jedem Fall würde das bedingungslose Grundeinkommen für diejenigen, die es möchten, einen ganz anderen Umgang mit Zeit erlauben und damit sukzessive auch eine andere normative Betrachtung der Zeitnutzung mit sich bringen. Gilt heute ausschließlich die Arbeitszeit als funktional sinnvoll verbrachte Zeit, würden in der nachhaltigen Moderne sowohl die mit Eigenarbeit verbrachten Zeiten als auch die des Nichtstuns gleich hoch bewertet werden können, da die Zeithoheit mehr auf die einzelne Person und ihre Bedürfnisse und Präferenzen verlagert würde. Durch andere Kombinatoriken ergäben sich ganz neue Mischungsverhältnisse von Arbeits- und Freizeit; tendenziell würde diese Trennung sogar verschwinden können. Zeit könnte in viel höherem Maße als in der expansiven Moderne zur eigenen Zeit werden.

BÜNDNISSE

Bei aller berechtigten Kritik an der Postdemokratie[154] und an der Entpolitisierung der Öffentlichkeit: Die wachsende Kritik an der Politikerpolitik hat auch zu einer produktiven Abwendung von den Schemata geführt, in die das Politische sortiert wird. »Links« und »rechts« sind heute Anachronismen. Weder ist die »linke« Emphase in Bezug auf Arbeitnehmerrechte und Arbeitsplatzsicherung zukunftsfähig, noch sind es die vorgeblichen Mittelstandsorientierungen von FDP und christlichen Parteien. Konservative sind heute für das Ehegattensplitting für schwule Lebensgemeinschaften und Linke für den Erhalt von Arbeitsplätzen in der Rüstungsindustrie oder gleich Lobbyisten für Gazprom.

Da politische Inhalte nur noch performativ, kaum aber mehr programmatisch eine Rolle spielen, sind alle Parteien sozialdemokratisch geworden, was für die Sozialdemokraten übrigens genauso ein Profilierungsproblem bedeutet wie die ubiquitäre Ergrünung für die Grünen. Beiden Parteien ist der »unique selling point« abhandengekommen, was dazu führt, dass fast alle Wähler ihre Positionen super finden, dann aber jemand anderes oder gar nicht wählen.

Solche List der Geschichte deutet aber nur an, dass sich die klassischen politischen Sortierkategorien überlebt haben. Unter anderem zeigt sich das auch darin, dass keine einzige der deutschen Parteien eine andere Gesellschaftsvorstellung vertreten würde als die, die sich im 20. Jahrhundert herausgebildet hat. Im Kern wollen sie alle die marktwirtschaftliche Demokratie in mehr oder minder nachhaltiger Version; niemand will die nachhaltige Demokratie in mehr oder minder marktwirtschaftlicher Version. Da die politischen Programmatiken im 20. Jahrhundert gebildet worden sind, finden sie keine Antworten auf die Herausforderungen des 21. Jahrhunderts, die sich in der Frage zusammenfassen lassen, wie sich das errungene zivilisatorische Niveau mit radikal reduziertem Ressourcenverbrauch halten lässt. Green economy ist darauf gewiss keine Antwort, die traditionelle Wachstumswirtschaft schon gar nicht.

Die klassischen Links-rechts-Schemata existieren absurderweise nur noch auf der Ebene der Selbstbilder der politischen Akteure, nirgendwo sonst. Nur die haben heute noch die Stirn, sinnvolle Konzepte ausschließlich deshalb zu bekämpfen, weil sie von jemandem aus der anderen Partei vorgeschlagen wurden und hirnrissige über die Peinlichkeitsgrenze hinaus zu vertreten, weil sie aus der eigenen Partei kommen. Dieser clowneske Charakter der ganz zu Unrecht »Realpolitik« genannten Politikerpolitik hat, wie schon gesagt, in der jungen Generation für eine Diskreditierung von allem geführt, was in diesem Sinne als Politik bezeichnet wird. Und der Umstand, dass die Frage nach der nachhaltigen Moderne ganz andere, schicht- und klassenunspezifische Probleme aufwirft als die nach dem Konflikt zwischen Kapital und Arbeit, hat die tradierten Antinomien ganz zu Recht gegenstandslos werden lassen. Die Demarkationslinie des Politischen verläuft heute zwischen Zukunftsfeindlichkeit und Zukunftsfähigkeit.

Das eröffnet nun ganz neue Bündnismöglichkeiten. So wie problemlos Brücken zu schlagen sind zwischen den Hardcore-Ökos des Ökodorfs »Sieben Linden« und früheren Topmanagern, wenn es um Postwachstumsstrategien geht, so kann es Koalitionen geben zwischen christlichen Schöpfungsbewahrern und interkulturellen Gartenaktivisten oder zwischen Container-Taucherinnen und Sterneköchen: Wenn es nämlich um die Wertschätzung von Nahrung geht. Solche Kombinatoriken sind neu und wertvoll, weil sie disparate Fähigkeiten zusammenführen und bündeln, die unter traditionellen politischen Voraussetzungen unverbunden bleiben. Die Idee zum Beispiel, Fischereirechte zu erwerben und in die genossenschaftliche Bewirtschaftung lokaler Gemeinschaften zu geben, kann nur in einem Bündnis zwischen vermögenden Geldgebern, lokalen Produzenten und interkulturell versierten und vertrauenswürdigen Aktivisten vor Ort in die Praxis umgesetzt werden. Mit solchen Kombinatoriken von Geld, Macht, Listigkeit, lokaler und sozialer Intelligenz lässt sich der Kapitalismus mit eigenen Mitteln schlagen, denn über solche Kombinatoriken verfügt die Gegenseite in der Regel *nicht*.

Solche Bündnismöglichkeiten hätte es vor ein, zwei Jahrzehnten noch nicht geben können, weil die tradierten Feindbilder noch wirksam waren. Sie tragen zu einer sozialen Bewegung in die nachhaltige Moderne dann bei, wenn sie sich insofern als politisch verstehen, als es ihnen bewusst ist, dass sie ihre Interessen am Fortbestehen der Zukunft gegen jene durchsetzen müssen, die mehr an der Gegenwart interessiert sind. Das nun bedeutet eine Repolitisierung des ökologischen und nachhaltigen Denkens: eine Definition dessen, wer man sein und in welcher Welt man leben möchte. Diese Welt unterscheidet sich hinsichtlich ihrer grundlegenden Vorstellungen vom guten Leben von der heutigen: Sie präferiert Langfristorientierungen gegenüber kurzfristigen, Gemeinwohl gegenüber Eigennutz, Zeitwohlstand gegenüber materiellem Wohlstand, Erhaltung gegenüber Zerstörung, Freiheit gegenüber Konsum.

Keiner derjenigen, die für die Aufrechterhaltung der Gegebenheiten sind, von denen sie profitieren, wird das Feld freiwillig räumen oder durch die Abhaltung internationaler Konferenzen zur Umkehr veranlasst. Der Weg in eine nachhaltige Moderne verläuft nicht über einen herrschaftsfreien Diskurs. Er ist, wie es im Politischen immer der Fall ist, nicht nur eine Frage der besseren Argumente, sondern immer auch eine der besseren Chancen ihrer Durchsetzung. Kämpfen und widerständig sein gehört dazu, genauso, wie gesagt, wie die Bereitschaft, sich selbst zu deprivilegieren. Aber was man an Perspektiven und Chancen in neuen Bündniskombinatoriken gewinnen kann, wird diesen Privilegienverzicht mehr als aufwiegen: Schließlich ist man Teil eines sozialen Lernprozesses mit klarem Ziel und ungewissem Ausgang. Was könnte interessanter sein?

HANDLUNGSSPIELRÄUME

In einer freien, demokratischen und reichen Gesellschaft haben alle Menschen Handlungsspielräume. Natürlich fallen diese Handlungsspielräume unterschiedlich groß aus, je nachdem, an welcher Stelle der sozialen Hierarchie man sich befindet. Aber selbst Hartz-IV-Empfänger, deren Existenz materiell stark eingeschränkt ist, können entscheiden, was sie mit ihrer Zeit anstellen, wie sie ihre Kinder erziehen, was sie lesen, anschauen, spielen, sagen und wie sie sich engagieren. Die meisten tun das ja auch und würden das mediale Bild von den RTL-schauenden biertrinkenden schlechtessenden übergewichtigen passiven Ge-

Spielräume. Beispiel Hartz-IV-Familie

sellschaftsmitgliedern, das von ihnen verfertigt wird, mit Recht zurückweisen.

Es ist ja ein selbstdienlicher Grundirrtum, dass Menschen aus der jeweils anderen sozialen Schicht Eigenschaften haben, die man selbst – Gott sei Dank! – nicht hat; Norbert Elias hat in seiner klassischen Studie »Etablierte und Außenseiter« herausgearbeitet, wie stark das Selbstbild einer jeweiligen Gruppe durch die negative Charakterisierung der Gruppe bestimmt ist, von der sie sich absetzen möchte. Das Welzer'sche Theorem lautet: In jeder gesellschaftlichen Subgruppe, egal ob man diese nach Schicht, Geschlecht, Ausbildung oder Beruf differenziert, bleiben die Anteile der Intelligenten (20 %), der Durchschnittlichen (40 %) und der Doofen (40 %) konstant. Unter Professoren gibt es genauso viele dumme Menschen wie unter Polizisten, Putzfrauen oder Polsterern, und umgekehrt. Es sind lediglich gesellschaftliche Verteilungsmuster von Statuschancen, die suggerieren, es gäbe eine Korrelation zwischen Besoldungsstufe und intellektuellem Leistungsvermögen.

Genau deshalb sind zwar die faktischen Handlungschancen gesellschaftlich ungleich verteilt, nicht aber, ob jemand Handlungsmöglichkeiten hat und diese sehen und nutzen kann. Wir haben in einer gerade abgeschlossenen Studie zum Hilfeverhalten gegenüber Verfolgten im Nationalsozialismus[155] nicht nur feststellen können, dass besonders viel in den Randbereichen der Gesellschaft, also etwa im Prostituierten- und Kleinkriminellenmilieu, geholfen wird, sondern dass es zunächst einmal vor allem darauf ankommt, dass Menschen *wahrnehmen*, wo ihre Hilfe erforderlich ist und wie sie etwas tun können.[156] Helfen ist in diesem Sinn zunächst keine moralische Entscheidung, sondern hat viel mehr mit sozialer Aufmerksamkeit und den faktischen Möglichkeiten für erfolgreiche Hilfeleistungen zu tun.[157] Wenn man in einer Ein-Zimmer-Wohnung in einer Berliner Mietskaserne lebt, ist es unter den Bedingungen radikaler Verfolgung von Juden viel schwieriger, eine oder mehrere Personen zeitweilig zu verstecken, als wenn man in einer Villa am Wannsee wohnt – schon deshalb, weil man nicht darauf achten muss, dass keine Geräusche von Klospülungen oder vom Stühlerücken in die Nachbarwohnungen dringen dürfen, wenn eigentlich niemand zu Hause sein dürfte.

Aber die objektiven Bedingungen sind nicht ausschlaggebend dafür, ob jemand seine Hilfe zur Verfügung stellt: Man muss unter der Voraussetzung radikaler sozialer Ausgrenzung überhaupt sehen, wenn Menschen der Hilfe bedürfen; wenn man das sieht, muss man bereit sein, solche Hilfe leisten zu wollen; wenn man sie leisten will, muss man sie auch leisten können; und wenn man sie leisten kann, sollte man hinreichend kriminelle Energie haben, sie auch erfolgreich zu leisten.

Vor diesem Hintergrund ist kaum verwunderlich, dass die allermeisten (von den insgesamt relativ sehr wenigen) Unterstützungen, die verfolgten Juden im »Dritten Reich« geleistet wurden, von diesen selber initiiert wurden – was einerseits das Bild von den passiven Opfern, die den Verhältnissen ohnmächtig ausgeliefert sind, relativiert, andererseits aber noch einmal hervorhebt, dass für viele Mitglieder der Mehrheitsbevölkerung von sich aus kaum Anlass und Bedürfnis bestand, Verfolgten zu helfen.[158] Im Ergebnis unserer Helferstudie wird deutlich, dass es weniger Charakterzüge und Persönlichkeitseigenschaften sind, die Menschen zu Helfern und andere zu gleichgültigen Bystandern[159] machen, sondern dass das Unterscheidungskriterium zwischen denen, die wir im Nachhinein als »gut«, und denen, die wir als »schlecht« betrachten, vor allem darin liegt, ob sie für sich einen Handlungsspielraum sehen können oder nicht. Und die Fähigkeit, sehen zu können, ob und was man tun kann und sollte, ist wiederum nicht nach Geschlecht, Alter, Schicht oder Bildung unterschiedlich verteilt, sondern eher danach, ob man auf Möglichkeiten aufmerksam wird oder nicht. Viel stärker als jede Moral kommt zum Tragen, welche Unterstützungsmöglichkeiten man dann, wenn die Entscheidung einmal gefallen ist, de facto hat.

Sowenig die nationalsozialistische Gesellschaft in dem Sinn total war, dass sie den Einzelnen alle Handlungsspielräume genommen hätte, so wenig ist heute die Gesellschaft total von einer einzigen Handlungsnorm durchdrungen und so wenig haben alle Mitglieder dieser Gesellschaft dieselben Präferenzen, Überzeugungen und Einstellungen. Funktional differenzierte Gesellschaften wie unsere bieten daher unendlich viele Möglichkeiten, sich zu assoziieren, Teil von etwas Gemeinsamem zu sein, initiativ zu werden oder eben auch kein bisschen mehr zu machen als das unbedingt Notwendige. Es ist einfach nicht wahr, dass soziale Teilhabe ausschließlich davon abhängt, wie viel man sich leisten kann. Natürlich wird in einer Konsumgesellschaft soziale Integration auch und vielleicht sogar vor allem über den Nachweis reguliert, wie viel Geld man ausgeben kann – in einer Kultur, die vor allem quantifiziert und nach quantitativen Kriterien verteilt, ist das auch nicht verwunderlich. Dass man in einer solchen Kultur Sinnerfüllung vor allem in Shopping-Gulags und Preisvergleichsportalen sucht, ist phänomenologisch völlig zutreffend, genauso wie das Gefühl der Ausgrenzung, wenn man konsumistisch »nicht mithalten« kann. Besonders für Kinder ist es demütigend, wenn sie die »schlechtesten« Klamotten der ganzen Klasse tragen müssen oder an

Klassenfahrten nicht teilnehmen können, weil sie zu teuer sind. Aber solche niederträchtigen Verhältnisse sind nicht totalitär. Sie lassen sich durch solidarisches Verhalten von Freundinnen und Freunden konterkarieren durch engagierte Lehrerinnen oder Schulleitungen sogar punktuell aufheben: Wenn diese ihre Handlungsspielräume sehen und nutzen.

Schon ein solches Beispiel zeigt, dass »objektiv« schlechte materielle Verhältnisse in freien Gesellschaften keinen Grund abgeben, nicht das zu tun oder wenigstens zu versuchen, was unter sozialen Gesichtspunkten richtig ist – und genau damit sind wir wieder bei den Handlungsspielräumen. Bei aller materiellen Ungleichheit ist in Gesellschaften unseres Typs niemand sozial entmündigt; jede und jeder hat daher grundsätzlich die Möglichkeit, sich bei einer Recyclingbörse, einem Nachbarschaftsgarten, bei der freiwilligen Feuerwehr oder wo auch immer zu engagieren. Jede und jeder hat auch die Möglichkeit, über die Themen zu sprechen, die ihr oder ihm wichtig sind, und genauso besteht in einem Rechtsstaat jederzeit die Möglichkeit zu benennen, was nicht in Ordnung ist. Kurz: Es existiert eine unendliche Menge von Möglichkeiten, es sich selbst und anderen unbequem zu machen.

UNBEQUEMLICHKEIT

Das ist allerdings leicht gesagt, aber schwer getan. Man verletzt nämlich soziale Erwartungen, wenn man nicht einverstanden ist. Ich war unlängst zu einem Mittagessen eingeladen, zu dem sich der Oberbürgermeister einer deutschen Großstadt mit einer Reihe von Unternehmern, Museumsleitern usw. traf, um über Fragen einer nachhaltigen Zukunft zu sprechen. Ich hatte die Aufgabe, vor dem Lunch eine kurze Rede zum Thema zu halten, und nachdem ich das absolviert hatte, wurde die Vorspeise serviert. Es handelte sich um ein ausgesucht gutes Restaurant, und der Thunfisch, der nun aufgetragen wurde, sah wirklich großartig aus. Freilich wäre es ein eklatanter Widerspruch zu meinen gerade vorgetragenen Überlegungen gewesen, diese Vorspeise zu essen. Aus meiner Sicht gehört es zum kategorischen Imperativ gelebter Zukunftsfähigkeit, sich nicht schuldiger zu machen als unvermeidlich – und Thunfisch zu essen geht heute einfach nicht mehr. Nun saß ich also da mit einem harten Interessenkonflikt. Sollte ich tatsächlich die soziale Konvention verletzen und die Vorspeise ostentativ nicht anrühren? Würde ich damit dem anschließenden Gespräch über meinen Vortrag nicht von vornherein eine unglückliche Richtung und mich selbst als Ökostreber geben? Und damit meinen Gesprächspartnern gleich Tür und Tor für ihre Argumente gegen meine Ausführungen öffnen? Würde ich also nicht genau die Absicht konterkarieren, weswegen ich diese Einladung angenommen hatte? Würde ich mich, kurz gesagt, zu dem Arsch machen, den eingeladen zu haben nach übereinstimmender Auffassung ein Fehler war? Außerdem sah er echt lecker aus, der Thunfisch. Und tot war er nun schon mal obendrein.

Oder: Wäre die Ablehnung dieser ganz und gar idiotischen Vorspeise nicht eine völlig fraglose Angelegenheit, die überhaupt keiner Überlegung bedurfte, einfach eine Frage der Haltung? Was war denn schließlich mit meiner Glaubwürdigkeit mir selbst gegenüber? Klare Sache: Überzeugung geht vor.

Das liest und denkt sich so einfach, ist aber in der jeweils gegebenen Situation überraschend schwierig, so schwierig, dass man einiges Training braucht, um sich nicht immer wieder in den konfligierenden Argumenten gegen sich selbst zu verheddern und den Weg des geringsten Widerstands zu gehen: Thunfisch.

Ich habe in mehreren Büchern beschrieben, dass die sozialen Bedingungen in einer gegebenen Situation darüber bestimmen, welche Entscheidung jemand trifft, sogar dann, wenn es um die Teilnahme an Massenerschießungen, also um eine Entscheidung zum Töten, geht.[160] Auch solche extremen Entscheidungen werden in der Regel nicht aus Mordlust, Sadismus oder ideologischer Überzeugung getroffen, sondern weil man Teil einer Gruppe ist, die eine Aufgabe zu bewältigen hat. Würde man sich anders entscheiden, würde man Solidaritäts- und Loyalitätsverpflichtungen verletzen – und die sind in einer konkreten Gruppensituation für den Einzelnen viel verbindlicher als moralische Überzeugungen.

Dasselbe gilt für Gewalthandeln im Krieg. Unter derselben Handlungsbedingung, etwa ein Dorf einzunehmen, handeln alle Soldaten der Sache nach gleich – egal, welchen Bildungshintergrund und Rang sie haben, aus welcher Gegend sie stammen oder was sie sonst an Biographie mitgebracht haben.[161] Und Überzeugungen spielen, wie sozialpsychologische Konformitätsexperimente ausnahmslos zeigen, nur im Ausnahmefall die wichtigste Rolle dafür, welche Entscheidung jemand situativ trifft – viel wichtiger ist es, soziale Normen *nicht* zu verletzen, soziale Anerkennung *nicht* zu riskieren, *gut* vor den anderen *dazustehen*. Das alles ist nicht trivial: Weil Menschen soziale und kooperative Wesen sind, ist Konformität, wie gesagt, viel wahrscheinlicher als Abweichung und in den allermeisten Fällen auch vernünftiger. Anders gesagt: Konformität ist das jederzeit Erwartbare.

Insofern ist der gefühlte soziale Druck, trotz aller gefühlter Dissonanz den verdammten Thunfisch einfach zu essen, enorm. Und vor allem: Die Entscheidung, ihn einfach ohne weiteres Aufheben zu genießen (wenn schon, denn schon!), liegt viel näher, als es nicht zu tun. Denn das Erwartbare fordert keine Erklärung, das Abweichende muss begründet werden. In solchen Situationen sagt man nicht selten sogar die Unwahrheit, um es nicht zu kompliziert zu machen: Eine probate Lösung wäre hier die Behauptung gewesen, Vegetarier zu sein. Schluss. Denn dann ist der Konflikt für alle Beteiligten kategorial abgehakt und im Rahmen der Konvention gelöst: Ja, wenn das so ist …

Viel konfliktträchtiger gestaltet sich dagegen die offene Zurückweisung: »Tut mir leid, ich kann den Thunfisch nicht essen, das steht in Widerspruch zu allem, was ich gerade vorgetragen habe.« Warum? Weil ich mit dieser Wahrheit ja die Entscheidung jedes einzelnen anderen Gastes in Frage stelle, seinen Thunfisch freudig zu verzehren. Und nicht nur das: Ich kritisiere ja indirekt auch noch die unüberlegte Idee, überhaupt Thunfisch als Vorspeise bestellt zu haben, stelle damit die Einladenden bloß und bin in jeglicher Hinsicht asozial: der Partykiller.

Wollen Sie wissen, wie die Situation gelöst wurde? Durch die soziale Kompetenz des Gastgebers, der auf meinen eher vagen Einwand, das könne ich jetzt »eigentlich« nicht essen, sofort meinen Teller nahm und ihn dem Küchenchef mit der Aufforderung zurückgab, mir doch was anderes zu servieren. Durch diese spontane Bündnispartnerschaft wurde die Situation gerettet – man hatte nun sogar Anlass, das Geschehene selbst zum Thema zu machen: Wie verhält man sich eigentlich im Alltag, wenn die eigenen guten Vorsätze in Sachen Nachhaltigkeit auf vielfältige, oft nur scheinbar triviale Widerstände stoßen?

Dieses kleine Beispiel soll lediglich deutlich machen, wie schwer es auch in scheinbar unwichtigen Situationen sein kann, seinen eigenen Handlungsspielraum zu nutzen. Auch wenn es faktisch nach allen rationalen Kriterien *nichts kostet*, seiner eigenen Überzeugung zu folgen, sind die sozialen Kosten dafür oft erstaunlich hoch, und allzu oft eben zu hoch, um sie zu entrichten. Weil es hinsichtlich der sozialen Kosten viel günstiger ist, das Erwartbare zu tun, tun alle in der Regel das Erwartbare, und deshalb geschieht so selten das Unerwartete. Das Problem beginnt ja schon da, wo man nicht *immer wieder* in Restaurants das italienische, französische oder überhaupt auswärtige Mineralwasser zurückweisen will, weil das regelmäßig Erklärungsbedarf mit sich bringt, die Kellner nervt, andere Anwesende womöglich auch. Wieder gilt: Grundsätzlich bedeutet Einverstandensein Entlastung; Nichteinverstandensein bedeutet Belastung, erhöhten Aufwand. Das muss man sich zumuten wollen und können, wenn man seinen Handlungsspielraum tatsächlich nutzen will, um widerständig zu sein.

Vorhin habe ich schon einmal Günther Anders' Begriff der »moralischen Phantasie« erwähnt, jene Phantasie, die man braucht, um den Unterschied zwischen dem, was man herstellen, und dem, was man sich vorstellen kann, zu ermessen. Bezogen auf konkrete Situationen, leistet die moralische Phantasie das Herunterbrechen der Erscheinungsformen unserer fremdversorgten, abstrakten Lebensverhältnisse ins Konkrete: Was hat mein Verhalten mit dem Verschwinden der Thunfische zu tun? Nach Günther Anders besteht *moralische Phantasie* »in dem Versuche, das ›Gefälle‹ zu überwinden, die Kapazität und Elastizität unseres Vorstellens und Fühlens den Größenmaßen unserer eigenen Produkte und dem unabsehbaren Ausmaß dessen, was wir anrichten können, anzumessen; uns also das Vorstellende und Fühlende mit uns als Machenden gleichzuschalten«.[162]

Unterzieht man sich der Mühe nicht, das prometheische Gefälle auszugleichen, das zwischen dem Zerstörungspotential unserer Lebenspraxis und unserem defizitären Vorstellungsvermögen besteht, sieht man nie, was das wirkliche Problem ist. Denn wir *wissen* ja, sind aber so installiert in unserer Komfortzone, dass uns noch die kleinste Bewegung aus ihr heraus nicht bloß als lästig, sondern als ganz und gar unmöglich erscheint. Moralische Phantasie bemüht die vorkonsumistischen Fähigkeiten zur Verantwortung, Gerechtigkeit, Sparsamkeit, Achtsamkeit, die das Leben unbequem machen. Ohne solche Fähigkeiten wird es schwer sein, jenseits der Komfortzone zurechtzukommen. Deshalb muss man sofort beginnen, sich in einer anderen Praxis zu üben. Günher Anders empfiehlt ganz in diesem Sinn »*moralische Streckübungen*«, »*Überdehnungen seiner gewohnten Phantasie- und Gefühlsleistungen*«.

Dieses Bild gefällt mir gut – denn wie bei jedem anderen Training wird man auch durch moralische Streckübungen erstaunlich schnell besser im Nichteinverstandensein. Eine Haltung

Moralische Streckübungen: Geht immer besser.

fällt nicht vom Himmel, sie überkommt einen auch nicht. Man muss sie üben, und man sollte auch dabei eine gewisse Großzügigkeit gegenüber sich selbst haben; zu viel Anstrengung verengt den Blick, und es geht bei diesem Training ja um das Wahrnehmen von Handlungsspielräumen dort, wo andere keine sehen. Das braucht einen offenen Blick.

SICH SELBST ERNST NEHMEN

Ende der 1980er Jahre gab es ein lange Zeit unerklärliches Seehundsterben an der Nordsee. An der dänischen, deutschen und niederländischen Küste fielen etwa zwei Drittel des Bestandes der Epidemie zum Opfer, Tausende Tiere verendeten. Nach einiger Zeit der Ursachensuche wurde bekanntgegeben, es handele sich wahrscheinlich um eine Variante der Hundestaupe, die die

Seehunde dahinraffe. Aha. Klar. Dachte ich. Bis mir nach einigen Tagen einfiel, dass Seehunde keine Hunde sind.[163]

Analogieschlüsse leuchten meist ein, oft auch dann, wenn sie falsch sind. Von einem Sachverhalt auf einen anderen zu schließen ist ein höchst probates Mittel von Orientierung und Analyse; deshalb hat es sich auch als mentale Strategie entwickelt und durchgesetzt. So ein grundsätzlich vorteilhaftes Denken-wie-üblich hat aber auch, wie schon das Beispiel mit den Seehunden zeigt, eine Schattenseite: Es verleitet dazu, lediglich nachzudenken, was im selben oder in anderem Zusammenhang von anderen vorgedacht wurde.

Oft liegen die damit verbundenen Probleme aber tiefer, nämlich dort, wo Denkformate, mentale Infrastrukturen, Referenzrahmen Deutungen von Wirklichkeiten vorgeben, ohne dass überhaupt noch eigene Überlegungen angestellt werden können. Assumptive worlds, kompakte Vorstellungen über das So-Sein der Dinge, formatieren das, was man denkt, bevor überhaupt eine bewusste kognitive Operation eingesetzt hat: Dann wird man gewissermaßen gedacht und denkt nicht selbst.

Ich habe zum Beispiel lange Zeit gedacht, dass die entsetzlichen Schlecker-Läden ihre Waren billiger anbieten würden als andere Drogeriemärkte, weil sie so schäbig und niederträchtig daherkamen. Dass sie in Wahrheit ihre Artikel teurer verkauften als die Konkurrenz, hat mich gekränkt, als ich es irgendwo gelesen habe. So einfach wird man reingelegt. Schlecker hat einfach eine geläufige Assoziation zwischen »schäbig« und »billig« in Anspruch genommen, wie sie seit der Erfindung von ALDI zur Konsumlandschaft gehört.

Nun stellt es evolutionär betrachtet eine enorme Entlastung dar, dass die allermeisten Grundlagen unserer Orientierungen, Auffassungen, Meinungen usw. sozial voreingestellt sind, weshalb man vieles gar nicht selbst zu denken braucht. Referenzrahmen, kulturelle Bindungen, Stereotype, aber auch so etwas wie herrschende Meinungen, unbefragte Wahrheiten erleichtern zwar die Orientierung, schränken aber die Möglichkeiten ein, sich denkend vom Vorgegebenen zu distanzieren, ein eigenes Verhältnis dazu zu entwickeln. Daher gehört es unbedingt zum gymnastischen Programm der moralischen Streckübungen, sich in der Frage zu trainieren, ob es nicht gegebenenfalls noch etwas selbst zu dem zu denken gibt, was die herrschenden Gedanken über eine Sache sind.

Fällt das Schlecker-Beispiel noch in den Bereich individueller, aber politisch folgenloser Denkschwäche, ist ein anderes Beispiel folgenreich: Gewöhnlich werden Grenzzäune wie der, der die USA von Mexiko trennt, als »unüberwindlich« bezeichnet, besonders dann, wenn man auf ihre Unmenschlichkeit hinweisen will und Belege zitiert, dass die Grenzsicherung immer weiter aufgerüstet wird. So wurden etwa die US-amerikanischen Grenzpatrouillen in den vergangenen zwei Jahrzehnten mehr als verdoppelt, die Grenze streckenweise durch Zäune und Mauern gesichert, vornehmlich an Hauptverkehrsadern und in der Nähe von Städten, wo man nach einem illegalen Grenzübertritt schnell in der Menge untertauchen kann. Im Spätsommer 2006 wurde zum Beispiel eine dreifache, viereinhalb Meter hohe Mauer aus Stahl um die vielgenutzte Verbindungsstraße zwischen San Diego und Tijuana fertiggestellt. Ähnliche Anlagen gibt es in Arizona und Texas.[164] Jedes Jahr sterben mehrere hundert Menschen bei dem Versuch, über die Grenze aus Mexiko illegal in die USA einzuwandern.[165]

Aber das, was dann als »unüberwindlich« und »abgeriegelt« scheint, ist tatsächlich gerade nur so unüberwindlich und verriegelt, dass es gefährlich, aber eben nicht unmöglich ist, über die Grenze zu kommen. Das gelingt ja jedes Jahr auch zigtausend Personen. In Deutschland gibt es eine tiefe historische Erfahrung mit einer tatsächlich unüberwindlichen Grenze: Über die Mauer kam wirklich fast niemand, und viele starben dabei, es zu versuchen. Es gibt mithin keinen technischen Grund, dass Grenzen heute *überwindlich* sind – was übrigens auch für die europäischen Außengrenzen gilt, die immer besser, aber ebenfalls nicht ganz, durch die Agentur Frontex abgeriegelt werden.¹⁶⁶ Wohl aber gibt es einen sozialen Grund für die Durchlässigkeit der Grenzen: Man braucht eine hinreichend große Zahl rechtloser illegaler Arbeitskräfte, die unter ständiger Abschiebedrohung ohne Arbeitsschutz zu schlechtester Entlohnung die Arbeiten verrichten, die niemand anderes mehr machen will. In der sozialen Schichtung nehmen diese Flüchtlinge in den reichen Gesellschaften die Rolle derjenigen ein, die hierarchisch noch unterhalb der »labouring poor« stehen, also jenen, die zwar arbeiten, aber damit kaum mehr ihren Lebensunterhalt sichern können. Die Flüchtlinge haben keinen sozialrechtlichen Status, es gibt sie eigentlich gar nicht. Gerade deshalb spielen sie auf den informellen Arbeitsmärkten in Europa und in den USA eine wichtige Rolle. Es ist mir peinlich, die repressive Funktion der kalkuliert durchlässigen Grenze übersehen zu haben, als ich die »Klimakriege« geschrieben habe, und auf die Fiktion der »unüberwindlichen« Grenzen hereingefallen zu sein.¹⁶⁷

Ein weiteres Beispiel: Muhammad Yunus, Professor für ländliche Wirtschaftsentwicklung an der Universität von Chittagong in Bangladesh, ist der Erfinder der Mikrokredite, die an Arme, insbesondere Frauen gegeben werden, damit diese sich mit einem kleinen Geschäft – einer Näherei, einem Teeausschank, einem fahrenden Handel – selbständig machen und aus der Armut befreien können. Die Idee basiert darauf, dass es oft nur eines kleinen Betrages bedarf, damit jemand sich eine Existenz aufbauen kann, dieser Betrag aber von normalen Banken niemals an Arme ausgeliehen wird, weil die keine Sicherheiten dagegen stellen können. Yunus entwickelte seine Idee des sozialen Unternehmertums in den 1970er Jahren und gründete 1983 die »Grameen Bank«, die systematisch kleine Geldbeträge zum Zweck der Mikro-Unternehmensgründung an Arme auszuleihen begann. Inzwischen haben in Bangladesh etwa zwanzig Prozent der Bevölkerung einen oder mehrere Mikrokredite, weltweit sind rund 60 Milliarden Dollar an Mikrokrediten im Umlauf, und es gibt 70 000 Organisationen, die solche Kredite vergeben.[168] Das kann man als globale Erfolgsgeschichte bezeichnen, 2006 wurde Muhammad Yunus mit dem Friedensnobelpreis ausgezeichnet, und natürlich hat er auch eine Menge anderer Preise für seine Idee und ihre Umsetzung bekommen.

Soweit die schöne Seite dieser sozialen Innovation. Eine der nicht so schönen ist, dass die Jahreszinsen für die Mikrokredite bei zwanzig (Grameen Bank) bis vierzig Prozent bei anderen Anbietern liegen, eine weitere, dass die meisten der neu ins Leben gerufenen Geschäfte nicht laufen. Besonders in Ländern, in denen wie in Bangladesh die Hälfte der Bevölkerung unter der Armutsgrenze lebt, ist der Bedarf nach *mehr* Konsumgütern und *mehr* Dienstleistungen gering. Studien zufolge profitieren gerade mal fünf Prozent der Kreditnehmer von der Selbständigkeit, die Hälfte konnte ihren Lebensstandard nicht verbessern, aber für 45 Prozent hat er sich erheblich verschlechtert.[169] Das ist kein Wunder, denn die Zinseneintreiber verlangen ihr Geld, egal, ob die Geschäfte gut oder schlecht laufen, ob es ein Unwetter, eine Überschwemmung oder eine andere der allfälligen Katastrophen gegeben hat, die die Ware zerstören oder auch das ganze Absatzgebiet. Viele Arme werden durch ihre Zinslast noch weiter ins Elend getrieben, als es ohne Yunus' Beglückung ohnehin schon der Fall gewesen wäre.

Trotz der mittlerweile sichtbaren Folgen, die auch den Ruf des Friedensnobelpreisträgers in Mitleidenschaft gezogen haben, breiten sich Mikrokredite global weiter aus. Ähnlich wie in den Beispielen zuvor werden Assoziationen (Armut – Geld – Selbsthilfe – Befreiung) verknüpft, die davon absehen lassen, das hier ein erprobtes Geschäftsmodell der Finanzindustrie als Möglichkeit verkauft wird, Menschen aus der Armut zu befreien. Dass Banken Kredite vergeben, hat sich immer gerechnet, so auch hier. Insofern macht das Modell für die Kreditgeber von vornherein Sinn, wie in anderen Fällen gilt das aber nicht zwingend für die Kreditnehmer. Doch die perfide Logik der Mikrokreditvergabe geht noch tiefer: Die »unterste Milliarde« (Paul Collier), jener elende Teil der Menschheit, den noch kein

Millenniumsziel und kein globales Wirtschaftswachstum aus der Not befreit und der pro Kopf weniger als einen Dollar am Tag zur Verfügung hat, ist mangels Kaufkraft als Marktteilnehmer ein Totalausfall. Wenn ein Siebtel der Menschheit der globalen Ausbreitung der Marktwirtschaft auf diese Weise im Wege steht, liegt die Frage nahe, wie man die Armen zu Marktakteuren machen kann. Man gibt ihnen Geld, ganz einfach. Der Denkfehler, der mich diese Idee zunächst gut finden ließ, ist durch die sozialen Girlanden verursacht, die um dieses Business gerankt sind und die von der Frage ablenken, was es für die Betroffenen eigentlich bedeutet, nicht mehr nur arm, sondern nun auch noch verschuldet zu sein. Kathrin Hartmann, die eine wütende Reportage über das Unwesen der Mikrokredite geschrieben hat, zitiert in diesem Zusammenhang den amerikanischen Entwicklungsexperten Thomas Dichter: »Niemand von uns möchte Schulden haben. Warum also denken wir, ausgerechnet Arme hätten lieber Schulden als wir?«[170] Und: »Die wenigsten von uns können und wollen Unternehmer sein. Warum glauben wir, dass das ausgerechnet die Ärmsten können sollen?«[171]

In der Tat: Selbst denken wäre hier hilfreich gewesen. Nicht zu sehen, dass durch die Erfindung eines solchen Systems Abhängigkeiten geschaffen werden, die zuvor nicht bestanden haben, und damit lokale Resilienz zu zerstören, die gerade nicht monetarisierbar war, das nenne ich: unter den eigenen intellektuellen Möglichkeiten bleiben, sich denken lassen. Ausgerechnet bei einer so leicht durchschaubaren Angelegenheit. Merke: Soziale Veränderungen, bei denen niemandem etwas weggenommen wird, wo kein Privilegierter etwas abgeben muss, die ohne Umverteilung auskommen, denen jeder Außenstehende Beifall klatscht, können keine sein. Irgendjemand wird dann mit Sicherheit betrogen.

Besser wird das alles nicht, wenn ich dann auch noch zugeben muss, auf einen maßstäblich ganz anderen, strukturell aber vergleichbaren Schwindel selbst hereingefallen zu sein. Ich habe eine private Rentenversicherung abgeschlossen, obwohl mir klar war, dass die Rede von der Überforderung der staatlichen Rentenkassen zum neoliberalen Dauercrescendo gehört, dass der Sozialstaat zu entschlacken und demgemäß von öffentlicher auf private Vorsorge umzustellen sei. Selbst im Wissen darum, was all die Riester- und Rürup-Renten eigentlich sollen, schien es mir doch klüger, das Spiel opportunistisch mitzuspielen, um nicht, so das Schreckensszenario, im Alter dumm dazustehen, da die staatliche Rente mir ja in zwanzig Jahren wohl kaum einen dauerhaft verlängerten Aufenthalt in der Komfortzone gestatten würde. Dass ich mit meinem privaten Rentenversicherungsvertrag wie Millionen anderer Nichtdenker Kapital an Finanzmarktakteure leite, die damit genau das anstellen, wogegen ich kämpfe, ist das eine: dumm. Dass ich nun, infolge der nicht realisierbaren Zugewinnversprechen der privaten Versicherer durch die sogenannte Finanzkrise wesentlich weniger zurückkriegen werde, als ich eingezahlt habe, ist das andere: die gerechte Strafe für solche Dummheit. Persönlich dazu beizutragen, dass sich entsolidarisierende Strategien zuungunsten des Sozialstaats durchsetzen, heißt: mit dem Falschen einverstanden sein.

Das geht schon weit über die repressive Toleranz[172] hinaus, die ich den mehr als fragwürdigen Strategien eines Muhammad Yunus gegenüber an den Tag gelegt habe. Es ist aktive Mittäterschaft am Falschen; tröstlich, dass es mir wenigstens zum eigenen Schaden gereicht. Die Liste meiner eigenen Denkversäumnisse ließe sich beliebig fortsetzen; nicht wenige davon sind, wie beim letzten Beispiel, folgenreich. Man kann sie also nicht achselzuckend abtun, sondern muss sie ernst nehmen, wenn man sich selbst ernst nehmen möchte.

Tatsächlich ist es genau das, was ich in den letzten Jahren wieder versucht habe. Wenn man Dinge wider besseres Wissen macht, bleibt man ja in der Tat unter seinen Möglichkeiten. Die genannten Beispiele sind auch deshalb bitter, weil ich als Sozial- und Kulturwissenschaftler ja auch noch dazu ausgebildet worden bin, vernünftige Analysen anzustellen. Aber es gibt Formen von Intelligenz, die von Dummheit nicht zu unterscheiden sind. Wie oft habe ich Komplexitätsbehauptungen geglaubt, obwohl die Dinge ganz einfach lagen. Zum Beispiel die Mitteilung, die Finanzmarktinstrumente, all die Derivate und Hebelmechanismen, die irgendwann erfunden wurden, machten das Geschehen am Finanzmarkt zu komplex, als dass da noch jemand durchsteige.

Das ist natürlich pure Ideologie. Man braucht keinerlei Wissen über den alchemistischen oder betrügerischen Charakter einzelner sogenannter Finanzmarktprodukte, um zu begreifen, dass seit 2008 ein gigantischer Umverteilungsprozess im Gang ist, der öffentliches Vermögen in privates transformiert. Und dass die seither im Kern identische Personengruppe der »Euroretter« diesen Umverteilungsprozess ständig befeuert, indem sie mehr Geld in den Topf fließen lässt, gegen den dann folgerichtig desto intensiver spekuliert wird. Dass die mächtigsten Finanzmarktakteure der Welt mehr Kapital aktivieren können als selbst große Volkswirtschaften, hatte vor zwanzig Jahren der bigotte Wohltäter George Soros demonstriert, als er erfolgreich gegen das britische Pfund spekulierte, das seinerzeit um 25 Prozent gegenüber dem Dollar abgewertet werden musste. Dasselbe Prinzip ist gegen den Euro wirksam, wobei hier der Vorteil dazukommt, dass die Euroländer, die pleite sind, *nicht* abwerten können, weil sie ja an der gemeinsamen Währung hängen und diese an ihnen. Das ist alles andere als kompliziert. Es ist ein kalkulierter Raubzug, nicht einmal verdeckt, wie die obszönen »Bankenrettungen« im Zuge der vorgeblichen »Eurorettung« zeigen. Ebenso unkompliziert stellt sich der Sachverhalt dar, dass sich die Banken für weniger als ein Prozent Zinsen Geld bei der EZB leihen können, um mit sechs Prozent verzinste Anleihen europäischer Staaten kaufen zu können. Dass das ein gutes Geschäft auf Kosten der Allgemeinheit ist, versteht jedes Kind.

Die Komplexitätsbehauptung camoufliert lediglich den antisozialen Umverteilungsprozess, bei dem gleich auch noch parlamentarische Verfahrensregeln ausgehebelt werden, und sorgt dafür, dass die Proteste gegen den Raubzug ausbleiben. Übrigens auch vonseiten der Wissenschaft. Die Einzigen, die hier kommentierend auftreten, sind die Brandstifter selbst: die Ökonomen, die Vertreter der einzigen wissenschaftlichen Disziplin, die ihre Daseinsberechtigung daraus bezieht, hinterher zu sagen, warum sie sich vorher geirrt hat.

Aber: Warum finde ich es attraktiv, mich durch den einen oder anderen Einwand, das sei nun aber alles doch nicht so einfach, wie ich es mir vorstelle, verunsichern zu lassen? Warum gefällt mir das Einverständnis mit der offensichtlich falschen Auffassung fast aller anderen besser als der Dissens? Weil das Eingeständnis, etwas sei zu komplex, um es zu verstehen, konsequenzlos ist: So ist es nun mal, man kann nichts machen.

Dagegen muss man die provisorische Entwicklung eigener Gedanken gegen zum Teil gut erprobte Argumente verteidigen, man kann widerlegt oder für doof gehalten werden, Reputation verlieren, kurz: Der Dissens kostet viel mehr als das Einverständnis, er strengt auch an. Selbstdenken hat Aufforderungscharakter gegen sich selbst. Man kann nicht *bequem* eigener Meinung sein, es sei denn, sie wäre identisch mit der aller anderen.

POLITIK UND GESCHICHTE

Aber genau hier fängt das Politische an: mit dem Nichteinverstandensein, das zwei Konsequenzen nach sich zieht. Erstens: Man muss weiter denken, wenn man sich erlaubt hat, selbst zu denken. Zweitens: Es wird unbequem. Aber: Habe ich Adorno, Arendt, Elias, Foucault, Goffman, Habermas, Mead und Marx und noch reichlich mehr gelesen und an Studierende weiterzugeben versucht, um es bequem zu haben? Oder war aus dem Privileg, studiert und gelehrt haben zu dürfen, nicht vielmehr die Verpflichtung abzuleiten, zu versuchen, die Welt nicht nur besser zu verstehen, sondern auch besser zu machen? Ungefähr so wie im letzten Satz habe ich als Oberstufenschüler gedacht und auch noch als Student. Später nicht mehr. Da half mir meine zertifizierte wissenschaftliche Reflexionsfähigkeit, das soziale und politische Geschehen so komplex zu finden, dass einfache Gedanken nie in Konsequenzen münden konnten. Der intellektuell aufgerüstete Durchblick erlaubte es mir, unpolitisch zu werden, genauso wie den meisten meiner akademisch hochdekorierten Kolleginnen und Kollegen.

Wissen kann durchaus als Denkhindernis wirken: Man kann so viel wissen oder sich auf so hohem Reflexionsniveau aufhalten, dass man unfähig wird, die Wissensbestände noch zu sortieren und, vor allem, auf etwas zu beziehen. (Die Kontrollfrage ist immer: Was weiß ich, wenn ich das weiß? Viele Geisteswissenschaftler, und besonders angehende, haben Schwierigkeiten, auf diese Frage zu antworten. In der Regel finden sie sie ziemlich überraschend.) Aber das Phänomen ungebundenen Wissens beschränkt sich keineswegs auf den akademischen Betrieb – hier führt er nur zu einer Form von Berufsunfähigkeit, die nicht weiter auffällt.

Spätestens mit dem auf Mausklick hin verfügbaren kompletten Weltwissen ist die Unterscheidung generell schwierig geworden, was man mit welchem Wissensbestand warum anfangen soll. Eine Information scheint so gut oder so schlecht wie die andere, und es wird gleichgültig, ob die eine auf jahrelanger universitärer Forschung basiert, das heißt auf einem kodifizierten Weg der Wissenserzeugung, und die andere auf irgendetwas privat Drauflosgedachtem. Im Internet werden alle Informationen tendenziell gleichwertig, verlieren das qualitative Gefälle, das eigentlich zwischen ihnen besteht. Die unvorstellbare Daten- und Informationsflut, die alles Wissen der Welt von einem beliebigen Smartphone aus abrufbar macht, führt keineswegs in die Wissensgesellschaft, sondern allenfalls in die Wissenskonsumgesellschaft. Und damit in eine Art Wissensentropie, in der

Wichtiges und Unwichtiges, Fundiertes und Hanebüchenes ununterscheidbar ineinanderfließen und Wissen herkunfts- und geschichtslos wird.

Mir geht es dabei nicht um das übliche kulturkritische Lamento, dass Schülerinnen, Schüler und Studierende früher mehr und so weiter, denn die Externalisierung von Gedächtnisinhalten jeder Art gehört zur kulturellen Evolution der Menschen, seit sie Symbole gebrauchen. Dieses Auslagern von Wissen reicht vom Markieren eines Nahrungsverstecks bis zum Internet, und die Entwicklung der intellektuellen Kapazität des menschlichen Gehirns ist von der Entwicklung und Ausweitung der externen Gedächtnisspeicher gar nicht zu trennen – denn die Hardware des Gehirns änderte sich ja über die letzten 200 000 Jahre nicht, wohl aber seine Speicher- und Distributionskapazität. Wie jeder externe Gedächtnisspeicher funktioniert auch das Internet nur so gut oder schlecht, wie die Selektionsmechanismen des Abrufs arbeiten: Einem muss klar sein, was er warum wissen will, ansonsten interferieren die Informationen und Daten lediglich und bilden beliebige Muster – so wie eine beliebige Google-Anfrage zunächst mal unterschiedslosen informationellen Müll liefert.

Der gelingende Abruf von Dingen, die man im individuellen Gedächtnis gespeichert hat, beruht übrigens darauf, dass andere Gedächtnisinhalte *blockiert* werden, wenn ich nach einem bestimmten Namen, Zitat oder nach einer Telefonnummer suche. Da das menschliche Gedächtnis ein assoziatives System ist, das ähnliche synaptische Verknüpfungen durchmustert, um die »richtige« Erinnerung aufzufinden, braucht es Hemmungen für die Muster, die mit dem richtigen Abruf interferieren würde: Gedächtnis beruht also auf gelingender Blockierung von fast allem, was man gespeichert hat, nicht auf freiem Zugriff und Abruf.[173] Der russische Psychologe Alexander Luria hat den Fall des Gedächtniskünstlers Schereschewskij[174] geschildert, dessen Problem darin bestand, sich eben *alles* merken zu können. Auf Varieté-Veranstaltungen kam es gut an, wenn er sich die längsten Zahlenfolgen oder Formeln auf Zuruf fehlerfrei merken konnte, aber für die Bewältigung des Alltags war sein totales Gedächtnis sehr hinderlich: weil ihn in jeder Situation alle möglichen Gedächtnisbestände bestürmten und ihn daran hinderten, die Erinnerung auszuwählen, die er tatsächlich brauchte. Um den Horror eines totalen Gedächtnisses abschätzen zu können, stellen Sie sich eine Beziehung vor, in der keiner der Beteiligten jemals etwas vergisst und in jedem Konflikt das Gesamt aller bislang begangenen Verfehlungen präsent ist. Ein totales Gedächtnis, heißt es in Chris Markers »Sans Soleil«,[175] ist ein anästhesiertes Gedächtnis: Es weiß alles, kann aber keinen Gebrauch davon machen.

Und noch eine Analogie zum individuellen Gedächtnis ist in diesem Zusammenhang interessant. In der Gedächtnisforschung unterscheidet man die folgenden fünf Gedächtnissystem:

Das *prozedurale Gedächtnis* steht für (meist motorisch ausgeführte) Fertigkeiten, *Priming* für die Wiedererkennung zuvor unbewusst wahrgenommener Reize. Das *perzeptuelle Gedächtnis* prüft die Bekanntheit mit einem physikalischen oder sozialen Objekt. Diese drei Gedächtnissysteme sind nondeklarativ, sie funktionieren ohne bewussten Zugriff. Anders das *Wissens-*

Einteilung des Langzeitgedächtnisses in fünf Systeme.

system, das aktiviert wird, wenn man nach (kontextfreien) Fakten sucht, und das *episodische Gedächtnis* für kontextbezogene Erinnerungen, die eine mentale Zeitreise erlauben und die an das Selbst und an autonoetisches Bewusstsein gebunden sind. Autonoetisch bedeutet: Wenn ich das Wissenssystem aktiviere oder nach einem Ereignis in meiner Lebensgeschichte suche, erinnere ich mich nicht nur, sondern ich erinnere mich auch, dass ich mich gerade erinnere. Das können nur Menschen, andere Lebewesen nicht. Dabei entspricht das Wissenssystem, also die Gesamtheit der Informationen, die ich abrufen kann, dem Weltwissen, wie es das Internet liefert: Im Unterschied zu der autobiographischen Erinnerung an eine Reise nach Rom, die an den Kontext der Zeit, der handelnden Personen usw. gebunden ist, ist das Wissen, dass Rom die Hauptstadt Italiens ist, kontextfrei: Weder weiß man, wann und unter welchen Umständen man das gelernt hat, noch verbindet sich damit irgendeine Emotion. Oft weiß man nicht einmal, dass man das weiß – bis es, wie bei einer Quiz-Show, abgerufen wird und glücklich verfügbar ist.

Welcher Wissensbestand warum bedeutsam ist, entscheidet sich also nicht auf der Ebene des Wissenssystems; ihm ist jeder Inhalt gleichgültig. Das gilt genauso für jedes Speichermedium, und natürlich auch – und wegen seiner unbegrenzten Kapazität besonders – für das Internet. Die Bedeutung einer Information entscheidet sich nicht auf der Ebene des Mediums, das sie speichert, weshalb es auch bei der Nutzung des gigantischen Speichers Internet einzig und allen auf den kulturellen Gebrauch ankommt, der für die Selektion des Wissens notwendig ist. Dafür ist eben der Kontext entscheidend: Auf welcher Basis ist dieses Wissen entstanden, wozu wird es gebraucht etc.?

Und jetzt kommt das entscheidende Problem. In so gut wie allen Bereichen herrscht in unserem Kulturmodell das Prinzip der Fremdversorgung: Alles wird bereitgestellt, ohne dass man auch nur entfernt einen Überblick über die zugrundeliegende Wertschöpfungskette, die Transportaufwände, den Arbeitsaufwand usw. hätte. Dies alles erscheint nicht in dem Produkt, das man gekauft hat. Das gilt strukturell gleichermaßen für ein T-Shirt wie für ein Huhn im Gefrierregal des Supermarkts wie für das »Samsung Galaxy S III«: Keinem dieser Produkte ist abzulesen, welchen Aufwands es bedurfte, um es herstellen und beim Konsumenten ankommen zu lassen. Diese Abstraktion, die die komplette Geschichte des Produkts von seiner Funktion als Ware abtrennt, kennzeichnet so gut wie alle Daseinsbereiche in modernen Gesellschaften. Wo der Strom erzeugt wird, der aus der Steckdose kommt, ist genauso abstrakt wie die Herkunft des Tetrapaks, das das Gefäß für die irgendwo von irgendwem hergestellte Sojamilch abgibt. Das Prinzip der Fremdversorgung bildet die Benutzeroberfläche einer rechenschaftslosen Welt, in der es keine Verbindung zwischen Produktion und Konsumtion gibt, außer jener, die das Geld stiftet, mit dem das Produkt bezahlt wird. Aber Geld ist seinerseits eine Abstraktion.

Fremdversorgungsketten sorgen für die geringe Resilienz und die hohe Verletzlichkeit moderner Gesellschaften und damit für die ausgeprägte Angst, dass bloß nicht irgendetwas ausfällt. Aber mehr noch: Sie verdunkeln den grundlegenden Sachverhalt, dass auch moderne Menschen in einem Stoffwechsel mit der Natur existieren. Exakt das ist es, was allen Bemühungen um die Schaffung eines Nachhaltigkeitsbewusstseins den Charakter einer Re-Education verleiht – so wie man Kinder auf Bauernhöfe schickt, damit sie die überraschende und für die meisten eher abstoßende Erfahrung machen, dass Milch aus Kühen kommt. Aber eigentlich müssen Kinder das gar nicht wissen: Denn eine Kultur des ALLES IMMER muss notwendig eine Kultur der Fremdversorgung sein; kein Pankower Schrebergärtner kann eine Mango oder eine Ananas auf seiner Parzelle ziehen, kein Freizeitangler ein Pangasiusfilet fangen (falls das überhaupt jemals ein Fisch gewesen ist).

Dasselbe ist nun mit dem Wissen geschehen: In seiner jederzeitigen allumfassenden Verfügbarkeit verschwindet seine Genese genauso wie seine Herkunft. Weder muss man es gelernt oder sich selbst erarbeitet haben, noch muss man wissen, wie es zustande gekommen ist. Solches Wissen ist, wie die Inhalte des Wissenssystems, kontextfrei, geschichtslos; eine Information ist so gut wie die andere. Damit ergibt sich eine Übertragung des Prinzips der Fremdversorgung auf die intellektuelle Ebene: das bequeme Abrufen von andernorts Bereitgestelltem. Vor diesem Hintergrund erschließt sich einmal mehr die Katastrophe der Reform des deutschen Schul- und Universitätssystems, deren wesentliches Ergebnis ja die Verwandlung von Bildung in Information und damit die Entkoppelung von Wissen und Denken ist. Oder auch die Entpolitisierungswirkung der Talkshows, in denen immer eine Meinung auf eine gegenteilige treffen muss, womit fälschlicherweise unterstellt wird, beide seien gleich viel wert. Geschichtslosigkeit und Kontextfreiheit sind die Merkmale intellektueller Fremdversorgung; mit solchem Wissen denkt man nicht, sondern man wird von ihm gedacht.

Auch das muss in Rechnung gestellt werden, wenn man das Projekt einer Selbstaufklärung im 21. Jahrhundert verfolgen möchte: Bei der Aufforderung, sich seines eigenen Verstandes zu bedienen, ist ja längst nicht mehr klar, was das eigentlich ist und wem er gehört, der eigene Verstand. Kant formulierte sein Programm in einer Welt, in der in Deutschland pro Jahr ca. 2600 Bücher erschienen, wo 7000 Menschen eine Universität besuchten, wo 80 Prozent Analphabeten waren,[176] wo die Staatsform absolutistisch war und das Wissensregime keineswegs demokratisch. Die Menge an Gewusstem, Wissbarem und Denkbarem war viel kleiner als heute, da brauchte man nicht so viel Unterscheidungsvermögen. Heute ist es umgekehrt: Was jeder weiß, ist uferlos, ganz zu schweigen davon, was jeder wissen kann, wenn er will. Wissen ist in Zeiten des Internets eine weitestgehend egalitäre Angelegenheit, ganz anders als zu der Zeit Kants, in der soziale Unterschiede die Wissenszugänge bahnten und regulierten. Aber das Unterscheidungsvermögen fällt weit geringer aus als seinerzeit, so dass alle fast alles wissen, aber ziemlich wenig damit anfangen können – jedenfalls wenig, was helfen würde, sich seines Verstandes zu bedienen.

Selbst denken hat heute fundamental andere Voraussetzungen als vor 230 Jahren: Musste es sich damals aus der allumfassenden Verklammerung mit einer traditionalen Ordnung und Praxis befreien, muss es sich heute von der Unterschiedslosigkeit alles Verfügbaren emanzipieren. Das kann es aber nur, wenn es sich auf etwas bezieht: auf eine Vorstellung, wie man leben möchte, wie die Welt eingerichtet sein sollte. Ohne eine wie auch immer gestaltete Vorstellung von einem wünschenswerten und erreichbaren Zustand lässt sich überhaupt kein Unterscheidungskriterium entwickeln, welchen Wissensbestand, welche Technik, welches Vermögen man braucht, um sich in die vorgestellte Zukunft hineinzubewegen. Nur in einem Vorstellungshorizont, der von der schieren Gegenwart begrenzt ist, kann ein Gedanke, eine Information, eine Strategie so gut sein wie eine andere, erst unter der radikalen Diktatur der Gegenwart kann es überhaupt nur so etwas wie Alternativlosigkeit geben. Es ist die Zukunft, die die Kriterien bestimmt, nach der in einer Gegenwart zu handeln ist, und da wir wissen, dass wir diese Zukunft nicht mit Expansion meistern werden, hätten wir schon mal ein Kriterium für das, was wir nicht mehr gebrauchen und aus dem Möglichkeitsraum aussortieren können. Und positiv können wir das Sortiment des Verfügbaren danach betrachten, was wir für den Weg in die reduktive Moderne nutzen und verwenden können. Und natürlich noch erfinden müssen.

Dabei ist es ein großer Vorteil, dass wir gar kein fertiges Wissen haben, wie man aus der Kultur der expansiven in jene der nachhaltigen Moderne kommt. Ein solches Wissen muss erst entstehen und erarbeitet werden. Das freilich kann nicht im Modus intellektueller Fremdversorgung geschehen, denn das notwendige Wissen existiert nicht und kann daher auch nicht abgerufen werden. Aber es gibt Formen von Praxis, in denen solches Wissen geschöpft wird und die so etwas wie eine Alphabetisierung in Sachen Zukunftsfähigkeit begonnen haben.

Eingangs wurde dargestellt, dass es ohnehin eine falsche Vorstellung ist, dass man vom Wissen zum Handeln kommen könne (vgl. S. 30); der »mind-behavior-gap« hat psychologisch viele Ursachen. Wenn aber die Welt sich wandelt, kann man ohnehin nicht vom Wissen zum Handeln kommen: Die Landkarte der nachhaltigen Moderne lässt sich nicht durch den Satellitenblick von Google-Earth abbilden, sondern muss durch tastende Schritte in eine andere Praxis sukzessive ergangen werden. Das für die nachhaltige Moderne notwendige Wissen entsteht und erprobt sich im Entwerfen, Ausprobieren, Experimentieren, Prüfen, Austauschen, Generalisieren, erneut ansetzen usf.

Selbst denken bewegt sich nicht in den abstrahierten Wissens- und Argumentationsformen intellektueller Fremdversorgung. Die Basis für Erkenntnis in der nachhaltigen Moderne ist so wenig Wikipedia, wie es Meyers Großes Konversationslexikon für die expansive Moderne war. Die Basis für solche Erkenntnis ist die zukunftsbezogene Aneignung von intellektuellen, sozialen und technischen Fähigkeiten, die man *in Zukunft gebrauchen* kann: für einen guten Umgang mit der Welt.

Dieses Ziel, der gute Umgang mit der Welt, lässt sich rational nicht begründen und hat mit Wissen nicht viel zu tun: Es ist ein normatives Ziel, findet seine Begründung also außerwissenschaftlich in Ideen und Vorstellungen vom Glück und in den gegebenen oder herstellbaren Möglichkeiten dazu. Insofern gründet das Wissen, das man auf dem Weg in die nachhaltige Moderne gebrauchen kann, auf anderen Voraussetzungen als auf Daten und Fakten: Es gründet sich auf Hoffnungen, Wünsche, Träume und Gefühle – und auf eine Praxis, die solche Produktivkräfte des Zukünftigen ernster nimmt als alle Technik- und Machbarkeitsphantasien.

Neue Gedanken gründen darauf, dass man auf vorerst unbestimmte Weise einen anderen Zustand erreichen möchte als den der Gegenwart. Deshalb sind gebrauchte Gedanken auch immer so unbefriedigend: Sie sitzen, mit Robert Musil, herum »wie die Klienten im Vorzimmer eines Anwalts, mit dem sie nicht zufrieden sind«.[177]

DIE GEGENGESCHICHTE

Warum habe ich mich im Alter von fünfzehn Jahren ernster genommen als ein paar Jahrzehnte später, und warum war ich damals politischer? Das hat unter anderem damit zu tun, dass die Pubertät auf der Ebene der Gehirnentwicklung eine der vitalsten und reichsten Phasen darstellt: Niemals vorher und hinterher hat man ein schärferes Sensorium für Gerechtigkeit und Ungerechtigkeit, für Wahrhaftigkeit und Lüge, für Klugheit und Dummheit. Dieses scharfe Unterscheidungsvermögen schleift sich ab, je mehr man zu wissen und zu verstehen glaubt, und im Ergebnis fühlt man sich plötzlich mit exakt dem einverstanden, was man damals richtigerweise für falsch hielt und gegen das man anzugehen bereit war. Weil es um etwas ging. Weil nichts egal war. Weil es einem ernst war. »So lag«, schreibt Robert Musil, »in der Jugend das Leben noch wie ein unerschöpflicher Morgen vor ihnen, nach allen Seiten voll von Möglichkeiten und Nichts, und schon am Mittag ist mit einemmal etwas da, das beanspruchen darf, nun ihr Leben zu sein, und das ist im ganzen doch so überraschend, wie wenn eines Tages ein Mensch dasitzt, mit dem man zwanzig Jahre korrespondiert hat, und man hat ihn sich ganz anders vorgestellt. Noch viel sonderbarer aber ist es, dass die meisten Menschen das gar nicht bemerken; sie adoptieren den Mann, der zu ihnen gekommen ist, dessen Leben sich in sie eingelebt hat, seine Erlebnisse erscheinen ihnen jetzt als der Ausdruck ihrer Eigenschaften, und sein Schicksal ist ihr Verdienst oder Unglück. [...] Und sie denken dann nur noch unklar an die Jugend, wo etwas wie eine Gegenkraft in ihnen gewesen ist.«[178]

Insofern war, was man in diesem Alter von sich wollte, meist die Gegengeschichte von dem, was man später geworden ist. Das kann Gesellschaften genauso ergehen wie Individuen: Sie werden ganz anders, als sie sich selbst entworfen hatten, und vergessen dabei, was sie eigentlich hatten sein wollen. Norbert Elias war von der Idee fasziniert, dass man in diesem Sinn auch die Biographie einer Gesellschaft schreiben könne.[179]

Deutschland war in seinem westlichen Teil in den 1960er Jahren ein Land, das über sich ganz vorsichtig die Geschichte zu erzählen begann, dass es sich nach einer ungeheuerlichen historischen Verirrung, deren Folgen durch nichts aus der Welt zu schaffen waren, in eine offene, liberale, demokratische Gesellschaft verwandelt hatte. Sie war ein bisschen wie die Geschichte eines Rekonvaleszenten, der nach einer schweren und verwirrenden Zeit die ersten zaghaften Schritte hin zu einer stabilen Konstitution machte. Ausdruck gab sich diese Geschichte zum Beispiel in der modernen und transparenten Architektur der politischen Repräsentation, in internationalen Kunstausstellungen wie der documenta, in der Literatur und nicht zuletzt in den Modernisierungsschüben der Studenten- und später der Ökobewegung. Diese Geschichte über sich selbst war eine, die davon handelte, wie man anders geworden war als früher; ihr Zukunftshorizont war der demokratische Sozialstaat. Mit dem Mauerfall und der Wiedervereinigung kam ein anderer Ton in diese Geschichte; nun erzählte kein Rekonvaleszent mehr von

Deutschland, rekonvaleszent. Bonn, Kanzlerbungalow, Architekt Sep Ruf, 1963.

seiner Rückkehr in die Normalität, sondern ein Genesener, der sich auf der siegreichen und damit guten Seite der Geschichte befand. Die Statusunsicherheit der Bonner Republik wich der latenten Großkotzigkeit der Berliner Republik; folgerichtig fand das wieder seinen gebauten Ausdruck, nun in Gestalt der Beeindruckungsarchitektur von Kanzleramt und Potsdamer Platz.

Heute hat das Land keine Geschichte mehr über sich zu erzählen, obwohl es dafür genug Elemente gäbe: die Demokratisierung einer ehemaligen Zustimmungsdiktatur, die unerwartbare Wiedervereinigung, der Atomausstieg, die Energiewende. Aber alles steht seltsam unleidenschaftlich in einem mentalen Raum, der von wirtschaftlichen Abstiegsängsten, Zukunftsfurcht und politischer Indifferenz charakterisiert ist. Deutschland scheint, wie allen westeuropäischen Gesellschaften und den USA, die Zukunft abhandengekommen, und entsprechend weiß das Land nicht, was es ist und wo es hinwill. Auch das ist

Deutschland, genesen. Berlin, Kanzleramt, Architekten Axel Schultes und Charlotte Frank, 2001.

ein Ergebnis der Ökonomisierung fast aller Lebensbereiche. Die Kolonisierung des Denkens durch den Neoliberalismus hat das Ökonomische mental in die erste Reihe gerückt und *alles andere für weniger wichtig erklärt.* Kanzlerin Angela Merkel spricht von der »marktkonformen Demokratie«. Genau aus dieser Hypostase heraus wirkt es so bedrohlich, wenn die Ökonomie ins Rutschen gerät: Eine Kultur, die ihr ihre komplette Aufmerksamkeit zuwendet und ihr ganzes Begehren in sie setzt, hat einer Wirtschafts- und Finanzkrise kulturell nichts entgegenzusetzen. Entsprechend dampft ihr Zukunftshorizont in diesem Fall ein auf die Aufrechterhaltung eines immer fragiler werdenden Status quo. Gestaltung wird aufgegeben.

Das ist nicht nur ein ästhetisches Problem, obwohl man heute schon voraussehen kann, dass diese Epoche in einer künftigen Rückschau gar keine Signatur hat: Man baut – in Berlin, in Hannover, in Potsdam – Stadtschlösser auf, die jahrzehntelang verschwunden waren, als habe der Absolutismus mehr über uns zu sagen als die Moderne. Diese Gesellschaft erzählt sich nicht im Futur zwei, weil sie nicht weiß, was sie einmal gewesen sein will. Wenn man aber keine Geschichte über sich selbst erzählen kann, leiten sich politische Entscheidungen nur noch aus der schwankenden Gegenwart und ihren Kontingenzen ab. Politik wird ohne Vorstellung gemacht, welchem künftigen Ziel sie dienen soll, und Entscheidungen müssen »alternativlos« sein, wenn sie keine Bezugspunkte jenseits der schieren Gegenwart haben. Wer keine Zukunft hat, hat übrigens auch keine Vergangenheit, denn Erstere bildet den Bezugspunkt jeder Erinnerung: Deshalb scheint im Präsentismus solcher Unterfangen wie einer »Eurorettung« auch gleichgültig, wie schwer die demokratischen Standards erkämpft waren, die man nun leichtherzig drangibt.

Komisch: Die Gesellschaft, in der ich aufgewachsen bin, hatte eine Geschichte zu erzählen, in die man sich einschreiben, zu der man gehören konnte. Das war zwar eine gebrochene Geschichte, aber eine, die an ein gutes Ende glaubte. Vom Fortschrittsglauben jener Zeit ist heute nur noch Technikvertrauen übriggeblieben, das Zukunftsversprechen hat sich verwandelt in die groteske Figur, getrieben auf der Stelle zu treten. Kein Traum, keine Geschichte.

Ernst Bloch hat in »Erbschaft dieser Zeit«, vor achtzig Jahren, immer wieder davon gesprochen, dass noch viel unabgegoltene Zukunft in der Vergangenheit stecke, und das die »Intentionsinhalte des Vergangenen« genannt: die Wünsche und Hoffnungen, die auch dann bestehen bleiben, wenn die mit ihnen verbundenen Projekte gescheitert sind.[180] Mentalität und Habitus enthalten demgemäß Wunschenergien und Zukünfte, die aus anderen Zeiten stammen als aus der Gegenwart. Bloch hat in »Erbschaft dieser Zeit« eine Archäologie der Wünsche, Träume und Hoffnungen unternommen, um Gegenkräfte und Gegengeschichten sowohl zum Kapitalismus wie zum aufkommenden Faschismus zu sammeln – und sie dort gefunden, wo weder Wissenschaft noch Politik je suchen würden: in Abenteuerromanen, bei Karl May und Robert L. Stevenson, im Exotismus der Jahrmärkte und in den Wunschwelten der Märchen und des Kinos.

So eine Erinnerung daran, wovon man eigentlich geträumt hatte und wer man sein wollte, scheint mir auch hilfreich, wenn man heute nach Lücken und Ritzen in der geheimnislosen Gegenwart des Konsumismus sucht: Man sollte das Wünschen und Träumen als Produktivkräfte des Zukünftigen rehabilitieren, und zwar dringend. Das hat gar nichts Esoterisches, sobald man sich mal anschaut, von wem eigentlich die wesentlichen sozialen Veränderungen der letzten Jahrzehnte ausgegangen sind: Der Siegeszug der erneuerbaren Energien ist weder der Energiewirtschaft noch den Universitäten zu verdanken. Vielmehr war sie die Fortsetzung des Kampfes gegen die Atomenergie mit anderen Mitteln und wurde von praktischen Träumern wie Rolf Disch[181] oder Ursula und Michael Sladek vorangetrieben. Sie haben mit Plus-Energiehäusern, Energiegenossenschaften und steter Penetration des kulturellen Klimas vor Ort eine Energiewende vorausgeträumt, Jahrzehnte, bevor die hochsubventionierte Energiewirtschaft die Erneuerbaren als Zukunftstechnologie entdeckte. Dasselbe gilt für soziale Innovationen wie das Carsharing, das den Paradigmenwechsel vom Besitzen zum Nutzen vorausträumte, während der Autoindustrie für ihre staatlichen Forschungsgelder jahrzehntelang nichts anderes einfiel, als ihre Produkte größer und stärker und unzuverlässiger zu machen.[182] Sowenig Bioenergiedörfer, Mehrgenerationenhäuser oder Bürgersolaranlagen die Erfindung von Verwaltungen oder Ministerien waren, so wenig wurden Gemeinschaftsgärten und der ökologische Landbau von der Agrarwirtschaft oder der Wissenschaft ins Leben gerufen. Die erfolgreichen Schulprojekte der Gegenwart entstanden nicht in Think Tanks und in der Kulturbürokratie, sondern wurden von hartnäckigen Menschen durchgesetzt, die Schule nicht als Anstalten zur Erzeugung von Angst und Wettbewerb, sondern als Orte begriffen, die Freiräume für das eröffnen, was Kinder ganz von selbst wollen: lernen.[183]

So betrachtet sind all die mit Forschungsgeldern, Subventionen und Apparaten hochgerüsteten Institutionen ziemlich phantasielos. Vor allem befördern sie eines ganz sicher nicht: die moralische Phantasie. Die braucht eben den Wunsch, dass Dinge anders sein sollten, und den Traum, dass sie anders sein könnten, und nicht Anträge, Zielvereinbarungen und »Exzellenz«. Tatsächlich ist die Geschichte des gesellschaftlichen Fortschritts der letzten Jahrzehnte eine, die von unten geschrieben wurde, und es wäre höchste Zeit, das als Gegengeschichte zum Status quo zu begreifen und genau dort anzusetzen, wenn man sortiert, woher die Wegweiser für den Aufbruch in die nachhaltige Moderne kommen. Desertec, Elektroautos, Smart meters – das sind alles Konzepte, die aus der Welt von gestern kommen und hochskaliert werden zur Gegenwart plus. Sie ergeben keine neue Geschichte, schon gar keine Gegengeschichte zur expansiven Moderne. Die Geschichte der nachhaltigen Moderne wird von jenen geschrieben, die sie erproben, weil sie von ihr träumen.

Noch einmal: Eine solche Gegengeschichte ist vielstimmig, fragmentarisch, ein Mosaik aus unterschiedlichen, gescheiterten und erfolgreichen Entwürfen eines guten Umgangs mit der Welt. Sie ist kein lineares holistisches Programm, kein datenbasierter Masterplan. So etwas funktioniert erstens nicht, ist zweitens blutleer und hat drittens keine Identität. In seiner Aufsatzsammlung »Skepsis in der Moderne« schreibt Odo Marquard über die Notwendigkeit, eine Geschichte über sich selbst erzählen zu können: »Es sind die Kontingenzen, die Zufälle, die sie [die Menschen] zu Geschichten machen. Erst wenn einem geregelten Ablauf oder einer geplanten Handlung ein unvorhergesehenes Widerfahrnis widerfährt, müssen sie – die Geschichten – erzählt werden; denn in der Regel weiß man erst hinterher, ob es eine Geschichte ist. Darum müssen Geschichten – Handlungs-Widerfahrnis-Gemische – erzählt werden. Wir Menschen sind unsere Geschichten; Geschichten muss man erzählen; darum müssen wir Menschen erzählt werden. Wer auf das Erzählen verzichtet, verzichtet auf seine Geschichte. Wer auf seine Geschichten verzichtet, verzichtet auf sich selber: narrare necesse est.«[184] Und jetzt erzählen Sie mal die Geschichte der letzten vier Jahre dieses Landes.

VORBILDER

In unserer bereits erwähnten Studie zu den Helferinnen und Helfern, die im »Dritten Reich« verfolgte Juden unterstützt oder gerettet haben (vgl. S. 224), hat sich gezeigt, dass Helfen ein Lernprozess ist. Sowenig jemand als geborener Helfer auf die Welt kommt, so wenig liegen ja die Situationen vorformatiert vor, in denen man Hilfe zu organisieren und erfolgreich zu leisten hat. Da die Ausgrenzung, Entrechtung, Verfolgung und Vernichtung der Juden keinen Masterplan hatte, gab es auch kein vorliegendes Instrumentarium, mit dem man hätte Widerstand leisten können. Bevor eine Situation eintritt, in der jemand seinen Keller, seinen Schrebergarten, sein Büro oder sein Hinterzimmer als Unterschlupf zur Verfügung stellt, denkt ja niemand darüber nach, dass diese Orte Verstecke sein könnten. Das ergibt sich erst durch die Situation, auf die man nicht vorbereitet ist. Genauso wenig denkt jemand vorher darüber nach, was alles erforderlich ist, wenn man eine Person erfolgreich verstecken will. Unter Kriegsbedingungen gibt es Lebensmittel nur auf Marken – wie bekommt man dann Brot oder Milch für Personen, die es offiziell gar nicht gibt? Wie und wo bekommt man einen Arzt oder Medikamente, wenn jemand krank wird, was macht man mit der Leiche, wenn jemand stirbt?

Ruth Andreas-Friedrich, eine Helferin, trägt am 4. 2. 1944 das Folgende in ihr Tagebuch ein: »Was tut man, wenn ein Mensch, den man in seiner Wohnung verbirgt, eines Tages unvermutet am Herzschlag stirbt? Soll man ihn im Ofen verbrennen? In Rauch auflösen? Durch den Schornstein hinausblasen? Was macht man mit einer Leiche, die nicht gemeldet ist? ›Wir haben sie in unseren Waschkorb gelegt, mit Leintüchern bedeckt und nachts aus dem Haus getragen‹, vertrauen uns Bekannte an, die in solche Verlegenheit gerieten. ›Im Tiergarten haben wir sie rausgeholt und auf eine Bank gesetzt.‹ Sie lächeln. Sie sind nicht froh über diese Lösung. Sie haben keine Übung darin, zwischen drei und vier Uhr morgens Leichen aus dem Haus zu schmuggeln und Tote auf einsame Parkbänke zu setzen.«[185]

Wenn Kinder versteckt werden: Wie ist ihnen beizubringen, dass sie sich tagsüber um jeden Preis still verhalten müssen, nicht die Toilettenspülung betätigen dürfen, nicht aus dem Fenster schauen? Wenn eine Flucht geplant wird: Wie kommt man an gefälschte Papiere, wer muss bestochen werden, wo wird ein Schützling weitergegeben? Usw. usf.

Das, was in geschichtspädagogischer Trivialisierung als moralische Entscheidung dargestellt wird und gleichsam mit dem heroischen Entschluss erledigt scheint, aus dem sich alles Weitere dann wohl schon ergibt, entpuppt sich bei genauerer Betrachtung nicht als Frage von Moral, sondern von praktischer Vernunft. Eine so komplexe Aufgabe wie das Retten eines Menschen unter den Bedingungen eines totalitären Staates erfordert mehr kriminelle Energie als christliche Nächstenliebe. Und diese Aufgabe wird nicht ein für alle Mal gelöst. Sie ist ein Prozess, in dem Helfer wie Verfolgte erst lernen, »Risiken einzugehen, Grenzen zu überschreiten und Verantwortung zu übernehmen«.[186] Dabei fiel vielen Helferinnen und Helfern gerade der Übergang zu kriminellen Handlungen, zu Bestechungen, Fälschungen, Lügen, sehr schwer, betrachteten sich die meisten doch nicht als Widerstandskämpfer, sondern waren eher zufällig in die Lage geraten, Hilfe zu leisten – weil sie direkt dazu aufgefordert worden waren, weil sie Zugang zu Dokumenten hatten, weil sie eine Unterbringungsmöglichkeit hatten, warum auch immer. Sie verstanden sich meist als ordentliche Bürgerinnen und Bürger, und einige gaben ihre Hilfsbereitschaft auf, wenn die Grenze zur Kriminalität überschritten werden musste.

Die meisten Hilfe- und Überlebensgeschichten lassen sich als Geschichten vom Überschreiten von Grenzen erzählen, in denen sukzessive der Raum des Denk- und Machbaren erweitert wird – ein Lernprozess, bei dem man Erfahrungen macht, die einen selbst verändern. Die Begründungen, die Helferinnen und Helfer später gefunden haben, um zu erklären, weshalb sie taten, was die überwältigende Mehrheit der Bevölkerung nicht auf sich genommen hätte, müssen überhaupt nicht mit den *faktischen* Beweggründen in der jeweiligen Situation übereinstimmen, aber man muss ja einen Grund dafür nennen, wenn man etwas Abweichendes, Unerwartbares gemacht hat. So sagten die allermeisten »Helden« etwas ratlos und sehr allgemein, man habe doch etwas tun müssen, man könne doch so mit Menschen nicht umgehen usw.

Das ist ihnen oft als Bescheidenheit ausgelegt worden und nicht zuletzt deswegen hat man schnell den Ehrentitel »stille Helden« für sie gefunden – aber mitunter konnten sich diese

Helden selbst gar nicht so recht erklären, wie und warum das alles so gekommen war. Sie waren eben Teil von sehr besonderen Communities of practice geworden, hatten unter Druck neue Dinge und Verhaltensweisen zu lernen, Bündnisse zu schließen, Listen zu ersinnen und Risiken einzugehen. Das waren Lernprozesse mit potentiell tödlichem Ausgang, und sie lassen sich als soziale Erfahrungen von Selbsttransformation und Selbstwirksamkeit beschreiben. Man erwarb neue, manchmal ungeahnte Fähigkeiten, wobei bestimmt nicht alle Erfahrungen positiv ausfielen und die Angst ein ständiger Begleiter war. Deshalb hatten Spieler wie Oskar Schindler es auch leichter als andere, Grenzen zu überschreiten und Risiken einzugehen, genauso wie auf der Seite der Verfolgten der Passfälscher Cioma Schönhaus, der das genaue Gegenteil von dem tat, was man von einem untergetauchten Juden erwartet hätte, und sich einen weißen Anzug und ein Segelboot kaufte, in die Lokale ging, in denen die Parteielite verkehrte, und Verhältnisse mit »arischen« Offiziersgattinnen hatte, deren Ehemänner an der Front waren.[187] Aber die meisten anderen Beteiligten waren keine Spielernaturen, sondern mussten erst lernen, den Möglichkeitsraum ihres Selbst zu erweitern. Was also spricht dagegen, *seinen* eigenen Möglichkeitshorizont heute unter den ungefährlichen und komfortablen Bedingungen der Gegenwart zu erweitern: zu lernen, jemand anderes sein zu können? Seine Grenzen überschreiten zu können?

Wie man die Helferinnen und Helfer als Vorbilder in Sachen moralische Streckübungen nehmen kann, so lassen sich auch unter den harmlosen und freien Bedingungen von Gesellschaften unseres Typs Menschen finden, die das ganz und gar Unerwartbare tun. Sie machen vor, was man machen *kann*, zeigen praktisch auf, wie viel Möglichkeit im Gegebenen steckt, liefern lebendige Beispiele für eine andere Praxis. So wie die »stillen Helden« im Nationalsozialismus eine höchst vitale Widerlegung von Adornos beliebtem, aber leider dummem Diktum darstellen, dass es kein richtiges Leben im falschen gebe, so auch diejenigen, die unter den Bedingungen der falschen Wettbewerbs- und Wachstumswirtschaft und des Konsumismus beginnen, *anders* zu denken und zu handeln. Im Folgenden wird es um einige Varianten von *richtigerem Leben im falschen* gehen.

STAUDINGER DENKT SELBST

Als Heini Staudinger Anfang der 1990er Jahre zum Besitzer einer maroden Schuhfabrik wurde, entließ er keine Arbeiter, um den Betrieb zu sanieren, sondern schmiss die Werbeabteilung raus. Aber da Werbung sein muss, entwickelte er zusammen mit seinem Freund Didi den »Brennstoff« – eine Zeitschrift, die hauptsächlich über Nachhaltigkeitsthemen informiert, aber auch Gedichte, Songtexte und anderes Sonderbare enthält, auch ein paar Anzeigen mit Schuhen, Matratzen und Möbeln, die er inzwischen mit seiner GEA produziert. In einer der ersten Ausgaben sollte unter anderem der ins Österreichische übersetzte Text des Beatles-Klassikers »Let it be« erscheinen, für den Heini Staudinger den famosen Titel »Scheiß di ned an« gefunden hatte. Kurz vor Drucklegung kamen ihm dann doch Bedenken wegen der Leser – der »Brennstoff« sollte ja ein seriöses Produkt sein. Staudinger ging mit seinem Manuskript und seinen Bedenken zu Didi, aber der schaute ihn nur kurz an und knurrte: »Scheiß di ned an!« So landete der Text im Heft, und er liefert auch schon fast das ganze Programm, für das Heini Staudinger steht.

Eigentlich ist Staudinger die perfekte Verkörperung von jemandem, von dem alle immer dachten, dass aus ihm nichts werden würde. Unkonventionell, unberechenbar, alles Mögliche studiert, aber nichts zu Ende, jemand, der mit dem Fahrrad nach Tansania fährt, nachdem die erste Reise mit dem Moped zu lange gedauert hat, weil das Ding ständig kaputt war. Nach jahrelangem Herumstudieren gründete Staudinger sein erstes Geschäft in Wien, weil ein Freund sogenannte »Earth Shoes« aus Dänemark hatte, die ihm gefielen. Staudinger trampte nach Dänemark und bestellte gleich eine größere Menge, um sie in Österreich zu verkaufen. Geld hatte er keins für die Bestellung, und auch für die Anmietung eines Geschäfts in Wien war kein Geld da. Aber so, wie er ohne jede Mittel in Dänemark die Bestellung unterschrieben hatte, so unterzeichnete er den Mietvertrag – schließlich braucht man einen Laden, wenn man Schuhe verkaufen will. Scheiß di ned an.

Freunde liehen ihm fürs Erste kleinere Beträge, mit denen er seine Rechnungen abstottern konnte, und der Laden lief von Anfang an nicht schlecht. Das war 1980. Drei Jahre später ergab sich eine Kooperation mit einer selbstverwalteten Waldviertler Schuhfabrik, deren Geschäfte aber leider mies liefen. 1991 fürchteten die Schuhmacher, dass sie auf den Schulden der Firma sitzenbleiben könnten, und suchten einen neuen Eigentümer. Auf diese Weise wurde Staudinger Schuhfabrikant. Sein Miteigentümer Gerhard Benkö wanderte bald darauf nach Afrika aus, und Staudinger übersiedelte sein Wiener Unternehmen, das inzwischen neben Schuhen auch Sitzmöbel und Betten produzierte, ins strukturschwache Waldviertel. Die Schuhfabrik hatte 12 Arbeiter, als Heini Staudinger sie übernahm, heute arbeiten dort 120 Leute.

Mit der Weltwirtschaftskrise startete Heini Staudingers GEA erst richtig durch – seit der Pleite der Lehman Bros. stieg der Umsatz um 100 Prozent, die Zahl der Geschäfte um 50 Prozent. Nach wie vor bezahlt Staudinger sich selbst weniger als seinen Mitarbeitern, maximal 1000 Euro im Monat. Und nach wie vor versucht er, die GEA nachhaltiger zu machen, zum Beispiel, indem so viele Materialien wie möglich direkt aus dem Waldviertel bezogen werden. Da aber nach dem Niedergang der heimischen Schuhindustrie keine Gerbereien mehr in der Region zu finden sind, liegt vor einer wirklichen Regionalisierung der Produktion noch ein weites Stück Weg.

Aber Schwierigkeiten interessieren Staudinger nicht. Er habe eben Glück, und wenn das Glück anhalte, dann werde die GEA »irgendwann einmal sogar eine richtige Firma«. Einen »richtigen Chef«, mit Business-Plan, Smartphone und keiner Zeit wird die GEA allerdings voraussichtlich nie haben. Staudinger führt kein Unternehmen, um Geld zu verdienen, sondern um das Leben in der Region besser zu machen, als es ohne sein Unternehmen wäre. Diese Umdefinition des Unternehmenszwecks ist das Revolutionäre an Leuten wie Heini Staudinger: Man kann erfolgreich auch nach anderen als nach marktwirtschaftlichen Kriterien sein. Ein Geschäft, eine Fabrik, ein Unternehmen kann ein Instrument sein.

SLADEKS DENKEN SELBST

Hier trifft Heini Staudinger sich mit den Elektrizitätswerken Schönau (EWS), über die schon so viel berichtet worden ist, dass hier die Bemerkung ausreichen mag, dass Ursula und Michael Sladek über viele Widerstände hinweg aus einer Bürgerinitiative gegen Atomkraft ein Stromversorgungsunternehmen geschaffen haben, das heute weit mehr als 100 000 Kunden bundesweit mit Strom aus erneuerbaren Quellen versorgt. Auf dem Weg dorthin haben die Sladeks, sie Grundschullehrerin und er Arzt, ihre Gemeinde so radikal verändert, dass selbst das Kirchendach mit Solarpanels bedeckt ist, also die lokale Kultur auf beispielhafte Weise transformiert. Wo Heini Staudingers Stärke die Bedenkenlosigkeit und das Vertrauen in sein Glück ist, ist es bei den Sladeks Beharrlichkeit und Frustrationstoleranz; beide haben aber auf ihre Weise Instrumente zur Veränderung der lokalen und regionalen Konsum- und Energiekultur entwickelt. Bei EWS ist man übrigens nicht nur Kunde, sondern gleichzeitig auch Mäzen eines Fonds, der zum Beispiel Blockheizkraftwerke fördert, indem man zu seinem Kilowattstundentarif einen sogenannten Sonnencent dazubezahlt. Auf diese Weise wird aus dem passiven Kunden ein aktiver Mitgestalter einer anderen Energiekultur; auch dies einer der vielen praktischen Ansätze, mit denen die Sladeks wirksam und selbstwirksam geworden sind. Die Geschichte der EWS ist ein langer Lernprozess; keiner der Beteiligten hätte sich vor zwanzig Jahren träumen lassen, dass er einmal ein Energieversorger würde. Die Vorläuferorganisation der EWS hieß »Schönauer Stromrebellen«, ein Name, der auf den Widerstandscharakter der Entstehungszeit verweist. Die Sladeks und ihre Mitstreiterinnen und Mitstreiter waren nicht nur für, sondern vor allem *gegen* etwas: die Struktur der Fremdversorgung, die Arroganz der großen Stromanbieter, die Quelle des Stroms, den man wohl oder übel abnehmen musste. Sie bezeichneten sich in einer Kampagne zutreffend als »Störfall« für den Normalbetrieb, heute definieren sie, was der Normalbetrieb sein könnte und sollte.

Störfälle.

CHRISTIAN FELBER DENKT SELBST

Die Elektrizitätswerke Schönau haben, genauso wie die GEA von Heini Staudinger, einen besonderen Unternehmenszweck. Die Unternehmen dienen als Instrumente, die Gesellschaft zu verändern. Normalerweise dienen Wirtschaftsunternehmen dem Ziel, Gewinn zu machen, der privat vereinnahmt wird. Bei eigentümergeführten Unternehmen geht er an die Besitzer, bei börsennotierten an die Shareholder, die Aktionäre. Aktiengesellschaften sind verpflichtet, im Interesse der Aktionäre zu wirtschaften, sie können ihr Geschäftsmodell also gar nicht, wie die EWS oder die GEA, am Gemeinwohl orientieren.

Für die Systematisierung einer gemeinwohlorientierten Unternehmensführung steht Christian Felber, der Vorsitzende von Attac Österreich und Autor eines Buches zur Gemeinwohlökonomie.[188] Seine Idee ist wie alle guten Ideen einfach. Ein gemeinwohlorientiertes Unternehmen ist interessiert am Wohlergehen der Menschen einer Gesellschaft und bewertet das höher als das private Wohl. Demgemäß ist es an Dingen wie Kooperation, Vertrauen, Solidarität, soziale Sicherheit usw. interessiert und definiert den Unternehmenserfolg danach, ob es zum Erreichen solcher Ziele beiträgt.

Um das zu messen, hat Felber einen Index entwickelt, mit dem etwa der Grad der Mitbestimmung, die Zahl der Frauen in Führungspositionen, die Regionalisierung der Wertschöpfungskette, die Transparenz usw. mit Punkten bewertet wird – das ergibt zusammengerechnet die Gemeinwohl-Bilanz des Unternehmens. Je besser es mit dieser Bilanz abschneidet, desto günstiger wirkt sich das steuerlich aus oder desto günstiger kann es sich über gleichfalls gemeinwohlorientierte Banken finanzieren – jedenfalls in mittelfristiger Perspektive. Im Augenblick zahlt sich die Gemeinwohl-Bilanz nur ideell aus, aber trotzdem haben 2011 schon 60 Unternehmen eine solche Bilanz vorgelegt – als Selbstverpflichtung, aber auch als Instrument, das eigene Handeln nachhaltiger und gemeinwohlorientiert auszurichten. So eine Gemeinwohl-Bilanz misst den Unternehmenserfolg also nicht monetär, sondern gewissermaßen über die Zukunftsfähigkeit des zugrundeliegenden Geschäftsmodells. Das ist eine radikale Umkehrung des privatwirtschaftlichen Unternehmenszwecks. Vor diesem Hintergrund ist es schon sehr erstaunlich, dass sich in einem Zeitraum von gerade mal zwei Jahren fast 800 Unternehmen, mehr als 2500 Privatpersonen und fast 150 Organisation und Vereine der Gemeinwohlökonomie angeschlossen haben, zumindest ideell. Und unter den überwiegend kleinen Unternehmen findet sich auch schon das eine oder andere größere, zum Beispiel die Sparda-Bank München mit 700 Beschäftigten.

Koordiniert wird das Ganze durch ein Büro in Wien. Im Augenblick wird intensiv am Aufbau einer »demokratischen Bank« gearbeitet, die die bereits vorhandenen Nachhaltigkeitsbanken wie Triodos oder GLS ergänzen soll. Hinter der Gemeinwohlökonomie steckt die anthropologisch gut begründete Überlegung, dass menschliche Überlebensgemeinschaften kooperativ und nicht kompetitiv sind, weshalb es überlebensdienlicher und im Übrigen auch erfreulicher ist, sich am Gemeinwohl statt am individuellen Profit zu orientieren. Aber die Gemeinwohlökonomie hat nicht nur die Theorie auf ihrer Seite, sondern auch ihren raschen Ausbreitungserfolg, der auf die ersichtliche gesellschaftliche Dysfunktionalität der Finanzindustrie zurückgeht: Schädlicher für das Gemeinwohl kann es ja kaum sein als das, was die Banken seit dem Start der sogenannten Finanzkrise praktizieren. Zugleich begreift sich die Gemeinwohlökonomie als Suchbewegung. So heißt es auf der Homepage: »Die Gemeinwohl-Ökonomie ist weder das beste aller Wirtschaftsmodelle noch das Ende der Geschichte, nur ein nächster Schritt nach den Extremen Kapitalismus und Kommunismus. Sie ist ein partizipativer Prozess, entwicklungsoffen und sucht Synergien mit ähnlichen Ansätzen.«

GLS: EINE BANK DENKT SELBST

Die vor beinahe vier Jahrzehnten gegründet GLS-Bank definiert als ihr Unternehmensziel eine »nachhaltige Gesellschaftsentwicklung«, bewegt sich also schon lange auf der Linie der Gemeinwohlorientierung. Zur Zeit finanziert sie etwa 18 000 Projekte von der ökologischen Landwirtschaft bis zu Behinderteneinrichtungen, und sie ist damit sehr erfolgreich. Als eines von sehr wenigen Finanzhäusern hat die GLS-Bank in der Finanzkrise keinen Cent verloren und musste daher auch nicht von Steuerzahlern »gerettet« werden. Sie legt offen, was sie finanziert und was nicht. Nichtnachhaltige Investments kommen für sie nicht in Frage.

Die Geschichte der GLS-Bank beginnt damit, dass der Rechtsanwalt Wilhelm Ernst Barkhoff einer Elterninitiative half, eine Waldorfschule zu finanzieren: Er schlug ihnen einfach vor, ihre Konten bei *einer* Bank zu konzentrieren und gemeinschaftlich als Sicherheit für ein Baudarlehen einzusetzen. Anfang der 1960er Jahre gründete Barkhoff dann eine »Kreditgarantiegenossenschaft«, die Bürgschaften für gemeinnützige Vereine übernahm. 1974 rief er dann die ebenfalls genossenschaftlich organisierte »Gemeinschaftsbank für Leihen und Schenken«, kurz GLS, ins Leben.

Barkhoff genauso wie der erste Auszubildende bei der GLS, der heutige Chef Thomas Jorberg, definierten Geld als ein Instrument zur Ermöglichung sinnvoller Gesellschaftsgestaltung. Dazu gehört nach der Auffassung der GLS ein kulturelles Modell, das von dem anderer Banken erheblich abweicht – so erhalten GLS-Mitarbeiterinnen und -Mitarbeiter keine Provisionen und Boni, aber Zuschläge, wenn sie Kinder haben. Und es herrscht vollständige Transparenz: Vierteljährlich wird die Zeitschrift »Bankspiegel« veröffentlicht, in der alle Kredite gelistet sind, die die GLS im jeweils letzten Quartal vergeben hat.

Neben der Bank, die mittlerweile mehr als 100 000 Kunden betreut und unter anderem auch die Gründung der Elektrizitätswerke Schönau sehr intensiv begleitet und unterstützt hat, gibt es noch die GLS Treuhand, die Menschen mit Geld mit solchen zusammenbringt, die es brauchen. Insgesamt ist die GLS ein eindrucksvolles Beispiel für die Wirksamkeit sozialer Intelligenz und der lebendige Gegenbeweis dafür, dass auch ein Unternehmen der Finanzindustrie nicht den vorgeblich systemischen Logiken »der Märkte« folgen und Renditevorgaben von 25 Prozent und mehr ausrufen muss, um erfolgreich zu sein. Aber: Erfolg definiert sich hier eben nach dem Kriterium der Gemeinwohldienlichkeit. Vor diesem Hintergrund liefert die GLS einen schönen Beleg dafür, dass man mit der richtigen Haltung sogar im falschen System vernünftig wirtschaften kann.

KOWALSKY DENKT SELBST

Im vergangenen Jahrzehnt gab es sicher kein zweites Produkt, das mit der Vorsilbe »bio« so viel Aufmerksamkeit auf sich gezogen und solch ein spektakulären Markterfolg hatte wie die »Bionade«. Die Geschichte, die zum Erfolg des »offiziellen Getränks für eine bessere Welt« geführt hat, ist verworren, zum Teil bizarr und oft erzählt. Es gibt ein ganzes Buch darüber, wie eine chronisch an der Pleite schrammende Brauerfamilie aus der Rhön über zwanzig Jahre hinweg einen genialen Softdrink entwickelt und schließlich zum Erfolg geführt hat.[189] Diese Erfolgs- ist zugleich aber auch eine Scheiternsgeschichte, und aus der kann man wiederum vieles lernen. Heute gehört Bionade vollständig der Radeberger-Brauerei; das liegt nach vielen Verwicklungen daran, dass die Erfinder der Bionade, Dieter Leipold, Peter und Stephan Kowalsky und Sigrid Peter-Leipold, nie frei von Banken, Investoren, Teilhabern usw. agieren konnten, also das Potential, das in dem Projekt steckte, nie wirklich ausschöpfen könnten. Peter Kowalsky definierte ihre Erfindung vor ein paar Jahren mir gegenüber so: »Weißt du, was Bionade ist? Bionade ist kein Getränk, Bionade ist ein Instrument zur Veränderung der Welt.« Dieses Instrument kann vorerst nicht mehr angewendet werden, aber das muss ja nicht das letzte Wort sein.

»Bio« wurde die Bionade übrigens erst durch behördliche Auflagen: Eine EU-Verordnung besagt, dass, wo »Bio« draufsteht, alle Ingredienzien aus ökologischem Anbau stammen müssen. Das war bei der Bionade zum Zeitpunkt der Markteinführung keineswegs der Fall, so dass die Brauer gerade im Augenblick ihres beginnenden Markterfolgs vor der Alternative standen, entweder den (genialen) Namen zu ändern oder tatsächlich komplett auf bio umzustellen. Auf diese Weise kam die Bionade gewissermaßen zu sich selbst. Die Sogwirkung dieser notgedrungenen Umstellung war erheblich – denn zum ersten Mal mussten sich die Brauer mit der Frage befassen, wo man denn überhaupt ausreichende Mengen ökologisch angebauter Litschis oder Holunderbeeren herbekommen könnte. Durch solche höchst praktischen Probleme kam das Thema Nachhaltigkeit mit Macht in die DNA des Unternehmens. Binnen kürzester Zeit entwickelte man das Ziel, alle Ausgangsprodukte für die Bionade nachhaltig zu erzeugen, bis hin zum Wasser, für dessen Gewinnung unter anderem im Rahmen von Schulprojekten »Regenwasserwälder« angelegt werden sollten (und in kleinerem Umfang auch angelegt wurden).

Peter Kowalsky begann, Nachhaltigkeit offensiv zu thematisieren, und es gibt kaum einen Preis mit »öko« oder »bio« im Namen, der ihm im Laufe der vergangenen Jahre nicht verliehen wurde. Tatsächlich hätte aus Bionade der Beweis werden können, dass man mit einem kreislaufwirtschaftlich hergestellten Getränk Erfolg auf dem internationalen Markt haben kann, und sicher wäre Bionade auch hinsichtlich der Unternehmenskultur ein besonderes Unternehmen geblieben. Aber die Geschicke liefen anders: Nach mehreren Marketing- und Kommunikationsdebakeln sanken die Absatzzahlen des kurzzeitigen

Senkrechtstarters, und Bionade wurde vom Symbol eines anderen Lebensstils zu einem Softdrink unter anderen. Die symbolische Potenz des Getränks kann man unter anderem daran ablesen, dass die »Bionadisierung« zu einem Synonym für die Ausbreitung eines nachhaltigen Lebensstils wurde, das polemisch gebrauchte »Bionade-Biedermeier«, das der SPIEGEL erfand, darf man ebenfalls als Indikator für die Symbolkraft der Brause nehmen. Gleichviel, 2011 war die Geschichte der Bionade vorüber, so weit sie an die Brauerfamilie aus der Rhön gebunden war.

Warum die Geschichte von Bionade trotzdem wichtig ist? Weil zu den Geschichten über die, die das Unerwartbare tun, an ihre Ideen und Produkte glauben und auf unwahrscheinliche Art erfolgreich sind, natürlich auch Geschichten des Scheiterns gehören. Wer sich in die kapitalistische Wirtschaft begibt, muss ihre Spielregeln beherrschen, und die sind, wenn man die Ebene des Kleinbetriebs verlässt, ziemlich hart. Heute ist einer wie Peter Kowalsky nicht reich, aber klüger: Und seine Erfahrungen gibt er zusammen mit Jürgen Schmidt, dem Aufsichtsratschef des Öko-Büroartikelanbieters »memo«, an junge Unternehmer aus dem Nachhaltigkeitssektor weiter, als »sustainable business angel«. Das Argument dafür ist einleuchtend: Es müsse ja nicht jeder die Fehler wiederholen, die sie selbst als Newcomer gemacht hatten. Und Kowalsky denkt auch über neue Konzepte genossenschaftlicher Produktion und Konsumtion nach – in diesem Sinn ist Bionade ein bis auf weiteres unabgeschlossener Lernprozess.

Kowalsky und das Projekt Bionade stehen insgesamt dafür, dass man sich den Weg in eine nachhaltige Zukunft nicht einfach, ungebrochen, widerspruchsfrei und linear vorstellen darf: Das Scheitern gehört dazu, Steine, die in den Weg gelegt werden genauso wie eigene Irrtümer und Fehlentscheidungen. Das richtigere Leben im falschen ist mit Hürden ausgestattet, die nicht immer zu überspringen sind. Manchmal muss man um sie herumgehen und anders weitermachen als ursprünglich erhofft oder geplant. Aber nach und nach lassen sich die Spielregeln vielleicht so verändern, dass diejenigen, die unter den alten Regeln gut waren, unter den neuen zu Verlierern werden.

SCHRIDDE DENKT SELBST

Ingenieure hatten einmal ein professionelles Ethos. Das, was sie konstruierten, sollte technisch optimal sein, State of the Art. Ein solches Ethos steht aber leider quer zu wachstumswirtschaftlichen Prinzipien: Produkte, die nicht kaputtgehen, werden nicht ersetzt. Das wurmte zum Beispiel die Hersteller von Glühbirnen, die nach dem ersten großen Verbreitungsschub ab 1900 in den 1920er Jahren eine Sättigung des Marktes verzeichnen mussten: Wer genug Glühbirnen hatte, um seine Wohnung, sein Haus, seine Werkstatt oder seine Fabrikhalle zu beleuchten, brauchte keine mehr. Die Glühbirne ist auch designmäßig und technologisch schnell ausgereizt, so dass man weder durch Moden noch durch Produktinnovationen die Konsumenten vor sich hertreiben kann.

Denn eine Glühbirne hält im Prinzip ewig. In der Feuerwache im amerikanischen Örtchen Livermore wird jährlich der Geburtstag einer Birne begangen, die im Jahre 1901 eingeschraubt worden war und seither Helligkeit verbreitet. Diese Geschichte ist für moderne Menschen überraschend, denn sie gehen aus Erfahrung davon aus, dass der Glühfaden einer handelsüblichen Birne nach einer gewissen Betriebsdauer natürlicherweise durchbrennt. Dass er das tut, ist aber lediglich das Ergebnis der frühesten belegten Absprache eines Kartells der Glühbirnenhersteller, die 1924 gemeinschaftlich beschlossen, die Lebensdauer der Glühfäden technisch zu begrenzen, und zwar auf rund 1000 Stunden. Auf diese Weise würde sich der Käufer nicht betrogen fühlen, zugleich aber ein Ersatzbedarf erzeugt, der der einschlägigen Industrie nachhaltig ein auskömmliches Geschäft erlauben würde.

Seither wird der Ingenieur mit einer unethischen Anforderung konfrontiert: Er muss Produkte so entwickeln, dass sie *unterhalb* ihrer technischen Potentiale bleiben. Natürlich war das den Männern in den weißen Kitteln zunächst nur schwer beizubringen, weil es eben gegen das berufsethische Selbstverständnis ging, aber heute gehört es zum professionellen Handeln dazu, etwa Bedienfelder so zu konstruieren, dass sie sich nach Ablauf der Garantiezeit weigern, Befehle anzunehmen, oder Drucker mit Zählern zu versehen, die dafür sorgen, dass sie spätestens nach drei Jahren Betriebsdauer unwiderruflich den Betrieb einstellen. Der Fachbegriff dafür: geplante Obsoleszenz.

Als Stefan Schridde, seines Zeichens Betriebswirt und Coach in einem Industrieunternehmen, zufällig auf arte den Bericht »Kaufen für die Müllhalde« sah, war er schockiert und beschloss umgehend, dagegen vorzugehen. Wie ein investigativer Journalist begann er, nach entsprechenden Fällen von eingebautem Murks zu suchen, eröffnete eine Website[190] und lud die Besucher ein, dort von Fällen geplanter Obsoleszenz zu berichten. Er versuchte also, Konsumentenmacht zu organisieren, um etwa eine Petition einreichen zu können, die auf einen Gesetzentwurf gegen geplante Obsoleszenz abzielte, aber er organisierte und vernetzte auch Reparateure, die die geplant gestörten Geräte wieder in Funktion bringen. Schon wenige Monate nach Eröffnung seiner Seite verzeichnete Schridde eine halbe Million Besucher, die Medienberichte über murks.de häuften sich.

Schridde hält es für absurd, dass man in Unternehmen über Corporate Social Responsibility und Nachhaltigkeit spricht, aber dabei die Nutzungsdauer der Produkte nicht berücksichtigt und von der dadurch vervielfachten Müllmenge gänzlich absieht. Aber auch in der Öffentlichkeit schien das bislang kein Thema – so sehr ist den Menschen schon in Fleisch und Blut übergegangen, dass die Wegwerfgesellschaft Wegwerfprodukte braucht, um zu funktionieren, dass das gar keine Frage mehr aufwirft. Schridde geht es, wie er sagt, um den Aufbau einer gemeinwohlorientierten Verbraucherorganisation für nachhaltige Produktqualität, und an einer solchen Formulierung kann man schon ablesen, dass er weiß, warum er etwas tut. Der Betriebswirt Schridde ist ganz offensichtlich jemand, bei dem Denkanstöße Handlungsimpulse auslösen, und der daraufhin nicht lange überlegt, was erforderlich ist. Dass eine Praxis, die von der Industrie seit Jahrzehnten gepflegt wird, nun endlich Widerstand herausfordert, war für ihn ganz unzweifelhaft – und seither widmet er sich diesem Widerstand mit wachsender Hingabe. Das mag von Ferne ein bisschen nach Don Quichotte aussehen, hat aber im Gegenteil alle Vernunft für sich: Warum soll man Geld für etwas bezahlen, das absichtlich weniger werthaltig ist, als es für diesen Preis sein könnte? Und warum soll man die negativen Umweltwirkungen dieser Praxis tolerieren, nur weil es für die Hersteller von Vorteil ist? Schridde weigert sich einfach, all das egal zu finden. Daher geht er das Risiko ein, es sich und anderen unbequem zu machen.

PAULMANNS DENKEN SELBST

Hanna und Dieter Paulmann, sie Indologin und er Ökonom, hatten ein Zeitarbeitsunternehmen, in dem sie einen ungewöhnlichen Ansatz der Personalführung verfolgten: »Wer führen will«, sagt Dieter Paulmann, »muss hinter seinen Leuten gehen«. Das bringt die unkonventionelle Vertrauenshaltung schon gut zum Ausdruck, mit dem die Deutsche Industrie Service (DIS) nicht nur wirtschaftlich erfolgreich, sondern mehrmals zum besten Arbeitgeber Deutschlands gewählt wurde. Dieter Paulmann trat auch beständig für eine bessere arbeitsrechtliche Position und Absicherung von Zeitarbeitnehmern ein – im Jahr 2012, viele Jahre nachdem er sein Unternehmen verkauft hat, folgte der Gesetzgeber solchen Ideen und reformierte das Zeitarbeitsrecht.

Hanna Paulmann begann derweil, in einem Zwischenbereich zwischen Wissenschaft und spirituellen Traditionen Fragen der Nachhaltigkeit, der Erhaltung traditionalen Wissens und des guten Lebens im Rahmen von Konferenzen und Veröffentlichungen zu verfolgen, die sie finanzierte. Dazu kam Dieter Paulmanns langjährige Faszination für Meeressäuger. Er ist nicht nur ein Experte für das Verhalten von Walen, sondern, wie er glaubhaft versichert, mit einigen auch persönlich befreundet – was ein Engagement in Sachen Nachhaltigkeit nahelegt. Dabei geht es jemandem wie Dieter Paulmann nicht um traditionelle Vorstellungen von Naturschutz. Tiere kann man nur dann schützen, wenn die wirtschaftlichen Voraussetzungen in einer jeweiligen Region zulassen, dass Menschen auf nachhaltige Weise ihren Lebensunterhalt sichern können. Das war in vielen Teilen der Welt so lange der Fall, bis kapitalistische Wirtschaftsformen traditionelle Subsistenzwirtschaften verdrängten – zum Teil mit beachtlichen Erfolgen, was die Erträge und die Vermeidung von Hungersnöten anging, in der Regel aber auf Kosten der kleinen bäuerlichen oder fischenden Versorgungseinheiten, die von den großen Landwirtschafts- und Fischereibetrieben verdrängt wurden, mit den bekannten ökosozialen Folgen. Nachhaltigkeit ist nichts, was man einer nichtnachhaltigen Wirtschaft am Ende der Wertschöpfungskette applizieren kann – sie herrscht dort, wo die Produktion von Lebensmitteln oder Gebrauchsgütern ohne vorgängige Zerstörung von Naturressourcen auskommt.

Das ist der Ansatz der Okeanos-Stiftung, die die Paulmanns 2005 gegründet haben und die sich der Aufgabe widmet, Subsistenzstrukturen dort wiederherzustellen, wo sie industriell zerstört worden sind. Wie so etwas geht? Zum Beispiel so, dass man entdeckt, dass es im pazifischen Raum einen traditionellen Schiffstyp gegeben hat, der gleichermaßen geeignet für Waren- und Personentransport und hochseetüchtig war. Dieser

22 Meter lange Katamaran, Vaka Moana, wird schon lange nicht mehr gebaut, und beinahe war er auch schon vergessen. Paulmann ließ ihn nach alten Zeichnungen und Abbildungen wiederauferstehen, und zwar gleich in sieben Exemplaren, gebaut aus den traditionellen Materialen im traditionellen Layout, lediglich modernisiert durch Solarantriebe, die die Boote bei Flaute bewegen. Diese Schiffe sollen künftig im regionalen Fähr- und Transportbetrieb eingesetzt werden.

Die Vaka unternahmen 2011 eine Reise von Aotearoa, ihrem Entstehungsort, nach Hawaii und weiter zur Westküste der Vereinigten Staaten, was eine Demonstration der Leistungsfähigkeit der traditionellen Technologie war und damit gewissermaßen eine Identitätsinfusion für die pazifischen Seeleute. Die Schiffe funktionieren denn auch genau so: Sie knüpfen an der Stelle an, wo die regionale Kultur durch äußere Intervention ge- und nahezu zerstört worden war, und erinnern die Leute daran, was sie eigentlich sind und können. »The Pacific Voyagers«, die Flotte der sieben Vaka, legte auch in San Francisco an und die Seeleute gingen für ein eigens für sie ausgerichtetes Willkommensfest an Land. Nach amerikanischer Sitte wurde das Buffet mit Plastikbe-

Wieder da: Vaka Moana.

steck und Papptellern angerichtet; die samoanischen Seeleute gingen angesichts dessen schnurstracks zum Strand, schwammen zu ihren Booten zurück und brachten ihr eigenes Geschirr und Besteck zur Party. So viel zum Thema gelebte Nachhaltigkeit.

Weil der Erfolg so durchschlagend ist, ließ Paulmann gleich noch zwei kleinere Vaka-Typen nachbauen, die für den lokalen Verkehr zwischen den Inseln besser geeignet sind als die großen Vakas: Vaka Motu und Vaka Hapua. Hanna und Dieter Paulmann haben aus ihrer unternehmerischen Vergangenheit das Wissen mitgebracht, dass man auf der Ebene des Sozialen ansetzen muss, wenn man Dinge in Bewegung bringen will. Wenn man Menschen die Möglichkeit gibt, einen Job, ein Geschäft, eine Initiative als etwas Eigenes betrachten zu können, dann setzen sie sich dafür ein, entwickeln es weiter und kultivieren es. Bei fremdbestimmten Aktivitäten erfüllen die Leute eine Aufgabe, nicht mehr, und über die Bezahlung hinaus haben sie wenig davon. Selbstbestimmtes Wirtschaften befördert Achtsamkeit, Sorgfalt und Engagement – und das zu ermöglichen ist allerdings eine Kunst: Menschen etwas Eigenes zu geben.

Und natürlich gibt es auch hier Lernprozesse: Warum soll man solche Dinge nur in der Ferne machen und nicht auch direkt vor Ort? Zu Hause in Darmstadt unterstützen Paulmanns ein großartiges Zirkusprojekt, mit dessen Hilfe deviante Jugendliche vor dem Abrutschen in eine kriminelle Existenz bewahrt werden. Der »Zirkus Waldoni« bildet Jugendliche zu Artisten aller Art aus und macht auf seine Art dasselbe wie die Vaka im Pazifik: Er gibt Menschen die Möglichkeit, stolz auf das zu sein, was sie zu ihrer eigenen Überraschung können. Einen ähnlichen Ansatz verfolgen sie mit Schulprojekten vor Ort, einen anderen mit der Finanzierung des Think Tanks »Denkwerk Zukunft«, mit dessen Hilfe der Soziologe Meinhard Miegel die Wachstumsdebatte ein gehöriges Stück voranbringen konnte. Und sie haben die Stiftung Futurzwei ins Leben gerufen, die Geschichten über Vorbilder des guten Lebens recherchiert und verbreitet (und die zu leiten ich das Vergnügen habe).

Die Klammer all dieser Aktivitäten ist Empowerment: die Leute bei dem zu unterstützen, was sie selbst am besten können. Das setzt Respekt vor diesem Können voraus und eine kluge Haltung, nicht besserwisserisch zu intervenieren, sondern einfach zu unterstützen, was ohnehin als Potential vorhanden ist. Und es liegt all dem ein unternehmerischer Ansatz zugrunde, kein bisschen Charity. Die »pacific voyagers« erlauben den Betreibern vor Ort, Fischerei, Transport, Fährbetrieb auf eigene Rechnung zu betreiben, unabhängig von Fischerei- und Frachtunternehmen. Und genau in diese Richtung denkt Dieter Paulmann weiter: Zusammen mit amerikanischen Stiftern will er Fischereirechte kaufen und sie den Fischern vor Ort zurückgeben, damit wieder erfolgreich lokal gewirtschaftet werden kann. Diese Strategie, die hierzulande mit dem Erwerb von Versorgungsrechten im Energiesektor von den Sladeks vorexerziert wurde, ist viel direkter als die Umwegproduktion von NGOs klassischen Typs: Statt wie Greenpeace oder Robin Wood die Unternehmen durch öffentlichen Druck zu nachhaltigerem Handeln zu veranlassen, nimmt man ihnen einfach das Heft aus der Hand und macht es anders. Besser.

Das ist ein völlig anderes Konzept als das klassische Mäzenatentum, wie es beispielsweise Warren Buffett oder George Soros betreiben. Deren Segnungen mögen fallweise extrem hilfreich sein, das Problem besteht aber nach wie vor darin, dass diese Wohltätigkeit letztlich nur stellenweise kompensiert, was großflächig an Zerstörung mit den Investments erst angerichtet wurde. Das Problem ist so alt wie das industrielle Mäzenatentum selbst. Bertolt Brecht wollte mal ein Stück über das ursprünglich streng marxistische Frankfurter Institut für Sozialforschung schreiben, das von einem nach Argentinien ausgewanderten deutschstämmigen Fleischfabrikanten finanziert wurde. In Brechts Arbeitsjournal heißt es dazu an einer Stelle: »er stiftet [...] eine große summe für die errichtung eines instituts, das die quelle des elends erforschen soll. das ist natürlich er selber.«[191]

EIN MOBILITÄTSDIENSTLEISTER DENKT SELBST

Preisfrage: Welche europäische Kulturhauptstadt erlaubte es sich, ihren städtischen Straßenbahnverkehr nach 22 Uhr einzustellen? Die Antwort ist: die Ruhrstadt Essen. Dort gilt öffentlicher Nachverkehr ohnedies als Resttransportmittel für die, die sich kein Auto leisten können. Radfahren ist ebenfalls tödlich, weshalb lediglich 3,7 Prozent der Bevölkerung das Fahrrad als Transportmittel nutzen. Eine ehemalige Verkehrsdezernentin sagte mir auf die Frage, wie das denn alles komme, es handele sich um ein mentalitätsgeschichtliches Phänomen, das auf die 1950er Jahre zurückgehe: Der deutsche Arbeiter habe ein Anrecht auf ein Auto und auf seinen bedingungslosen Einsatz. Deshalb holt man im Ruhrgebiet auch heute noch die Zigaretten mit dem Auto, niemals anders. Und Radfahrer? Gehören nicht dahin. Und öffentliche Verkehrsmittel: ausschließlich für die, die es nicht geschafft haben.

Nächste Preisfrage: In welcher europäischen Hauptstadt haben knapp die Hälfte der Haushalte kein eigenes Auto? In Bern, Hauptstadt der Schweiz. In diesem Land legen die Einwohner mehr als doppelt so viele Kilometer mit der Bahn zurück wie beispielsweise in Deutschland. Warum? Weil jede größere Stadt im Halbstundentakt, manche sogar im Viertelstundentakt erreicht wird. Weil noch das letzte Dorf Anschluss hat. Weil die Züge pünktlich sind. Weil der Verbund mit anderen öffentlichen Verkehrsmitteln funktioniert. Die Zeitschrift des VCD hat mal den Brief eines Lesers abgedruckt, der fassungslos berichtete, dass man mit dem Bus aus Luzern, der um 16.18 Uhr Weggis erreicht, das Schiff um 16.19 Uhr bekommt. Das stimmt. Ich habe es ausprobiert, als mein sinnloses Auto in Luzern in der Werkstatt stand. Ein anderer Leser berichtet, dass ein Busfahrer im Fall einer zweiminütigen Verspätung den Anschlusszug angerufen habe, der dann – selbstverständlich – auf die Fahrgäste gewartet habe.

Treibt einem so etwas als Nutzer der Deutschen Bahn schon die Tränen der Rührung in die Augen, kommt man beim Studium der Prospekte der Schweizer Bahn aus dem Staunen nicht heraus: Das Generalabonnement, das der hiesigen Bahncard 100 entspricht, aber erheblich günstiger ist und Ermäßigungen zum Beispiel für junge Menschen bis 25 Jahre genauso vorsieht wie für Studierende oder Behinderte, kann man, wenn man es eine Weile nicht braucht, am Schalter hinterlegen und bekommt die entsprechenden Wochen auf die Laufzeit draufgerechnet. Man bekommt auch problemlos eine Ersatzkarte ausgestellt, falls man seine mal vergessen hat. Man bekommt auch ein Generalabo für seinen Hund, klassenlos. Ich zitiere aus dem SBB-Prospekt: »Das Hunde-GA trägt keinen Klassenvermerk und ist sowohl in der 2. Klasse wie auch in der 1. Klasse gültig.«

Man kann sein Fahrrad an jedem Schweizer Bahnhof abgeben und am übernächsten Tag dort abholen, wo man es haben möchte. Man kann es auch selbst mitnehmen. Man erhält dafür eine geeignete Transporttasche am Gepäckschalter. So kostenlos wie die Mitnahme selbst. Für Phasen erhöhten Fahrgastaufkommens haben die Bahntechniker Modulwagen entwickelt, die problemlos an die Züge angehängt oder ihnen sogar vorgespannt werden können. Noch mehr? Ein Halbtax-Abo, das der Bahncard 50 der DB entspricht, aber darüber hinaus die meisten Bergbahnen, Schifffahrtslinien und Busse einschließt, kostet für drei Jahre weniger als die Bahncard für ein Jahr. Habe ich schon erwähnt, dass die Züge alle pünktlich fahren? Sauber sind? Freundliches Personal haben? Guten Kaffee servieren?

Was heißt das alles? Die Schweizer Bahn ist ein Lifestyleprodukt. Die Kultur des öffentlichen Transports ist in der Schweiz so schick wie andernorts der SUV. Die Hälfte aller Einwohner der Schweiz besitzt ein Bahnabo; zwei Millionen Halbtaxabos sind im Umlauf. Auch wenn es in der Schweiz schneit, fahren die Züge und Busse. Niemand braucht die Umständlichkeiten der Parkplatzsuche, des Vignettenkaufs, des Tankens usw. in Kauf zu nehmen, um von A nach B zu kommen. Kurz: Die Schweizer Bahn zeigt, wie ein Land funktioniert, in dem der öffentliche Verkehr kein ungeliebtes Add-on zum Auto ist: angenehm, komfortabel, nachhaltig. Die Schweizer Bahn möchte übrigens auch nicht an die Börse. Was soll sie da auch? Ihre Aufgabe sieht sie in der möglichst zuverlässigen Bereitstellung von demokratischer Mobilität. Das ist ein Beispiel für die Tragweite von Unternehmenskultur. Die Schweizer Bahn versteht sich weder als globaler Dienstleister noch als Wettbewerber, noch als zukünftige Aktiengesellschaft. Sie versteht sich als Unternehmen, das ihren Kunden die bestmögliche Mobilitätsdienstleistung bieten möchte. Wenn so etwas funktioniert, spiegelt sich das auch im Nutzerverhalten: Es ist einfach angenehm und bequem, öffentlich zu fahren in der Schweiz, es impliziert keine Klassenunterschiede, es schafft Freiräume und Komfortgewinne gegenüber anderen Formen der Mobilität. Und es ist sozial: Kein Ort ist abgehängt, niemand wird zum Benutzen eines Autos gezwungen. Eine solche Bahn braucht man für die nachhaltige Moderne.

RIMINI PROTOKOLL DENKT SELBST

»Dies ist hier weder ein Schauspiel noch ein Theaterstück!« Das fühlte sich Klaus Bischoff, Vorstandsmitglied der Daimler AG, mitzuteilen bemüßigt, als er am 8. 4. 2009 die Jahreshauptversammlung des Konzerns eröffnete. Solche Hauptversammlungen dauern den ganzen Tag, es kommen mehr als 6000 Teilnehmerinnen und Teilnehmer, Kleinaktionäre genauso wie institutionelle Investoren, Gewerkschafter genauso wie Journalisten. Wer selten kommt, sind Schauspieler und Regisseure. Dabei sind solche Versammlungen gigantische Inszenierungen, in denen von der Dramaturgie der Sprecherreihenfolge, der Produktpräsentation, der Licht- und Tonregie, der Kaffeepausen usw. alles perfekt choreographiert ist, perfekt, wie es sich für den schwäbischen Autohersteller gehört. Was man nicht völlig kontrollieren kann bei so einer Hauptversammlung, sind die Auftritte und Wortbeiträge der Kleinaktionäre; manch einer macht seinem Unmut Luft, dass die Dividende zu niedrig ausfällt, die falschen Autos gebaut oder die falschen Unternehmen zugekauft werden. Es gibt auch diejenigen, die subversiv zu Werke gehen und ihre stimmberechtigende Aktie nur besitzen, um auf der Hauptversammlung das Wort ergreifen, gegen irgendetwas Skandalöses protestieren, Umweltsünden anprangern oder den Kapitalismus anklagen zu können.

Insgesamt weist so eine Hauptversammlung alle Merkmale eines gelegentlich langatmigen, aber doch durch Aufwand beeindruckenden Theaterstücks auf, in das, wie im modernen Regietheater üblich, auch einige unkontrollierte Momente eingefügt sind, die das Ganze in Grenzen unvorhersehbar und damit interessant machen.

Die Theatergruppe »Rimini Protokoll« hatte zu alledem eine geniale Idee. Sie erklärte die komplette Hauptversammlung zu ihrem Stück, vergab Aktien an 150 Zuschauer, die damit ein Zutrittsrecht hatten, und veranlasste eben Klaus Bischoff zu der versichernden Mitteilung, man habe es mit *keinem* Schauspiel zu tun. Genau damit säte er natürlich erst allen Argwohn, manches an der Veranstaltung könne doch Theater sein. Diese Interferenz zwischen zwei unterschiedlichen Definitionen der Situation – Hauptversammlung *oder* Theaterstück – war nicht nur für Klaus Bischoff höchst beunruhigend, denn wenn der Referenzrahmen unklar ist, in dem eine Situation zu deuten ist, gerät schnell alles aus den Fugen: Stimmen die Zahlen? Ist das wirklich ein Mitglied des Vorstands? Ist die Rede ernst gemeint oder eine Persiflage? Was ist Theater, was nicht?

Nun könnte man denken, es ging Rimini Protokoll um die Entlarvung des inszenatorischen Charakters solcher Veranstaltungen, was ziemlich langweilig wäre. Tatsächlich ging es um etwas viel Interessanteres: nämlich um den leichthändigen Nachweis, dass es ausschließlich von der Eindeutigkeit des Rahmens abhängt, was eine Veranstaltung, ein Ereignis, ein Geschehen *ist*. Der Soziologe Erving Goffman hat sich in vielen Büchern mit den Prinzipien befasst, die unsere Realitätsdefinitionen organisieren, und dargelegt, dass solche Definitionen höchst fragil sein können. Dabei haben ihn Agenten, Spione, Hochstapler und natürlich Schauspieler ebenso interessiert wie Täuschungen und Irrtümer aller Art. Unsere Wirklichkeitsdefinition bedarf der sozialen Übereinstimmung mit anderen darüber, dass es man es mit Sachverhalt x oder y zu tun hat. Gerät diese Übereinstimmung ins Wanken, geht alles drunter und drüber. Wie in Orson Welles' legendärer Hörspielfassung von H. G. Wells' »Krieg der Welten«, die am 30. August 1938 so realistisch als Live-Reportage über eine Invasion aus dem All im Radio kam, dass zwei Millionen Amerikaner den Angriff der Außerirdischen für bare Münze nahmen. Einige packten sogar hektisch ihre Sachen und liefen auf die Straßen, um vor dem befürchteten Gasangriff der Außerirdischen zu fliehen. Die Telefonleitungen waren stundenlang blockiert. Es dauerte Stunden, bis sich herumgesprochen hatte, dass der Angriff bloß eine Fiktion war.[192]

Rimini Protokoll operiert, wie im Fall der Daimler-Hauptversammlung, immer mit minimalen Rahmenverschiebungen, und Klaus Bischoff konnte von Glück sagen, dass die festgefügte Dramaturgie die ganze Veranstaltung vor Schlimmerem als einer leichten Verunsicherung bewahrte. Rimini Protokoll arbeitet fast nie mit Schauspielern, sondern mit »Experten«, Menschen, die genau in der Rolle auftreten, die sie im »wirklichen Leben« innehaben. Dadurch, dass sie diese Rolle nun auf die Bühne bringen, wird aber der Rahmen gewechselt und damit die Definition verschoben: Normalerweise steht ja zum Beispiel ein Politiker gerade nicht auf der Bühne und stellt einen Politiker dar. Ein Politiker steht eher auf einem Marktplatz oder vor einer Fernsehkamera und stellt Authentizität dar. Mit dem Wechseln des Rahmens arbeitet Rimini Protokoll beständig an einer Perforierung der Wirklichkeit, macht sie durchlässiger, als sie gewöhnlich erscheint. Sie macht das aber nicht aus der Position der Wissenden und Belehrenden, wie man das leider nicht selten bei Regiearbeiten antrifft, sondern – chirurgisch gesprochen – minimal invasiv: Sie verändert eine einzige Variable und macht damit die Grenze zwischen Möglichkeit und Wirklichkeit dünner, durchscheinender.

Damit aber macht Rimini Protokoll klar, dass alles in jedem Augenblick auch anders sein könnte; dass die jeweils gegebene Wirklichkeit in Wahrheit eine Kippfigur ist. Sie entpuppt sich als lediglich *eine* Variante vieler denkbarer Wirklichkeiten. Ein zentrales Prinzip der Arbeit von Rimini Protokoll ist der systematische Einbezug des Zufalls in die Aufführungen: So wie einzelne Aktionäre mit absonderlichen Wortbeiträgen die Versammlungsroutine irritieren, Poster und Spruchbänder hochhalten oder unter Protest den Saal verlassen, so arbeitet der immer virulente Zufall dem Perforieren der Wirklichkeit zu. Daraus lässt sich etwas lernen: Erst wenn man den Einsprengseln anderer Wirklichkeitsdefinitionen und Weltverständnisse die Chance gibt, in Erscheinung zu treten, öffnet man Möglichkeitsräume, die durch das Verfolgen nur eines einzigen Pfades systematisch verschlossen bleiben.

YES MEN DENKEN SELBST

Am 12. November 2008 erschien eine Ausgabe der New York Times, die ausschließlich gute Nachrichten enthielt, zum Beispiel, dass George W. Bush infolge der gefälschten Begründungen für den Irak-Krieg wegen Hochverrat angeklagt würde und Condoleeza Rice sich öffentlich für ihre Lügen im selben Zusammenhang entschuldigt habe.

Unter die Leute gebracht wurde diese New York Times ganz anderer Art von den Yes Men, einem aus Igor Vamos und Jacques Servin bestehenden Künstlerduo, das schon 1999 bei verschiedenen Gelegenheiten als Vertreter der World Trade Organisation auftreten konnte, weil sie sich die Domain gatt.org[193] gesichert hatten, bei der dann prompt Referenteneinladungen eingingen, die eigentlich an die WTO gerichtet waren. Die nahmen Vamos und Servin gern an und traten dann mit radikal neoliberalen Thesen auf, die bei den Gastgebern regelmäßig auf begeisterte Zustimmung trafen. Hervorgetreten und gelegentlich verhaftet worden sind sie auch im Kontext falscher Pressekonferenzen für Dow Chemical und mit dem Vertrieb eines vorgeblich von diesem Unternehmen entwickelten »Acceptable Risk Calculator«, wobei es sich um einen Index handelt, mit dem Unternehmen Regionen identifizieren können, in denen die Bevölkerung aufgrund ihrer politischen und wirtschaftlichen Lage hohe Risiken zu tragen bereit ist.

Auf ihrer Homepage geben die Yes Men als Geschäftsmodell »correcting identities at conferences, on television, on the

Gute Nachrichten. Falsche New York Times.

street« an, und genau wie Rimini Protokoll arbeiten sie mit der leichten Verschiebung einer der für fix gehaltenen Variablen in den Referenzrahmen, an denen Menschen ihre Wirklichkeitswahrnehmungen orientieren. Tatsächlich reicht oft ein Anzug und eine Ausdrucksweise, die sich der Floskeln des Businesssprech bedient, um erfolgreiche Täuschungsmanöver vornehmen zu können – so etwa, als CNBC 2001 die Yes Men über die falsche WTO-Homepage zu einer Fernsehdiskussion mit Globalisierungskritikern einlud, wo Igor Vamos dann prompt die Einführung von Gerechtigkeitsgutscheinen für den Handel mit Menschenrechtsrechtsverletzungen vorschlug: Ein freier Handel sei eben immer der vernünftigste Weg, Probleme zu lösen.

Die Yes Men gehen mit ihrer Form des Widerstands erhebliche Risiken ein, da sie sich natürlich eine Menge Anzeigen wegen Urheberrechtsverletzungen, Vorspiegelungen falscher Tatsachen usw. einhandeln und, wie gesagt, bei einigen ihrer Aktionen verhaftet wurden. Ihre politische Strategie richtet sich dezidiert gegen multinationale Wirtschaftsakteure, die längst mehr politische und ökonomische Macht akkumuliert haben als nationale Regierungen. Die Durchschlagskraft ihrer genau kalkulierten Subversionen macht deutlich, dass man Gegner in der Mediengesellschaft auch dadurch bekämpfen kann, dass man ihre Rollen ernsthafter spielt, als diese selbst es sich trauen würden. Das Spektrum möglichen Widerstands ist, wie man sieht, breit. Zuweilen fällt er auch sehr spaßig aus.

EINE ANLEITUNG ZUM WIDERSTAND

Geschichten über Menschen, die ihren Handlungsspielraum nutzen, um auf ihre Weise die Welt besser zu machen, als sie ohne ihr Zutun wäre, gibt es viele: Man könnte hier noch von der Green Music Initiative erzählen,[194] die Festivals etwas anderer Art mit Fahrraddiscos und Sonderzügen für Anreise und Unterkunft initiiert, von einer Einzelperson wie Ilona Parsch, die aus Rote Beete ein ökologisches Reinigungsmittel entwickelt hat,[195] oder von Michael Goedecke, einem Personalmanager, der scheinbar chancenlose Jugendliche in Ausbildungen vermittelt hat, indem er ihnen in Vorstellungsgesprächen die einfache Frage gestellt hat: »Worauf bist du stolz?« Die Fähigkeiten, die die Jugendlichen dann, nach der ersten Überraschung, schildern, sind natürlich nicht die, die über die Schulnoten abgeprüft werden. Das Programm ist außerordentlich erfolgreich: Seit 2001 konnten 3800 Jugendliche in reguläre Ausbildungen vermittelt werden. Isa Pini, der stolz war, Klarinette spielen zu können, hat inzwischen das Konservatorium absolviert und ist ein gefragter Musiker.[196]

Alle diese höchst unterschiedlichen Projekte haben ein gemeinsames Merkmal: Sie verändern einen zum Teil winzigen Aspekt des gewöhnlichen Umgangs mit den Menschen und den Dingen. Im Zusammenhang von neuen architektonischen Strategien habe ich vorhin schon den Vergleich mit dem Judogriff zitiert: Man muss nur den richtigen Punkt erwischen, um mit einer einfachen und eleganten Geste die Verhältnisse komplett zu drehen. Das erfordert eine Form der praktischen Intelligenz, die Möglichkeiten in die Wahrnehmung treten lässt, die normalerweise unsichtbar und daher ungenutzt bleiben.

Das Weitererzählen solcher Geschichten des Gelingens perforiert selbst schon die nur scheinbar hermetische Wirklichkeit: Da geht etwas, obwohl immer alle sagen, dass da nichts geht. Aus der Summe solcher Geschichten lässt sich peu à peu eine Kombinatorik des guten Umgangs mit der Welt entwickeln. In dieser Kombinatorik kommen alle Elemente zusammen, von denen in diesem Buch die Rede war: von der Achtsamkeit über die Gemeinwohlorientierung bis zur Nutzungsinnovation. Auch wenn manche der Vorhaben und Projekte scheitern und einige neue Strategien des Wirtschaftens und Zusammenlebens sich als nicht tragfähig erweisen, so liefern sie doch wertvolles Material über die Erfolgs- und Scheiternsbedingungen eines anderen Umgangs mit der Welt. Und vor allem: Auch die Geschichten des Scheiterns liefern Material für die Gegengeschichte zu der abgestandenen, geheimnis- und verheißungslos gewordenen Fortschrittsgeschichte, die die Moderne über sich selbst erzählt und die in keiner Hinsicht mehr verfängt. Eine gute Geschichte hat ja nicht nur einen Anfang, einen Mittelteil und einen Schluss; sie hat auch jede Menge Komplikationen, ihre Protagonisten müssen Hindernisse überwinden, mit Enttäuschungen umgehen, mit Widerfahrnissen leben.

Glatte Geschichten sind so wenig interessant wie solche, deren Ende von Beginn an feststeht. Daher ist die Gegengeschichte schon deshalb attraktiv, weil sie von der Zukunft her geschrieben wird: vom guten Leben her und von der Überzeugung, dass man es erreichen kann. Da ist der Ausgang offen; das war bei der Geschichte, die die expansive Moderne über sich erzählt hat, auch so, und das machte sie so attraktiv und spannend, dass man sich in sie einschreiben konnte und wollte. Sie trug Identität, weil man Teil einer gemeinsamen Reise in eine gemeinsame Zukunft sein konnte. Das Ende dieser Geschichte ist nicht mehr offen, seit wir wissen, dass sie an dem schlichten Sachverhalt scheitert, dass es keinen Raum für weitere Expansion mehr gibt. Nun hat die Geschichte keine Aussicht mehr auf ein Happy End, und seit man das weiß, ist sie auch nicht mehr spannend, sondern hat etwas unangenehm Zwanghaftes bekommen. Sie wirkt nur noch wie eine fixe Idee.

So zwanghaft ist inzwischen die absurde Geschichte von den Verheißungen des Wachstums, von der »green economy«, von der Smartness der Ingenieure. Und so zwanghaft das politische Personal, das sich zur Kenntnis zu nehmen weigert, dass es für junge Menschen bereits die personifizierte Antithese zu allem darstellt, was sie selbst werden und sein möchten. Das ist eine perfekte Ausgangslage für das Erzählen der Gegengeschichte: von einer offenen Zukunft mit anderen Mitteln.

Aber: Das Schreiben einer solchen Geschichte darf man sich

nicht gemütlich vorstellen. Diese Geschichte wird gegen die bestehenden Verhältnisse und die machtvollen Interessen, die sie tragen, erzählt und gelebt werden. Sie wird nur unter der Voraussetzung wirkungsmächtig werden, dass in jedem gesellschaftlichen Segment, in jeder Schicht, in jedem Beruf, in jeder Funktion ein paar Prozent der Beteiligten beginnen, die Dinge anders zu machen. Der Weg in die nachhaltige Moderne wird kein harmonisches Gespräch über eine schlechtere und eine bessere Praxis sein, und er wird auch nicht erfolgreich begangen werden, wenn sich eine reine Grass-Root-Bewegung auf den Weg macht. Soziale Bewegungen werden dann mächtig, wenn ihre Träger nicht aus Subkulturen kommen, sondern aus allen gesellschaftlichen Gruppen.

Eine Politik für eine nachhaltige Moderne wird also nur dann einflussreich, wenn es überall Avantgarden gibt, die eine neue Geschichte erzählen: Es müssen drei bis fünf Prozent der Unternehmer und Vorstände sein, die sich in diese Geschichte einschreiben, drei bis fünf Prozent der Unterhändler auf den internationalen Klimaverhandlungen, drei bis fünf Prozent der Staatschefs, drei bis fünf Prozent der Professorenschaft, der Lehrer, der Polizistinnen, der Anwälte, der Journalisten, der Schauspielerinnen, der Hausmeister, der Arbeitslosen usw. Dann potenzieren sich die Kräfte, weil das, was die einen tun, von den anderen begleitet und gefördert werden kann. Eine Bürgerinitiative, die gegen die Interessen der großen Energieversorger arbeitet, braucht die Unterstützung der Kommune, für die sie eine andere Energieversorgung erkämpfen will, und die lokale Mobilitätsinitiative junger Klimaaktivistinnen braucht die Öffentlichkeit, die die etablierten Medienleute bereitstellen können. Eine erfolgreiche Car-Sharing-Initiative braucht den Politiker, der eine andere Parkraumbewirtschaftung durchsetzt und die gemeinsam genutzten Autos privilegiert; eine Nachhaltigkeitsinitiative in einem Unternehmensvorstand braucht den Betriebsrat, der es unterstützt, wenn Mitarbeiter für Gemeinwohldienste freigestellt oder wenn Duschen und Umkleiden für diejenigen installiert werden, die mit dem Fahrrad zur Arbeit kommen.

Schon kurze Gedankenexperimente zu jedem einzelnen dieser Beispiele und zu tausend möglichen anderen machen sofort deutlich, wie derlei Judogriffe die Benutzeroberfläche der Gesellschaft verändern würden: Sobald Günther Jauch oder Sandra Maischberger ihre Handlungsspielräume für das Erzählen einer anderen Geschichte nutzen würden, säßen in ihren Runden nicht mehr die immer gleichen Politiker- und Intellektuellendarsteller, sondern Menschen, die etwas anders machen und sich darüber austauschen; sobald Politikerinnen in Funktionen reduktive Strategien vertreten würden, kämen endlich Gestaltungskonflikte wieder zurück in die Alternativlosigkeitskultur der Rathäuser und Parlamente; sobald Schul- und Universitätsleitungen den ministeriellen Weisungen nicht mehr bedingungslos und vorauseilend folgen würden, würde sich eine andere Bildungs- und Wissenschaftskultur konturieren.

Tatsächlich machen die drei bis fünf Prozent den Unterschied, weil sie praktisch zeigen und darauf beharren, dass die Dinge anders laufen sollen und können. Wir haben unter dieser Voraussetzung das Paradox einer Elite, die quer zu allen Schichten liegt und sich durch einen sehr einfachen Satz definiert: »Wir fangen schon mal an.« Während die meisten anderen sich entweder gar nicht um die Zukunft bekümmern oder sich weiter für die Fiktionen der immerwährenden Expansion begeistern, experimentiert diese Elite mit den Möglichkeiten anderer Politik, anderer Produktion, anderer Sozialität. Sie schafft Labore einer anderen Praxis. Die Ergebnisse, die dabei herauskommen, kann man zu einer Politik der Zukunftsfähigkeit kombinieren. Wenn die jemals mehrheitsfähig wird, dann deshalb, weil sie *durch Praxis* ein kulturelles Modell etabliert, das lebensdienlicher, eleganter, lustvoller und aufregender ist als das abgestandene. Und weil es Menschen gibt, die sich ernst nehmen und bereit sind, ein solches Modell durchzusetzen.

Das gelingt tatsächlich nur praktisch, nie appellativ. Nie, indem diejenigen, die Teil des Falschen sind, anderen mitteilen, was jetzt gut zu tun wäre. Anders gesagt: Es gelingt nur durch praktiziertes Nichteinverstandensein. Durch Widerstand unterschiedlichster Art. Widerstand gegen sich selbst und gegen die Scheinattraktivität des weiteren Aufenthalts in der Komfortzone.

Weil es zugleich um und gegen etwas geht. Um die Bewahrung des zivilisatorischen Standards, den der Aufstieg des Kapitalismus ermöglicht und geschaffen hat, und gegen die Zerstörung, die er nun praktiziert, da Extraktivismus und Vermüllung die Traglast der Erde radikal überschreiten. Es geht also um das Insistieren auf Freiheit, Demokratie, Recht, Chancengleichheit, Bildung und Gesundheit und damit gegen die Interessen derjenigen, deren Geschäftsmodell darin besteht, alles das zugunsten eines radikal destruktiv gewordenen Wirtschaftsprinzips zu untergraben.

Es geht also gegen das Geschäftsmodell der Mineralölkonzerne, der Agrarindustrie, des Finanzsektors. Aus der Eigenlogik ihrer Geschäfte folgt die Zerstörung, nicht die Bewahrung künftiger Überlebensbedingungen. In der systematischen Kurzfristlogik ihrer Geschäftsmodelle gibt es erst dann nichts mehr zu verdienen, wenn die Erde und ihre Bewohnerinnen und Bewohner nichts mehr zu liefern haben. Aber diese Geschäftsmodelle funktionieren nur, solange Sie am Ende der Wertschöpfungs- und Vermarktungskette stehen, den Zapfhahn in den Tankstutzen Ihres Autos stecken, den noch flacheren Flachbildschirm kaufen und die noch fernere Fernreise buchen. Ohne Sie gäbe es solche Geschäftsmodelle nicht. Deshalb kommt es auf Sie an. Ausschließlich auf Sie.

Gesellschaften entwickeln sich dadurch weiter, dass Privilegien bekämpft und abgebaut werden, die Veränderungen blockieren und bekämpfen. Die USA und Europa sind deshalb so sklerotisch und uninspiriert, weil alt gewordene Wirtschaftseliten ihre Privilegien kontinuierlich ausbauen und die genauso alt gewordene Parteipolitik sie dabei unterstützt. Eine Gesellschaft, in der eine gesetzliche Krankenversicherung bekämpft wird, ist im 21. Jahrhundert radikal antiquiert und wird scheitern, genauso wie alle anderen, die nicht akzeptieren können, dass eine Wirtschafts- und Industriepolitik aus dem 20. Jahrhundert unter den veränderten Ressourcenbedingungen des 21. Jahrhunderts nicht funktionieren kann.

Der in den westlichen Gesellschaften erreichte zivilisatorische Standard lässt sich also nur unter gänzlich veränderten wirtschaftlichen Voraussetzungen aufrechterhalten. Daher muss man die Frage nach einem Leben und Wirtschaften jenseits des Kapitalismus wieder aufwerfen, die zu stellen man sich abgewöhnt hatte, seit die kommunistischen Systeme mit Recht fast vollzählig untergegangen sind. Natürlich hat gegenwärtig niemand eine Antwort darauf, wie eine postkapitalistische Wirtschaft aussehen und funktionieren würde, aber das ist kein Argument gegen den Befund, dass man mit dem Kapitalismus nicht durch das 21. Jahrhundert kommen wird. Oder besser gesagt: dass nur die wenigsten mit dem Kapitalismus durch das 21. Jahrhundert kommen werden. Eine Milliarde Menschen vielleicht. Eher weniger.

Die Übrigen wird es das Leben kosten, wenn man ein expansives Wirtschaftsprinzip auf eine Menge von Ressourcen loslässt, die nicht für alle reicht. Diese Variante kann man wählen. Aber dann sollte man auch dazu stehen und es vertreten, dass man sein Leben auf Kosten des Lebens anderer lebt.

Oder man wählt die andere Variante. Und geht die Wette ein, dass es anders geht. Dass eine Gemeinwohlökonomie vom Überlebensstandpunkt her die überlegene Wirtschaftsform ist, und die Lebensqualität in der nachhaltigen Moderne höher ist als im Universum der Konsum-Gulags der expansiven Moderne. Eine reduktive Kultur würde in fast jeder Hinsicht andere Parameter für Orientierungen, Entscheidungen und Handlungen setzen als die expansive: Statt »Wachstum« wäre für sie »Kultivierung« handlungsleitend, statt »Effizienz« »Acht-

Das wäre die eine Variante.
Zeichnung: Mick Stevens für The New Yorker.[196]

samkeit«. Gegen »Schnelligkeit« stünde »Genauigkeit«, gegen »ALLES IMMER« »Saison«, gegen »Fremdversorgung« »Resilienz« und gegen »Konsum«: *Glück*.

Die neuen Kategorien werden von einer wünschbaren Zukunft her gedacht, die alten vom Status quo. Denken von der Zukunft her öffnet neue Möglichkeiten, das Denken vom Status quo her schränkt sie systematisch ein auf das, was man schon kennt. Genau so entsteht das Vermögen zum Widerstand: die besseren Möglichkeiten der Zukunft gegen die schlechteren der Gegenwart durchzusetzen. Ob man das will, hängt davon ab, ob man selbst Verantwortung zu übernehmen bereit ist für die Zukunft. Oder nicht. Da sind wir dort, wo Hans Jonas den Menschen als moralisches Wesen definiert: Er kann sich zwischen moralischem und unmoralischem Verhalten entscheiden.

Das legt die Entscheidung in Ihre Hände. Was wir nach vierzig Jahren Ökobewegung und zwanzig Jahren Postdemokratie ganz sicher nicht mehr brauchen, sind Appelle und Belehrungen. Werte verändern nicht die Praxis, es ist eine veränderte Praxis, die Werte verändert. Ich habe vor einiger Zeit meinen Job gewechselt, weil ich es überflüssig fand, noch mehr Daten über den Zustand der Welt zu sammeln, wo doch das vorhandene Wissen längst für die Schlussfolgerung reicht, dass es so nicht weitergeht. Mein persönlicher Handlungsspielraum lässt es zu, auf das Exoskelett eines Forschungsinstituts zu verzichten und zu versuchen, mit dem Erzählen von Geschichten des Gelingens an der Komposition einer Gegengeschichte zum Bestehenden zu arbeiten. Aber seit ich den Entschluss zu dieser Auslegung meines Handlungsspielraums gefasst habe, hat er sich in erstaunlicher Geschwindigkeit erweitert – zu neuen Gesprächen, Kooperationen, Schlachtplänen, mit Menschen und Institutionen, mit denen ich zuvor gar nicht in Kontakt gekommen wäre. Die Öffnung zu solchen Bündnismöglichkeiten war auch deshalb leicht, weil ich meine Zeit nicht mehr damit verschwende, mein Denken den Regeln von Wissenschaftsadministratoren folgen zu lassen, die es in wenigen Jahrzehnten geschafft haben, Wissenschaft nach Kriterien zu definieren, die mehr mit dem täglichen Hühnerausstoß einer Großmastanlage zu tun haben als mit dem Lernen von Denken. Also: Das Nutzen des eigenen Handlungsspielraums kostet nicht viel, aber es macht viel Freude.

»Intelligenz ist eine moralische Kategorie.« Mit diesem überraschenden Satz beginnt Theodor W. Adorno den 127. Aphorismus der »Minima Moralia«. Und genauso überraschend geht es weiter: Intelligenz, als »Kraft des Urteils« setze die Aufhebung des Gegensatzes von Verstand und Gefühl voraus. Das antithetische Denken, das sich im Widerstand zum Gegebenen entwirft, basiere auf dem Wünschen, also der aufgehobenen Einheit von Verstand und Gefühl. Die Urteilskraft der moralischen Intelligenz ist mithin die Voraussetzung für Selbstaufklärung und Aufklärung. Selbst-Denken ist also nur als emotionales Vermögen vorstellbar. (Das ist jetzt nicht mehr Adorno, das bin ich selbst.)

Die bloße Analyse falscher Entwicklungen und Verhältnisse bedeutet ja an sich nichts; moralische Intelligenz möchte sie aber verändern. Das tägliche rituelle Aufzählen von schmelzenden Eisschilden und der wachsenden Häufigkeit von Hurrikanen bedeutet an sich nichts: Moralische Intelligenz möchte etwas dagegen in Gang setzen. Empörung an sich bedeutet nichts: Moralische Intelligenz sucht nach Möglichkeiten, das Empörende zu bekämpfen. In diesem Buch war die Rede von »moralischer Ökonomie«, der es nicht um quantitativ messbare Ungleichheit, sondern um Gerechtigkeitsstandards innerhalb sozialer Beziehungen geht. Und von »moralischer Phantasie«: dem Vermögen, sich vorstellen zu können, was man herstellen kann. Moralische Ökonomie braucht man als Widerlager gegen die Ökonomisierung alles Sozialen, moralische Phantasie, um sich Rechenschaft über die eigene Verantwortlichkeit im Rahmen der langen arbeitsteiligen Handlungsketten ablegen zu können, in die man in modernen Gesellschaften eingebunden ist.

Moralische Ökonomie bildet ein soziales Vermögen, moralische Phantasie ein individuelles. Beide zusammen bilden moralische Intelligenz, Urteilskraft darüber, was hinnehmbar ist und was des Widerstands bedarf. Moralisch heißt in allen drei Fällen nur, dass man die Wahl hat. Die Wahl zum Beispiel, die abgestandene, gefährlich gewordene Geschichte der Moderne über sich selbst weiterzuerzählen. Oder eben nicht. Die Gegengeschichte erzählen Sie.

12 REGELN FÜR ERFOLGREICHEN WIDERSTAND

1. Alles könnte anders sein.
2. Es hängt ausschließlich von Ihnen ab, ob sich etwas verändert.
3. Nehmen Sie sich deshalb ernst.
4. Hören Sie auf, einverstanden zu sein.
5. Leisten Sie Widerstand, sobald Sie nicht einverstanden sind.
6. Sie haben jede Menge Handlungsspielräume.
7. Erweitern Sie Ihre Handlungsspielräume dort, wo Sie sind und Einfluss haben.
8. Schließen Sie Bündnisse.
9. Rechnen Sie mit Rückschlägen, vor allem solchen, die von Ihnen selber ausgehen.
10. Sie haben keine Verantwortung für die Welt.
11. Wie Ihr Widerstand aussieht, hängt von Ihren Möglichkeiten ab.
12. Und von dem, was Ihnen Spaß macht.

ANMERKUNGEN

1 *Micky Maus* Nr. 27, 12. 7. 1958, S. 26.

2 Fukuyama, Francis: *Das Ende der Geschichte: wo stehen wir?*, München 1992.

3 Meadows, Dennis / Meadows, Donella H. / Randers, Jørgen: *Limits to Growth. The 30-Year Update*, London / New York 2004.

4 Elias, Norbert: *Studien über die Deutschen. Machtkämpfe und Habitusentwicklung im 19. und 20. Jahrhundert*, Frankfurt am Main 1989, S. 281.

5 So schreiben Peter Bofinger, Jürgen Habermas und Julian Nida-Rümelin am 4. 8. 2012 in der *Frankfurter Allgemeinen Zeitung* einen schwer verständlichen Artikel, in dem die Forderung nach einem Europäischen Bundesstaat artikuliert wird, der nötig sei, wenn man »überhaupt noch auf die Agenda der Weltpolitik und die Lösung globaler Probleme Einfluss nehmen« wolle (*FAZ*, 4. 8. 2012, S. 33). Der Wert solcher Einflussnahme scheint nicht weiter erklärungsbedürftig, und was sie mit den längst verschobenen geopolitischen Realitäten zu tun haben soll, wird nicht mitgeteilt. Es genügt offenbar die gefühlte Bedeutsamkeit, um einen Wunsch als Argument erscheinen zu lassen.

6 Diamond, Jared: *Kollaps: Warum Gesellschaften überleben oder untergehen*, Frankfurt am Main 2005.

7 Koschorke, Albrecht: Spiel mit Zukunft. In: *Süddeutsche Zeitung*, 30. 10. 2008.

8 *Frankfurter Allgemeine Sonntagszeitung*, 19. 8. 2012, S. 27.

9 Kuckartz, Udo: Nicht hier, nicht jetzt, nicht ich – Über die symbolische Bearbeitung eines ernsten Problems, in: Welzer, Harald / Soeffner, Hans-Georg / Giesecke, Dana (Hg.): *KlimaKulturen. Soziale Wirklichkeiten im Klimawandel*, Frankfurt am Main / New York 2010, S. 143–160.

10 Reemtsma, Jan Philipp: *Vertrauen und Gewalt: Versuch über eine besondere Konstellation der Moderne*, Hamburg 2008.

11 Schor, Juliet: *Plenitude: The new economics of true wealth*, London 2010.

12 McNeill, John R.: *Blue Planet. Die Geschichte der Umwelt im 20. Jahrhundert*, Bonn 2005, S. 9, S. 29.

13 Schor, *Plenitude* (wie Anm. 11).

14 *Süddeutsche Zeitung* vom 25. 8. 2012, S V2/1.

15 ZDF heute Nachrichten, 29. 8. 2012.

16 Nicolai, Birger: Starbucks und Krüger attackieren Nespresso. In: *Welt am Sonntag*, 27. 5. 2012, S. 31.

17 Sáenz-Arojo, Andrea, u. a.: Rapidly shifting environmental baselines among fishers of the Gulf of California. In: *Proceedings of the Royal Society*, 272/2005, S. 1957–1962.

18 Turvey, S. T., u. a.: Rapidly Shifting Baselines in Yangtze Fishing Communities and Local Memory of Extinct Species. In: *Conservation Biology*, 24(3), 2010, S. 778–787.

19 Massing, Michel: Bahrain GP – Schumacher kritisiert Reifen, Ecclestone wird makaber. In: *STERNonline*, 23. 4. 2012, siehe: http://www.stern.de/sport/formel1/bahrain-gp-schumacher-kritisiert-reifen-ecclestone-wird-makaber-1817409.html

20 Perthes, Volker: *Der Aufstand. Die arabische Revolution und ihre Folgen*, München 2011, S. 32.

21 Massing, Bahrain GP (wie Anm. 19).

22 http://www.redbull.de/cs/Satellite/de_DE/Unternehmenszahlen/001243044071188?pcs_c=PCS_Article&pcs_cid=1243041553189

23 Der Chefdenker von Occupy, der Kulturanthropologe David Graeber, hatte in einem Interview vom 18. 5. 2012 mit SPIEGELonline über die Reaktionen auf Occupy Wall Street das Folgende zu sagen: »Manche haben uns angepöbelt, manche waren nett. In der US-Notenbank Fed hatten wir sogar Fans. Einer sagte mir: ›Wir haben zwei Monate versucht, herauszufinden, was ihr Typen eigentlich genau wollt. Als wir merkten, dass ihr nichts Bestimm-

tes verlangt, fanden wir das brillant.‹ http://www.spiegel.de/wirtschaft/interview-mit-david-graeber-von-occupy-a-833789.html.

24 Das Pamphlet »Empört Euch!« des ehemaligen Résistance-Kämpfers Stéphane Hessel ist wohlfeil, weil es nicht konkret benennt, worüber man sich genau empören solle und was man dabei in die Waagschale zu werfen hätte. Unter Marketinggesichtspunkten war das Büchlein, das für drei Euro an den Kassen der Buchhandlungen wie Postkarten oder Kalendersprüche feilgeboten wurde, ein genialer Coup: Von dem Ding wurden weltweit 4 Millionen Exemplare verkauft; entsprechend gab es kurzzeitig eine Kaskade von Nachahmungen durch alle möglichen Verlage.

25 Vitali, Stefania / Glattfelder, James B. / Battiston, Stefano: *The Network of Global Corporate Control*, PLOS ONE, 6(10) e25995 (2011) doi:10.1371/journal.pone.0025995.

26 Marx, Karl: *Deutsche Ideologie*. In: Marx-Engels-Werke, Bd. 3, Berlin (Ost) 1969, S. 33.

27 McNeill, *Blue Planet* (wie Anm. 12), S. 354.

28 Worldwatch Institute, Washington, D. C. (Hg.): *State of the World 2010, Transforming Cultures*, New York, London. Dt. Ausgabe: *Zur Lage der Welt 2010*, hg. v. der Heinrich-Böll-Stiftung, München 2010, S. 49.

29 brand eins und Statista: *Die Welt in Zahlen 2012*, Hamburg 2012, S. 25 bzw. 77.

30 Hoffman, Bruce: *Terrorismus. Der unerklärte Krieg, Neue Gefahren politischer Gewalt*, Frankfurt am Main 1999, S. 215.

31 Die DDR hatte seit 1971 ein Umweltministerium, aber es ist bis heute ziemlich unklar geblieben, was dort eigentlich gemacht wurde. (Radkau, Joachim: *Die Ära der Ökologie – Eine Weltgeschichte*, München 2011, S. 130.)

32 McNeill, *Blue Plane*t (wie Anm. 12), S. 355.

33 Markowitsch, Hans-J. / Welzer, Harald: *Das autobiographische Gedächtnis*, Stuttgart 2005.

34 *Frankfurter Allgemeine Zeitung*: *Deutsche arbeiten häufiger nachts und am Wochenende*, http://www.faz.net/aktuell/wirtschaft/arbeitszeiten-deutsche-arbeiten-haeufiger-nachts-und-am-wochenende-11861812.html vom 20. 8. 2012.

35 Osterhammel, Jürgen: *Die Verwandlung der Welt. Eine Geschichte des 19. Jahrhunderts*, München 2009, S. 936.

36 Ebd., S. 937.

37 Laplanche, Jean / Pontalis, Jean B.: *Das Vokabular der Psychoanalyse*, Frankfurt am Main 1973.

38 Hagner, Michael: *Der Hauslehrer: Die Geschichte eines Kriminalfalls. Erziehung, Sexualität und Medien um 1900*, Frankfurt am Main 2010.

39 Osterhammel, *Die Verwandlung der Welt*, (wie Anm. 35), S. 1131.

40 Wissenschaftlicher Beirat der Bundesregierung Globale Umweltveränderungen (WBGU): *Welt im Wandel: Gesellschaftsvertrag für eine Große Transformation. Hauptgutachten 2011*, Berlin 2011.

41 Diese Überlegung stammt von Uwe Schneidewind.

42 Zit. nach Wolfgang Schivelbusch: *Geschichte der Eisenbahnreise. Zur Industrialisierung von Raum und Zeit im 19. Jahrhundert*, Frankfurt am Main 2004, S. 9.

43 Anders, Günther: *Die Antiquiertheit des Menschen. Über die Seele im Zeitalter der zweiten industriellen Revolution*, München 2002, S. 273.

44 Die Argumentation von Nico Stehr ist erheblich komplizierter: Er geht davon aus, dass die Moralisierung von Produkten und ihren Verkehrsformen dem Markt inhärent ist, nur seit einiger Zeit offensichtlicher wird. Die Märkte, so seine Gesellschaftstheorie, hängen den Produkten aber nicht nur ein »korrektes« Mäntelchen um, sondern werden ihrerseits zu Arenen politischer und moralischer Aushandlung. Vgl. Stehr, Nico: *Die Moralisierung der Märkte. Eine Gesellschaftstheorie*, Frankfurt am Main 2007.

45 Radkau, *Die Ära* (wie Anm. 31), S. 358.

46 Ebd.

47 Glickman, Lawrence B.: *Buying Power: A History of Consumer Activism in America*, Chicago 2009.

48 Heidbrink, Ludger / Schmidt, Imke: Das Prinzip der Konsumentenverantwortung – Grundlagen, Bedingungen und Umsetzungen verantwortlichen Konsums. In: Heidbrink, Ludger / Schmidt,

Imke / Ahaus, Björn (Hg.): *Die Verantwortung der Konsumenten. Über das Verhältnis von Markt, Moral und Konsum*, Frankfurt am Main / New York 2011, S. 25–56.

49 Ebd., S. 32 ff.

50 Adolf, Marian / Stehr, Nico: Die Moralisierung der Märkte und ihre Kritik. In: Heidbrink, Ludger / Schmidt, Imke / Ahaus, Björn (Hg.): *Die Verantwortung der Konsumenten. Über das Verhältnis von Markt, Moral und Konsum*, Frankfurt am Main / New York 2011, S. 250.

51 *The Economist*. Change we can profit from, http://www.economist.com/node/13031214?story_id=13031214.

52 Wie mit beträchtlichem Erfolg von der Internetplattform utopia.de praktiziert.

53 Kathrin Hartmann hat in einem wohltuend polemischen Buch mit den praktischen Illusionen des strategischen Konsums aufgeräumt (Kathrin Hartmann: *Das Ende der Märchenstunde. Wie die Industrie die Lohas und die Lifestyle-Ökos vereinnahmt*, München 2009).

54 Rosa, Hartmut: Über die Verwechslung von Kauf und Konsum: Paradoxien der spätmodernen Konsumkultur. In: Heidbrink, Ludger / Schmidt, Imke / Ahaus, Björn (Hg.): *Die Verantwortung der Konsumenten. Über das Verhältnis von Markt, Moral und Konsum*, Frankfurt am Main / New York 2011, S. 115–132, hier S. 119.

55 Ebd., S. 127.

56 Ebd., S. 129 f.

57 *Frankfurter Allgemeine Zeitung*, 5. 6. 2012, S. T2, Testbericht über ein neues Smartphone.

58 Ebd.

59 Anders, *Die Antiquiertheit* (wie Anm. 43), S. 21 ff.

60 Harald Welzer: Wissenschaftsläden. Ein Kapitel aus der Geschichte reflexiver Verwissenschaftlichung. In: Gamm, Gerhard / Kimmerle, Gerd (Hg.): *Wissenschaft und Gesellschaft*, Tübingen 1991, S. 181–201.

61 Liberti, Stefano: *Landraub. Reisen ins Reich des neuen Kolonialismus*, Berlin 2012.

62 Rockström, Johan, u. a.: Planetary Boundaries: Exploring the Safe Operating Space for Humanity. In: *Ecology and Society* 2009, 14 (2), 32.

63 Huismann, Wilfried: *Schwarzbuch WWF. Dunkle Geschäfte im Zeichen des Panda*, Gütersloh 2012.

64 Liberti, *Landraub* (wie Anm. 61), S. 138 ff.

65 McNeill, *Blue Planet* (wie Anm. 12), S. 80 ff.

66 Radkau, *Die Ära* (wie Anm. 31), S. 177.

67 Jungk, Robert: *Der Atomstaat. Vom Fortschritt in die Unmenschlichkeit*, München 1991.

68 Selbst die nationalsozialistische Gesellschaft hatte soziale Räume und Teilöffentlichkeiten, in denen man unter seinesgleichen über das Für und Wider von Maßnahmen und Aktionen sprechen konnte. Man verkennt den sozialen Funktionsmodus moderner Diktaturen, wenn man glaubt, sie integrierten ihre Bevölkerungen über Homogenisierung. Das Gegenteil ist der Fall: Der Nationalsozialismus zum Beispiel integriert über das Aufrechterhalten von Differenz, so dass auch noch diejenigen, die *gegen* das Regime, kritisch gegenüber der Judenpolitik, im Herzen sozialdemokratisch oder was auch immer sind, ihren sozialen Ort finden, an dem sie sich austauschen können und Gleichdenkende finden. Dieser Integrationsmodus findet sich bis hinein in die Einsatzgruppen und Reservepolizeibataillone, die keineswegs aus gleichgeschalteten, dumpfen Vollstreckern, sondern aus denkenden Menschen bestehen, die sich untereinander darüber verständigen, was sie tun und ob sie zu den Guten oder den Schlechten gehören.

69 Radkau, *Die Ära*, (Anm. 31), S. 14.

70 McNeill, *Blue Planet* (wie Anm. 12), S. 328.

71 *Frankfurter Allgemeine Zeitung*, 4. 6. 2012, S. 1.

72 Paech, Niko: *Befreiung vom Überfluss: Auf dem Weg in die Postwachstumsökonomie*, München 2011.

73 Ebd., S. 91.

74 Das einzige Unternehmen, das eine solche Bilanz vorgelegt hat, ist Puma. Hier zeigt sich, dass sich der Unternehmensgewinn von

rund 300 Millionen Euro unter Einrechnung der externalisierten Kosten um 145 Millionen Euro vermindern würde. Eine interne »echte« Bilanzierung bei der Otto-Group kommt zu einem vergleichbaren Ergebnis.

75 Ebd., S. 97.

76 *Süddeutsche Zeitung*: Das Meer im Jahr 2300, 26. 6. 2012, S. 18.

77 Horkheimer, Max / Adorno, Theodor W.: *Dialektik der Aufklärung*, Frankfurt am Main 1988.

78 Radkau, *Die Ära* (wie Anm. 31), S. 583.

79 Welzer, Harald: *Klimakriege. Wofür im 21. Jahrhundert getötet wird*, Frankfurt am Main 2008.

80 »Sekundäre Anpassung« nennt Erving Goffman, wenn institutionellen Vorgaben scheinbar korrekt gefolgt wird, man das aber nur tut, um dabei eigene Interessen zu realisieren: Beispiele wären Ratingagenturen, professionelle Abmahner, Dopingärzte, Spione, Denunzianten.

81 Unmüssig, Barbara / Sachs, Wolfgang / Fatheuer, Thomas: *Kritik der grünen Ökonomie: Impulse für eine sozial und ökologisch gerechte Zukunft*, Berlin 2012, S. 25.

82 Francois Truffaut: *Mr. Hitchcock, wie haben Sie das gemacht?*, München 2003, S. 116 ff.

83 McKibben, Bill: *Global Warming's Terrifying New Math*. http://www.rollingstone / politics / news / global-warmings-terrifying-new-math-201

84 Ebd.

85 Menasse, Robert: *Die Zerstörung der Welt als Wille und Vorstellung*, Frankfurt am Main 2006, S. 26 ff.

86 Die wissenschaftlichen Wurzeln von Sowjetkommunismus und Nationalsozialismus werden oft übersehen. Aber gerade die Behauptung, klassen- bzw. rassentheoretisch gefundenen Gesetzmäßigkeiten zu ihrem Recht zu verhelfen, hat zu jener tödlichen Folgerichtigkeit geführt, die totalitäre Gesellschaften auszeichnet. Wenn, so hat Hannah Arendt formuliert, die Gesetze des gesellschaftlichen Fortschritts festlegen, dass nur Moskau eine U-Bahn habe, weil der Kommunismus das überlegene System sei, dann

bleibt diese Überlegung nur so lange unwahr, als es noch nicht gelungen ist, alle anderen Untergrundbahnen zu zerstören. Wenn die Gesetze der Biologie festlegen, dass es »Herrenmenschen« und »Untermenschen« gibt, dann bleibt diese Behauptung nur so lange unwahr, als die eine Gruppe alle anderen noch nicht versklavt oder getötet hat. Totalitäre Systeme setzen ihre leitenden Theorien immer sofort in Praxis um, deshalb hinterlassen sie so viele Tote.

87 Schütz, Alfred: Teiresias, oder unser Wissen von zukünftigen Ereignissen. In: ders., *Gesammelte Aufsätze*, Bd. 2., Den Haag 1972, S. 259–278.

88 Thompson, Edward P.: *Die Entstehung der englischen Arbeiterklasse*, Frankfurt am Main 1997.

89 Altvater, Elmar: *Das Ende des Kapitalismus, wie wir ihn kannten*, Münster 2011, S. 177.

90 Weick, Karl / Sutcliffe, Kathleen: *Das Unerwartete managen: Wie Unternehmen aus Extremsituationen lernen*, Stuttgart 2003.

91 Ebd., S. 29.

92 Ebd., S. 86.

93 Ebd., S. 57.

94 Die Idee für die folgende Geschichte stammt von der Wiesbadener Agentur Scholz & Volkmer (www.s-v.de). Ich danke Christian Daul, Peter Post und Michael Volkmer.

95 Giveboxen gibt es in unterschiedlicher Machart und Funktion: für Bücher, die man einstellt und entnimmt (»book crossing«), aber auch für alle möglichen Gebrauchsgegenstände, die abgegeben und kostenlos entnommen werden können.

96 http://www.backhausen.com/returnity.php

97 Paech, *Befreiung vom Überfluss* (wie Anm. 72), S. 133 ff.

98 Ebd., S. 119.

99 Rammler, Stephan: Die Geschichte der Zukunft unserer Mobilität. In: Harald Welzer / Klaus Wiegandt (Hg.): *Perspektiven einer nachhaltigen Entwicklung. Wie sieht die Welt 2050 aus?*, Frankfurt am Main 2011, S. 14–39.

100 Kegler, Ulrike: *In Zukunft lernen wir anders. Wenn Schule schön wird*, Weinheim 2009.

101 Grubenhofer, Elisabeth: *Eine Kita im Seniorenheim*, Kiliansroda 2009.

102 www.stiftung-intact.ch

103 Eine längere und auf einen Prognosezeitraum von 100 Jahren datierte Variante dieser Zukunftsvision ist bereits veröffentlicht in Heinemann, Paul & Grandits, Ernst, A. (Hg.): *2112*. Hildesheim u. a. 2012.

104 Der »Holocaust« war die planmäßige Ermordung von ca. 6 Millionen Juden durch das nationalsozialistische Regime, das in Deutschland eine wissenschaftlich begründete biologistische Politik zur Staatsräson erhoben hatte. Neben den europäischen Juden fielen dieser Biopolitik Behinderte, Sinti und Roma, Homosexuelle und andere sogenannte Gemeinschaftsfremde zum Opfer.

105 Pinker, Steven: *Gewalt. Eine neue Geschichte der Menschheit*, Frankfurt am Main 2011, S. 90 ff.

106 Jared Diamond hat den Niedergang der Osterinsel-Kultur auf die nicht nachhaltige Holznutzung und die damit zusammenhängende Bodenerosion zurückgeführt, die sukzessive dazu führte, dass die Ernährung der Bewohner irgendwann nicht mehr sichergestellt werden konnte. Die Sozialstruktur entdifferenzierte sich, die verbliebenen Clans begannen, sich in einem absoluten Krieg zu bekämpfen. Das insulare Experiment, das keinen Einflüssen von außen unterlag, fand sein Ende darin, dass sich die Menschen als letzte Ressourcen selbst verbrauchten. Der Großteil der wenigen, die nach dem Krieg übrig waren, wurde im 18. Jahrhundert durch peruanische Händler in die Sklaverei verkauft (Diamond, *Kollaps* (wie Anm. 6), S. 62 ff.).

107 Rockström, *Planetary Boundaries* (wie Anm. 62).

108 Clausen, Lars: Wohin mit den Klimakatastrophen? In: Harald Welzer et al. (Hg.): *Klimakulturen. Soziale Wirklichkeiten im Klimawandel*, Frankfurt am Main 2010, S. 97–110.

109 Welzer, *Klimakriege* (wie Anm. 79).

110 Bude, Heinz: Die Überflüssigen. In: Bude, Heinz/Willisch Andreas (Hg.): *Exklusion – Die Debatte über die »Überflüssigen«*, Frankfurt am Main 2007.

111 Radermacher, Franz Josef/Beyers, Bert: *Welt mit Zukunft: Überleben im 21. Jahrhundert*, Hamburg 2007.

112 Musil, Robert: *Der Mann ohne Eigenschaften*, Bd. 1, Reinbek 1981.

113 Ebd., S. 17.

114 Ebd., S. 250.

115 Ebd., S. 246.

116 Ullrich, Wolfgang: *Haben wollen. Wie funktioniert die Konsumkultur?*, Frankfurt am Main 2006, S. 53 f.

117 Edward P. Thompson, der diesen Begriff in seinen historischen Untersuchungen zur Geschichte der britischen Arbeiterklasse geprägt hat, bezieht sich damit auf subkulturspezifische Moralitäten, die zu Vorstellungen über Recht und Unrecht führen. Sie bilden Anlass für Protest und Rebellion, obwohl sie nicht direkt auf unmittelbare Not oder Repression zurückzuführen sind. (Thompson, Eward P.: *Die Entstehung der englischen Arbeiterklasse*, Frankfurt am Main 1997.)

118 Tajfel, Henri: *Social identity and intergroup relations*, Cambridge 1982.

119 Milinski, Manfred: Egoismus schafft Gemeinsinn. Das Problem des Altruismus. In: Ernst Peter Fischer/Klaus Wiegandt (Hg.): *Evolution und Kultur des Menschen*, Frankfurt am Main 2010, S. 270–291.

120 Welzer, Harald: *Täter. Wie aus ganz normalen Menschen Massenmörder werden*, Frankfurt am Main 2005, S. 14 ff.

121 Precht, Richard David: *Die Kunst, kein Egoist zu sein*, München 2012, S. 315.

122 Königseder, Angelika: Solidarität und Hilfe – Rettung von Juden vor nationalsozialistischer Verfolgung. In: Haus der Geschichte Baden-Württemberg (Hg.): *Helfer im Verborgenen. Retter jüdischer Menschen in Südwestdeutschland* (S. 21–34), Heidelberg 2012, S. 25

123 Christ, Michaela: *Die Dynamik des Tötens: Die Ermordung der Juden von Berditschew. Ukraine 1941–1944*, Frankfurt am Main 2011.

124 Wenger, Etienne (2006): *Communities of Practice. A Brief Introduction*, online: http://www.ewenger.com/theory/index.htm (Stand: 31.08.2012), eigene Übersetzung.

125 Wenger, Etienne (1998): *Communities of Practice. Learning, Meaning, and Identity*, Reprint, Cambridge, S. 77, eigene Übersetzung.

126 Ebd., S. 72. eigene Übersetzung.

127 Bankoff, Greg: Cultures of Coping: Adaptation to Hazard and Living with Disaster in the Philippines. In: *Philippine Sociological Review*, 51, 1/4, 2003 [veröffentlicht 2006], S. 1–16.

128 Sanchez, Adriana: Der Code ist das Saatgut der Software. In: Helfrich, Silke/Heinrich Böll Stiftung (Hg.): *Commons. Für eine neue Politik jenseits von Markt und Staat*, Bielefeld 2012, S. 344–347, hier S. 346

129 Siefkes, Christian: Peer-Produktion – der unerwartete Aufstieg einer commonsbasierten Produktionsweise. In: Helfrich, Silke/Heinrich Böll Stiftung (Hg.): *Commons. Für eine neue Politik jenseits von Markt und Staat*, Bielefeld 2012, S. 348–353, hier S. 350f.

130 Boese, Daniel: *Wir sind jung und brauchen die Welt*, München 2012; Hunter, Emily: *Ökokrieger. Eine neue Generation kämpft für unseren Planeten*, Frankfurt am Main 2012.

131 *16. Shell Jugendstudie: Jugend 2010*, Frankfurt am Main 2011, S. 156.

132 Ebd., S. 202

133 Welzer, Harald/Wessels, Sebastian: Wie gut, dass auch die Nonkonformisten konform sind. In: *Merkur* 9/10, 2011, S. 970–979.

134 Shell, *Jugend 2010* (wie Anm. 130), S. 214.

135 Ebd., S. 215 und 217.

136 Ebd., S. 225.

137 Jonas, Hans: *Das Prinzip Verantwortung. Versuch einer Ethik für die technologische Zivilisation*, Frankfurt am Main 1984, S. 185.

138 Begemann, Verena: *Hospiz – Lehr- und Lernort des Lebens*, Stuttgart 2006, S. 15.

139 Nassehi, Armin / Weber, Georg: *Tod, Modernität und Gesellschaft. Entwurf einer Theorie der Todesverdrängung*, Opladen 1989, S. 198.

140 Begemann, *Hospiz*, (wie Anm. 137), S. 19.

141 Filipp, Sigrun Heide (Hg.): *Kritische Lebensereignisse*, München 1981.

142 www.lisad.com / bisesmirvomleibefaellt/

143 www.schmidttakahashi.de

144 www.recyclingdesignpreis.org

145 Maak, Niklas: Stehen lassen! In: *Frankfurter Allgemeine Sonntagszeitung* vom 26. 8. 2012, S. 23.

146 Ahlert, Moritz, et al. (Hg.): *Berliner Atlas paradoxaler Mobilität*, Berlin 2011.

147 Müller, Christa: *Urban Gardening. Über die Rückkehr der Gärten in die Stadt*, München 2011.

148 www.regionalwert-ag.de

149 www.zeitraum-architektur.info

150 Ostrom, Elinor / Helfrich, Silke (Hg.): *Was mehr wird, wenn wir teilen. Vom gesellschaftlichen Wert der Gemeingüter*, München 2011.

151 Helfrich, Silke / Heinrich Böll Stiftung (Hg.): *Commons. Für eine Politik jenseits von Markt und Staat*, Bielefeld 2012.

152 *Frankfurter Allgemeine Zeitung*: Deutsche arbeiten häufiger nachts und am Wochenende, http://www.faz.net / aktuell / wirtschaft / arbeitszeiten-deutsche-arbeiten-haeufiger-nachts-und-am-wochenende-11861812.html vom 20. 08. 2012.

153 Marzahn, Christian: Das Zucht- und Arbeitshaus. Die Kerninstitution frühbürgerlicher Sozialpolitik, in: Marzahn, Christian / Ritz, Hans-Günther (Hg.): *Zähmen und Bewahren. Die Anfänge bürgerlicher Sozialpolitik*, Bielefeld 1984, S. 7–68.

154 Crouch, Colin: *Postdemokratie*, Frankfurt am Main 2008.

155 Diese Studie wurde unter dem Titel »Prosoziales Verhalten unter restriktiven Bedingungen« großzügig von der Volkswagenstiftung gefördert.

156 Beer, Susanne: Helene Jacobs und die »anderen Deutschen«. Zur Rekonstruktion von Hilfeverhalten für Juden im Nationalsozialismus. In: Schmidt-Lauber, Brigitta; Schwibbe, Gudrun (Hg.): *Alterität. Erzählen vom Anderssein*, Göttingen (Göttinger kulturwissenschaftliche Studien, 4) 2010, S. 85–110.

157 Düring, Marten: *Verdeckte soziale Netzwerke im Nationalsozialismus*, unver. Dissertation, Mainz 2012.

158 Man muss hier hinzufügen, dass der jüdische Anteil an der deutschen Bevölkerung zum Zeitpunkt, als die Deportationen begannen und ein geringer Teil der Verfolgten untertauchte und dabei der Hilfe bedurfte, schon sehr gering war. In Berlin lebten 1941 noch 73 000 Juden, von denen schätzungsweise 7000 als sogenannte U-Boote versuchten, im Untergrund zu überleben. Die soziale Nähe zu Verfolgten ist bei einer Gesamtbevölkerung von fast vier Millionen Menschen in Berlin eher gering; die soziale Sichtbarkeit aus naheliegenden Gründen verschwindend. Deshalb ist es schon für die wenigsten per se wahrnehmbar, dass ihre Hilfe erforderlich ist, ganz unabhängig von der politischen Einstellung, der Denunziations- oder der Hilfebereitschaft, die jeweils der Wahrnehmung natürlich nachgeordnet sind.

159 Giesecke, Dana / Welzer, Harald: *Das Menschenmögliche. Zur Renovierung der deutschen Erinnerungskultur*, Hamburg 2012, S. 38 ff.

160 Welzer, *Täter* (wie Anm. 119).

161 Neitzel, Sönke / Welzer, Harald: *Soldaten. Protokolle vom Kämpfen, Töten und Sterben*, Frankfurt am Main 2011.

162 Anders, *Die Antiquiertheit*, (wie Anm. 43), S. 273.

163 Heute bezeichnet man den später identifizierten Virus tatsächlich als Seehundstaupevirus und nimmt an, dass er vor allem dann krankheitserregend wird, wenn die Tiere aufgrund von Vorschädigungen durch Umweltgifte Schwächen im Immunsystem aufweisen.

164 Davis, Mike: Die große Mauer des Kapitals. In: *Die ZEIT*, 12. Oktober 2006 (Nr. 42/2006), http://www.zeit.de/2006/42/Mauern

165 U. S. Customs and Border Protection: *National Border Patrol Strategy*, Washington 2004.

166 Welzer, *Klimakriege* (wie Anm. 79), S. 181 ff.

167 Süß, Christoph: *Morgen letzter Tag! Ich und Du und der Weltuntergang*, München 2012, S. 135.

168 Hartmann, Kathrin: *Wir müssen leider draußen bleiben – Die neue Armut in der Konsumgesellschaft*, München 2012, S. 331.

169 Ebd., S. 335.

170 Ebd., S. 332.

171 Ebd., S. 335.

172 Marcuse, Herbert / Moore, Barrington / Wolff, Robert Paul: *Kritik der reinen Toleranz*, Frankfurt am Main 1995, S. 138.

173 Markowitsch / Welzer, *Das autobiographische Gedächtnis* (wie Anm. 33).

174 Luria, Alexander: Der *Mann, dessen Welt in Scherben ging. Zwei neurologische Geschichten*, Reinbek 1992.

175 Marker, Chris: *Sans Soleil*, Filmessay, Frankreich 1983.

176 Engelsing, Rolf: *Analphabetentum und Lektüre: zur Sozialgeschichte des Lesens in Deutschland zwischen feudaler und industrieller Gesellschaft.* Stuttgart 1973.

177 Musil, *Der Mann* (wie Anm. 111), S. 257.

178 Ebd., S. 131.

179 Elias, *Studien über die Deutschen* (wie Anm. 4), S. 27 ff.

180 Bloch, Ernst: *Erbschaft dieser Zeit*, Frankfurt am Main 1976, S. 117.

181 Rolf Disch ist der Erfinder des Plus-Energiehauses (www.rolfdisch.de).

182 Allein im Jahr 2012 hat beispielsweise Porsche 7,6 Millionen Euro für die Erforschung von »Schlüsseltechnologien der nächsten Generation von Elektrofahrzeugen« vom Forschungsministerium bekommen (*Frankfurter Allgemeine Zeitung*, 20. 8. 2012, S. 13).

183 www.adz-netzwerk.de.

184 Marquard, Odo: *Skepsis in der Moderne*, Stuttgart 2007, S. 63 f.

185 Andreas Friedrich, Ruth: *Der Schattenmann. Tagebuchaufzeichnungen 1938 – 1945*, Frankfurt am Main 1986. Der große Psychologe Hans Keilson hat unter dem Titel »Komödie in Moll« exakt darüber einen kleinen Roman geschrieben.

186 Düring, *Verdeckte soziale Netzwerke* (wie Anm. 156), S. 256.

187 Schönhaus, Cioma: *Der Passfälscher. Die unglaubliche Geschichte eines jungen Grafikers, der im Untergrund gegen die Nazis kämpfte*, Frankfurt am Main 2004.

188 Felber, Christian: *Gemeinwohlökonomie. Das Wirtschaftsmodell der Zukunft*, Wien 2012.

189 Weiguny, Sabine: *Bionade. Eine Limo verändert die Welt*, Frankfurt am Main 2009.

190 www.murks.de.

191 Brecht, Bertolt: *Arbeitsjournal*, 12. Mai 1942.

192 Es ist nicht ganz klar, wie viele Personen tatsächlich von der Panik erfasst wurden. Die *New York Times* titelte am 31. 10. 1938 »Radio Listeners in Panic, Taking War Drama as Fact« und berichtete über verschiedene punktuelle Ereignisse, etwa die Flucht der Bewohner eines ganzen Blocks, nicht aber über eine Massenpanik. Gleichwohl wurde hier für eine beträchtliche Anzahl von Menschen die gelegentlich dünne Grenze zwischen Fiktion und Wirklichkeit durchbrochen.

193 GATT ist das Akronym für »General Agreement on Tarifs and Trade«, also das Allgemeine Zoll- und Handelsabkommen, das 1947 verabschiedet wurde. Die 1994 gegründete WTO ist die institutionalisierte Form des GATT-Abkommens.

194 http://www.futurzwei.org/green-music-initiative.

195 http://www.futurzwei.org/beeta.

196 Viele Beispiele finden sich auf der Seite des von Reinhard Kahl initiierten »Archivs der Zukunft« www.archiv-der-zukunft.de.

197 Den Hinweis auf diesen Cartoon verdanke ich Johannes Meier von der European Climate Foundation.

LITERATURANGABEN

Adolf, Marian, und Stehr, Nico: Die Moralisierung der Märkte und ihre Kritik, in: Heidbrink, Ludger / Schmidt, Imke / Ahaus, Björn (Hg.), Die Verantwortung der Konsumenten. Über das Verhältnis von Markt, Moral und Konsum, Frankfurt am Main / New York 2011, S. 245–267.

Ahlert, Moritz, et al. (Hg.), Berliner Atlas paradoxaler Mobilität, Berlin 2011.

Altvater, Elmar: Das Ende des Kapitalismus, wie wir ihn kannten, Münster 2009.

Anders, Günther: Die Antiquiertheit des Menschen: Über die Seele im Zeitalter der zweiten industriellen Revolution, München 2002.

Andreas Friedrich, Ruth: Der Schattenmann. Tagebuchaufzeichnungen 1938 – 1945, Frankfurt am Main 1986.

Bankoff, Greg: ›Cultures of Coping: Adaptation to Hazard and Living with Disaster in the Philippines‹, Philippine Sociological Review, 51, 1 / 4, 2003 [veröffentlicht 2006].

Beer, Susanne: Helene Jacobs und die »anderen Deutschen«. Zur Rekonstruktion von Hilfeverhalten für Juden im Nationalsozialismus. In: Schmidt-Lauber, Brigitta; Schwibbe, Gudrun (Hg.): Alterität. Erzählen vom Anderssein, Göttingen (Göttinger kulturwissenschaftliche Studien, 4) 2010, S. 85–110.

Begemann, Verena: Hospiz – Lehr- und Lernort des Lebens, Stuttgart 2006.

Bloch, Ernst: Erbschaft dieser Zeit, Frankfurt am Main 1976.

Boese, Daniel: Wir sind jung und brauchen die Welt, München 2012.

brand eins und Statista: Die Welt in Zahlen 2012, Hamburg 2012.

Bude, Heinz: Die Ausgeschlossenen. Das Ende vom Traum einer gerechten Gesellschaft, München 2008.

Christ, Michaela: Die Dynamik des Tötens: Die Ermordung der Juden von Berditschew. Ukraine 1941–1944, Frankfurt am Main 2011.

Clausen, Lars: Wohin mit den Klimakatastrophen? In: Harald Welzer et al. (Hg.): Klimakulturen. Soziale Wirklichkeiten im Klimawandel, Frankfurt am Main 2010.

Crouch, Colin: Postdemokratie, Frankfurt am Main 2008.

Damasio, Antonio: Descartes' Irrtum. Fühlen, Denken und das menschliche Gehirn, München 1998.

Davis, Mike: Die große Mauer des Kapitals. In: Die ZEIT, 12. Oktober 2006 (Nr. 42 / 2006, http://www.zeit.de/2006/42/Mauern)

Diamond, Jared: Kollaps: Warum Gesellschaften überleben oder untergehen, Frankfurt am Main 2005.

Düring, Marten: Verdeckte soziale Netzwerke im Nationalsozialismus, unver. Diss., Mainz 2012.

Elias, Norbert: Studien über die Deutschen. Machtkämpfe und Habitusentwicklung im 19. und 20. Jahrhundert, Frankfurt am Main 1989.

Engelsing, Rolf: Analphabetentum und Lektüre: zur Sozialgeschichte des Lesens in Deutschland zwischen feudaler und industrieller Gesellschaft. Stuttgart 1973.

Felber, Christian: Gemeinwohlökonomie. Das Wirtschaftsmodell der Zukunft, Wien 2012.

Filipp, Sigrun Heide (Hg.): Kritische Lebensereignisse, München 1981.

Frankfurter Allgemeine Zeitung: Interview mit Kurt Bock: Wer Wachstum verbietet, verhindert das Denken, http://www.faz.net/aktuell/wirtschaft/basf-chef-kurt-bock-wer-wachstum-verbietet-verhindert-das-denken-11724692.html vom 21.4.2012.

Frankfurter Allgemeine Zeitung: Deutsche arbeiten häufiger nachts und am Wochenende, http://www.faz.net/aktuell/wirtschaft/arbeitszeiten-deutsche-arbeiten-haeufiger-nachts-und-am-wochenende-11861812.html vom 20.8.2012.

Frankfurter Allgemeine Zeitung, Testbericht über ein neues Smartphone, 5.6.2012, S. T2.

Frankfurter Allgemeine Zeitung, 4. 6. 2012, S. 1.

Frankfurter Allgemeine Zeitung, 20. 8. 2012, S. 13.

Fukuyama, Francis: Das Ende der Geschichte: wo stehen wir?, München 1992.

FUTURZWEI: http://www.futurzwei.org/green-music-initiative; http://www.futurzwei.org/beeta

Giesecke, Dana/Welzer, Harald: Das Menschenmögliche. Zur Renovierung der deutschen Erinnerungskultur, Hamburg 2012.

Glickman, Lawrence B.: Buying Power: A History of Consumer Activism in America, Chicago 2009.

Grubenhofer, Elisabeth: Eine Kita im Seniorenheim, Kiliansroda 2009.

Hagner, Michael: Der Hauslehrer: Die Geschichte eines Kriminalfalls. Erziehung, Sexualität und Medien um 1900, Frankfurt am Main 2010.

Hartmann, Kathrin: Das Ende der Märchenstunde. Wie die Industrie die Lohas und die Lifestyle-Ökos vereinnahmt, München 2009.

Hartmann, Kathrin: Wir müssen leider draußen bleiben – Die neue Armut in der Konsumgesellschaft, München 2012.

Heidbrink, Ludger/Schmidt, Imke: Das Prinzip der Konsumentenverantwortung – Grundlagen, Bedingungen und Umsetzungen verantwortlichen Konsums. In: Heidbrink, Ludger/Schmidt, Imke/Ahaus, Björn (Hg.), Die Verantwortung der Konsumenten. Über das Verhältnis von Markt, Moral und Konsum, Frankfurt am Main/New York 2011, S. 25–56.

Helfrich, Silke/Heinrich Böll Stiftung (Hg.), Commons. Für eine Politik jenseits von Markt und Staat, Bielefeld 2012.

Hoffman, Bruce: Terrorismus. Der unerklärte Krieg: Neue Gefahren politischer Gewalt, Frankfurt am Main 1999.

Horkheimer, Max/Adorno, Theodor W.: Dialektik der Aufklärung, Frankfurt am Main 1988.

Huismann, Wilfried: Schwarzbuch WWF. Dunkle Geschäfte im Zeichen des Panda, Gütersloh 2012.

Hunter, Emily: Ökokrieger. Eine neue Generation kämpft für unseren Planeten, Frankfurt am Main 2012.

Jonas, Hans: Das Prinzip Verantwortung. Versuch einer Ethik für die technologische Zivilisation, Frankfurt am Main 1984.

Jungk, Robert: Der Atomstaat. Vom Fortschritt in die Unmenschlichkeit, München 1991.

Kegler, Ulrike: In Zukunft lernen wir anders. Wenn Schule schön wird, Weinheim 2009.

Königseder, Angelika: Solidarität und Hilfe – Rettung von Juden vor nationalsozialistischer Verfolgung. In: Haus der Geschichte Baden-Württemberg (Hg.), Helfer im Verborgenen. Retter jüdischer Menschen in Südwestdeutschland, Heidelberg 2012, S. 21–34.

Koschorke, Albrecht: Spiel mit der Zukunft. In: Süddeutsche Zeitung, 30. 10. 2008.

Kuckartz, Udo: Nicht hier, nicht jetzt, nicht ich – Über die symbolische Bearbeitung eines ernsten Problems. In: Welzer, Harald / Soeffner, Hans-Georg / Giesecke, Dana (Hg.), KlimaKulturen. Soziale Wirklichkeiten im Klimawandel, Frankfurt am Main / New York 2010, S. 143–160.

Laplanche, Jean, und Pontalis, Jean B.: Das Vokabular der Psychoanalyse, Frankfurt am Main 1973.

Liberti, Stefano: Landraub. Reisen ins Reich des neuen Kolonialismus, Berlin 2012.

Luria, Alexander: Der Mann, dessen Welt in Scherben ging. Zwei neurologische Geschichten, Reinbek 1992.

Maak, Niklas: Stehen lassen! In: Frankfurter Allgemeine Sonntagszeitung vom 26. 8. 2012, S. 23.

Marcuse, Herbert / Moore, Barrington / Wolff, Robert Paul: Kritik der reinen Toleranz, Frankfurt am Main 1995.

Marker, Chris: Sans Soleil, Filmessay, 1983.

Markowitsch, Hans-J. / Welzer, Harald: Das autobiographische Gedächtnis, Stuttgart 2005.

Marquard, Odo: Skepsis in der Moderne, Stuttgart 2007.

Marx, Karl: Deutsche Ideologie. In: Marx-Engels-Werke Bd. 3, Berlin (Ost) 1969.

Marzahn, Christian: Das Zucht- und Arbeitshaus. Die Kerninstitution frühbürgerlicher Sozialpolitik. In: Marzahn, Christian / Ritz, Hans-Günther (Hg.): Zähmen und Bewahren. Die Anfänge bürgerlicher Sozialpolitik, Bielefeld 1984, S. 7–68.

Massing, Michael: Bharain GP – Schumacher kritisiert Reifen, Ecclestone wird makaber. In: http://www.stern.de/sport/formel1/bahrain-gp-schumacher-kritisiert-reifen-ecclestone-wird-makaber-1817409.html.

McKibben, Bill: Global Warming's Terrifying New Math. In: http://www.rollingstone/politics/news/global-warmings-terrifying-new-math-201.

McNeill, John R.: Blue Planet. Die Geschichte der Umwelt im 20. Jahrhundert, Bonn 2005.

Meadows, Dennis / Meadows, Donella H. / Randers, Jørgen: Limits to Growth – The 30-Year Update, London / New York 2004.

Menasse, Robert: Die Zerstörung der Welt als Wille und Vorstellung, Frankfurt am Main 2006.

Milinski, Manfred: Egoismus schafft Gemeinsinn. Das Problem des Altruismus. In: Ernst Peter Fischer / Klaus Wiegandt (Hg.), Evolution und Kultur des Menschen, Frankfurt am Main 2010, S. 270–291.

Müller, Christa (Hg.): Urban Gardening. Über die Rückkehr der Gärten in die Stadt, München 2011.

Musil, Robert: Der Mann ohne Eigenschaften, Bd. 1., Reinbek 1981.

Nassehi, Armin / Weber, Georg: Tod, Modernität und Gesellschaft. Entwurf einer Theorie der Todesverdrängung, Opladen 1989.

Neitzel, Sönke / Welzer, Harald: Soldaten. Protokolle vom Kämpfen, Töten und Sterben, Frankfurt am Main 2011.

Nicolai, Birger: Starbucks und Krüger attackieren Nespresso. In: Welt am Sonntag, 27. 5. 2012, S. 31.

Osterhammel, Jürgen: Die Verwandlung der Welt. Eine Geschichte des 19. Jahrhunderts, München 2009.

Ostrom, Elinor / Helfrich, Silke (Hg.): Was mehr wird, wenn wir teilen. Vom gesellschaftlichen Wert der Gemeingüter, München 2011.

Paech, Niko: Befreiung vom Überfluss: Auf dem Weg in die Postwachstumsökonomie, München 2011.

Perthes, Volker: Der Aufstand. Die arabische Revolution und ihre Folgen, München 2011.

Pinker, Steven: Gewalt. Eine neue Geschichte der Menschheit, Frankfurt am Main 2011.

Precht, Richard David: Die Kunst, kein Egoist zu sein, München 2012.

Radermacher, Franz Josef / Beyers, Bert: Welt mit Zukunft: Überleben im 21. Jahrhundert, Hamburg 2007.

Radkau, Joachim: Die Ära der Ökologie – Eine Weltgeschichte, München 2011.

Rammler, Stephan: Die Geschichte der Zukunft unserer Mobilität. In: Harald Welzer / Klaus Wiegandt (Hg.): Perspektiven einer nachhaltigen Entwicklung. Wie sieht die Welt 2050 aus?, Frankfurt am Main 2011, S. 14–39.

Red Bull, siehe: http://www.redbull.de/cs/Satellite/de_DE/Unternehmenszahlen/001243044071188?pcs_c=PCS_Article&pcs_cid=1243041553189

Reemtsma, Jan Philipp: Vertrauen und Gewalt: Versuch über eine besondere Konstellation der Moderne, Hamburg 2008.

Rockström, Johan, u.a.: Planetary boundaries: exploring the safe operating space for humanity. In: Ecology and Society 2009, 14 (2), S. 32.

Rosa, Hartmut: Über die Verwechslung von Kauf und Konsum: Paradoxien der spätmodernen Konsumkultur. In: Heidbrink, Ludger / Schmidt, Imke / Ahaus, Björn (Hg.): Die Verantwortung der Konsumenten. Über das Verhältnis von Markt, Moral und Konsum, Frankfurt am Main / New York 2011, S. 115–132.

Sáenz-Arojo, Andrea, u.a.: Rapidly shifting environmental baselines among fishers of the Gulf of California. In: Proceedings of the Royal Society, 272 / 2005, S. 1957–1962.

Sanchez, Adriana: Der Code ist das Saatgut der Software. In: Helfrich, Silke / Heinrich Böll Stiftung (Hg.): Commons. Für eine neue Politik jenseits von Markt und Staat, Bielefeld 2012, S. 344–347.

Schivelbusch, Wolfgang: Geschichte der Eisenbahnreise. Zur Industrialisierung von Raum und Zeit im 19. Jahrhundert, Frankfurt am Main 2004.

Schönhaus, Cioma: Der Passfälscher. Die unglaubliche Geschichte eines jungen Grafikers, der im Untergrund gegen die Nazis kämpfte, Frankfurt am Main 2004.

Schor, Juliet: Plenitude: The new economics of true wealth, London 2010.

Schütz, Alfred: Teiresias, oder unser Wissen von zukünftigen Ereignissen. In: Ders., Gesammelte Aufsätze, Bd. 2. Den Haag 1972, S. 259–278.

Shell Jugendstudie (16.): Jugend 2010, Frankfurt am Main 2011.

Siefkes, Christian: Peer-Produktion – der unerwartete Aufstieg einer commonsbasierten Produktionsweise. In: Helfrich, Silke / Heinrich Böll Stiftung (Hg.): Commons. Für eine neue Politik jenseits von Markt und Staat, Bielefeld 2012, S. 348–353.

Stehr, Nico: Die Moralisierung der Märkte. Eine Gesellschaftstheorie, Frankfurt am Main 2007.

Süddeutsche Zeitung: Das Meer im Jahr 2300, 26. 6. 2012.

Süß, Christoph: Morgen letzter Tag! Ich und Du und der Weltuntergang, München 2012.

Tajfel, Henri: Social identity and intergroup relations, Cambridge 1982.

The Economist: Change We can Profit From. http://www.economist.com/node/13031214?story_id=13031214

Thompson, Eward P.: Die Entstehung der englischen Arbeiterklasse, Frankfurt am Main 1997.

Truffaut, François: Mr. Hitchcock, wie haben Sie das gemacht?, München 2003.

Turvey, S. T., u. a.: Rapidly Shifting Baselines in Yangtze Fishing Communities and Local Memory of Extinct Species. In: Conservation Biology, 24(3), 2010, S. 778–787.

U.S. Customs and Border Protection: National Border Patrol Strategy, Washington, September 2004.

Ullrich, Wolfgang: Haben wollen. Wie funktioniert die Konsumkultur?, Frankfurt am Main 2006.

Unmüssig, Barbara / Sachs, Wolfgang / Fatheuer, Thomas: Kritik der grünen Ökonomie: Impulse für eine sozial und ökologisch gerechte Zukunft, Berlin 2012.

Vitali, Stefania / Glattfelder, James B. / Battiston, Stefano: The Network of Global Corporate Control, PLOS ONE, 6(10) e25995 (2011) doi:10.1371/journal.pone.0025995

Weick, Karl / Sutcliffe, Kathleen: Das Unerwartete managen: Wie Unternehmen aus Extremsituationen lernen, Stuttgart 2003.

Weiguny, Sabine: Bionade. Eine Limo verändert die Welt, Frankfurt am Main 2009.

Welzer, Harald: Klimakriege: Wofür im 21. Jahrhundert getötet wird, Frankfurt am Main 2008.

Welzer, Harald: Täter. Wie aus ganz normalen Menschen Massenmörder werden, Frankfurt am Main 2005.

Welzer, Harald: Wissenschaftsläden. Ein Kapitel aus der Geschichte reflexiver Verwissenschaftlichung. In: Gerhard Gamm / Gerd Kimmerle (Hg.), Wissenschaft und Gesellschaft, Tübingen 1991, S. 181 – 201.

Welzer, Harald / Wessels, Sebastian: Wie gut, dass auch die Nonkonformisten konform sind. In: Merkur 9 / 10, 2011, S. 970 – 979.

Wenger, Etienne: Communities of Practice. A Brief Introduction, online: http://www.ewenger.com/theory/index.htm (Stand: 31.08.2012), 2006.

Wenger, Etienne: Communities of Practice. Learning, Meaning, and Identity, Reprint, Cambridge 1998.

Wissenschaftlicher Beirat der Bundesregierung Globale Umweltveränderungen (WBGU): Welt im Wandel: Gesellschaftsvertrag für eine Große Transformation. Hauptgutachten 2011, Berlin 2011.

Worldwatch Institute, Washington, D. C. (Hg.): State of the World 2010, Transforming Cultures. New York, London. Dt. Ausgabe: Zur Lage der Welt 2010, hg. v. der Heinrich-Böll-Stiftung, München 2010.

www.adz-netzwerk.de

www.archiv-der-zukunft.de

www.backhausen.com / returnity.php

www.murks.de

www.recyclingdesignpreis.org

www.regionalwert-ag.de

www.rolfdisch.de

www.schmidttakahashi.de

www.stiftung-intact.ch

www.zeitraum-architektur.info

ABBILDUNGSNACHWEIS

Bundesarchiv, Bild 183–37600–0004, Fotograf: Funck/Wendorf: S. 231.

dpa/picture alliance: S. 10 (Mary Evans Picture Library), S. 124, S. 179, S. 223 (Georg Göbel), S. 281.

J. H. Darchinger/Friedrich-Ebert-Stiftung: S. 97.

Elektrizitätswerke Schönau: S. 261.

Fotolia: S. 149 (Karin Eichinger), S. 212 (Jan Feierabend).

Dana Giesecke: S. 214.

Miguel Martinez: S. 195.

Stefan Müller: S. 250.

Okeanos Stiftung/Murray Watson: S. 272.

Shutterstock.com: S. 131 (Everett Collection), S. 175 (karlstury).

Dave Sims/Greenpeace: S. 73.

Mick Stevens/The New Yorker Collection/www.cartoonbank.com: S. 289.

Axel Thünker/Stiftung Haus der Geschichte der Bundesrepublik Deutschland, Bonn: S. 249.

www.fairkehr.net: S. 157.

Graphiken von Peter Palm, Berlin:

S. 13: Auf Grundlage: Angus Maddison, The World Economy: Historical Statistics (bis 2003), sowie Julius Bär, kaufbereinigte Berechnung (ab 2003 und Prognose).

S. 44–46: Auf Grundlage von Steffen, W., et al. 2004. *Global Change and the Earth System: A Planet unter Pressure*. Springer-Verlag, New York, New York, USA.

S. 90: Auf Grundlage von Rockström, Johan u.a.: Planetary Boundaries: Exploring the Safe Operating Space for Humanity. In: *Ecology and Society* 2009, 14 (2), S. 32.

PERSONENREGISTER

Erwähnungen in Anmerkungen und Literaturangaben sind mit kursiven Seitenzahlen gekennzeichnet.

Adorno, Theodor W.   116, 239, 257, 290 f., *301, 312*
Arendt, Hannah   239, *301*
Altmaier, Peter   109 f.
Altvater, Elmar   68, *302, 310*
Amery, Carl   98
Anders, Günther   68, 85, 163 f., 207, 230, *298 f., 307, 310*
Andreas Friedrich, Ruth   255, *309 f.*
Antonovsky, Aaron   189

Bahro, Rudolf   101
Bankoff, Greg   189 f., *305, 310*
Barkhoff, Wilhelm Ernst   264
Bischoff, Klaus   277 ff.
Bock, Kurt   58, *311*
Brecht, Bertolt   274 f., *309*
Buffett, Warren   274

Defoe, Daniel   67 f.
Diamond, Jared   14, *295, 303, 311*
Des Forges, Alison   181
Dichter, Thomas   236
Disch, Rolf   252, *308, 318*

Ecclestone, Bernie   37, *296, 314*
Elias, Nobert   12, 118, 161, 176, 187, 209, 223, 239, 248, *295, 308, 311*

Felber, Christian   262, *309, 311*
Festinger, Leon   32
Fetscher, Iring   176
Fischer, Joschka   101

Garfinkel, Harold   55, 85
Geißler, Heiner   101
Goedecke, Michael   283
Goffman, Erving   31, 239, 279, *301*
Graeber, David   *296*
Gruhl, Herbert   101

Hartmann, Kathrin   236, *299, 308, 312*
Hegel, Georg Wilhelm Friedrich   140
Hoffman, Bruce   *297, 312*
Horkheimer, Max   116, *301, 312*
Husserl, Edmund   136
Huxley, Aldous   22, 168

Illich, Ivan   98

Jens, Walter 98
Jonas, Hans 98, 207, 289, *305, 313*
Jorberg, Thomas 264
Jungk, Robert 98 f., *300, 313*
Jürgens, Ulrich 74

Kadushin, Ronen 192
Kahl, Reinhard *309*
Kant, Immanuel 15, 245
Kelly, Petra 101
Kowalsky, Peter und Stephan 265 ff.

Leipold, Dieter 265
Luria, Alexander 241, *308, 313*

Maak, Niklas 213, *306, 313*
Marker, Chris 242, *308, 313*
Marquard, Odo 254, *308, 313*
Marx, Karl 42, 60, 239, *297, 314*
Mateschitz, Dietrich 37 f.
McKibben, Bill 126, *301, 314*
McNeill, John R. 47, *296 f., 300, 314*
Meadows, Dennis und Donella 89, *295, 314*
Menasse, Robert 130, *301, 314*
Merkel, Angela 194, 251
Miegel, Meinhard 273
Mommsen, Hans 137
Musil, Robert 71, 172 f., 247 f., *304, 308, 314*

Nassehi, Armin 209, *306, 314*

Orwell, George 22, 168

Paech, Niko 111 ff., 156, *300, 302, 315*
Parsch, Ilona 283
Paulmann, Dieter und Hanna 270 ff., 273 f.
Peter-Leipold, Sigrid 265
Pini, Isa 283
Pinker, Steven 160 ff., *303, 315*
Pot, Pol 116, 138
Precht, Richard David 182, *304, 315*

Radkau, Joachim 105, 119, *297 f., 300 f., 315*
Raiffeisen, Friedrich Wilhelm 215
Randers, Jørgen 89, *295, 314*
Rifkin, Jeremy 69
Rockström, Johan 91, *300, 303, 315*
Rosa, Hartmut 80 f., 85, *299, 315*

Sanchez, Adriana 191, *305, 315*
Schereschewskij, Salomon 241
Schindler, Oskar 257
Schivelbusch, Wolfgang 60, *298, 316*
Schmidt, Jürgen 267
Schönhaus, Cioma 257, *309, 316*
Schridde, Stefan 268 ff., 270
Schütz, Alfred 55, *302, 316*
Seele, Peter 30
Servin, Jacques 281
Simon, Julian 51
Sladek, Ursula und Michael 252, 260 f., 274
Solow, Robert 51

Soros, George   238, 274
Stalin, Joseph Vissarionovich   138
Staudinger, Heini   258 ff., 262
Stehr, Nico   72, *298 f., 310, 316*
Stevens, Mick   289
Sutcliffe, Kathleen   141 f., 144, *302, 317*

Thomas, William   51
Trittin, Jürgen   101
Tse-Tung, Mao   138

Ullrich, Wolfgang   79, *304, 317*

Vamos, Igor   280 ff.
Von Humboldt, Wilhelm   58

Warhol, Andy   148
Weber, Georg   209, *306, 314*
Weber, Max   85
Weick, Karl   141 f., 144, *302, 317*
Wenger, Étienne   186 f., *305, 317*

Yunus, Muhammad   234 f., 237

SACHREGISTER

Erwähnungen in Anmerkungen und Literaturangaben sind mit kursiven Seitenzahlen gekennzeichnet.

abgeordnetenwatch.de 194
Adaptierungsfähigkeit 105
Altruismus 179, 190, *304, 314*
Anti-AKW-Bewegung 89, 97 ff., 194
Apokalypse 3, 89, 163
Apple 28, 76 f.
Arbeiterbewegung 103, 193
Arbeit(s) 63, 70, 132, 139, 142, 153, 156, 169, 192 f., 200, 218, 221, 280,
– teilung 63, 77, 132, 156, 202, 217, 291
– zeit 154, 191, 217, 219,
Architekturbiennale 213
Architecture for Humanity 192
Arduino-Projekt 192
assumptive world 55 f., 64, 232
attac 262
Aufklärung 15 f., 29, 64 f., 88, 103, 116, 291, *301, 312*
Ausgrenzungsgesellschaften 181
Autokratie 165,167

Bahrain 35 ff., 39, 42, 48 f., *296, 314*
Bedingungsloses Grundeinkommen 156, 218 f.

Bionade 265 ff., *309, 317*
Biosprit 77, 92, 94
Boykott *siehe* Konsumprotest
Bündnis '90/Die Grünen 42, 89, 101, 114, 119, 196, 220
Bystander-Phänomen 180, 225

Campaigning 72 f., 75
Car-Sharing 109, 154, 253, 285
carbon footprint 26, 86
carrot mobs 78, 194
China 11 f., 22, 34, 37, 112, 127, 167, 170
Commoning 216 f.
Commons 165, 188, 216, *305 f., 312, 315 f.*
communities of practice 185 ff., 188, 198, 257, *305, 317*
consumer citizenship 76, 78,
Corporate Social Responsibility (CSR) 269
Costa Rica 191
Crowd funding 216

Daimler AG 277, 279
Demokratie 29, 43, 105, 129, 135, 138, 159, 167, 169, 287,

- marktkonforme 251
- nachhaltige 220
Desertec 253
Dissonanzreduktion 32, 34, 91
Dow Chemical 281

Effizienzsteigerung 108, 110 ff., 113
Elektrizitätswerke Schönau (EWS) 260 ff., 265
Elektroautos 108, 155, 253, *308*)
Emissionen 19 f., 33, 104, 106 f., 112, 119, 121, 128, 154,
- Wirkung von 120
- Handel mit 121 f.
Empowerment 274
Energie(-) 7, 19 f., 24, 38, 49, 57, 61 f., 66, 82, 86 f., 106 ff., 110 ff., 114, 132, 137 ff., 208, 252, 260
- fossile 66, 68, 126
- wende 66, 97, 99, 113, 125, 250
Entsolidarisierung 181
Entzivilisierungsprozess 161, 162, 171
Ethnomethodologie, *siehe auch* Garfinkel, Harold 55
Eurokrise 59, 91
Europa 12, 14, 26, 36, 68, 161, 166 f., 211, 234, 245, 287
Expansion s. a. Kulturmodell, expansiv 66, 92 f., 138, 146, 167, 208, 246, 284, 286
Extraktivismus 18 f., 23, 90, 93, 102, 125, 287
Europäische Zentralbank (EZB) 123, 238

facebook 22, 120, 168
Feudalismus 59 f.
Finanzkrise 11, 215 f., 237, 251, 263 f.
Fleischkonsum 34, 165
Formel 1 35, 37 f.
Fortschritt 9, 41, 66, 68, 70, 84, 95 f., 102, 106, 122, 146, 208, *300, 302, 313*
Freifunk-Projekt 193
Fremdversorgung 117, 134, 191, 205, 211, 215, 243 ff., 246, 261, 289
Friedensbewegung 194

GEA 258 ff., 262
Gedächtnis 54, 241 ff.
Gehirn 175, 241, 248, *311*
Gemeinwohlökonomie 262, 288, *309, 311*
Generationen-
- konflikt 36, 65
- vertrag 21
Genossenschaften 109, 140, 152, 154, 156, 158, 215 f., 221, 252, 264, 267
Genozid(-)
- forschung 181
Geschichtslosigkeit 102, 104 ff., 109, 205, 241, 245
Gewalt 21, 49, 160 ff., 164, 166 f., 169, 181, 189, 296 f., *303, 312, 315*
global governance 170
global postwar era 171
Globalisierung 12, 37, 39, 51, 94, 162, 165 f.
GLS-Bank 263 ff.
Glühbirne 268

Google 22, 41, 87, 120, 168, 241, 247
green
- economy 125, 220, 284,
- energy 113
- growth 110, 113
- new deal 110
Green Music Initiative 282, *309*
Greenpeace 72 ff., 77, 196, 274

Habitus 13, 54, 57, 64 f., 252
Handlungsspielräume 222, 225 f., 231, 286, 292
Herforder Recyclingbörse 187, 213, 226, *318*
Hilfeleistung 182, 188, 191, 224, 256
Holocaust 71, 160, *303*
Hospiz 210, *305 f.*, *310*
Hunger 49, 92, 271

IKEA 23 f.
Individualisierung 60, 63, 209
Industrialisierung 43, 50, 53, 57, 59 f., 64, 121, *298*, *316*
- frühindustrialisierte Länder 11, 13, 29, 43, 50, 61 f., 65, 95 f., 101, 149
Industrielle Revolution 49, 57, 63, 67 f., 138, 140, *298*, *310*
Innovationen 108 f., 235, 253
Interessengegensatz 126, 285, 287

Jugend 67, 89, 98 f., 159, 195 ff., 198 f., 218, 248, 273, 283, *305*, *316*

Kalter Krieg 59, 166
Kapitalismus 63, 79, 82, 85, 94, 100 f., 110, 114, 122, 125, 130, 132 f., 146, 154 f., 175, 177, 215, 218, 221, 252, 263, 278, 287 f., *302*, *310*
Klima(-) 18, 33, 69, 87, 117, 122, 252
- forschung 33, 68 f., 71, 93, 115 ff., 118, 126, 134 f., 141
- politik 33, 121 f., 285
- schutz 87, 103, 115, 122
- wandel 11, 33 f., 114, 118 ff., 123, 125 ff., *295*, *303*, *311*, *313*
Komfortzone 19, 128 f., 133, 174, 230, 237, 287
Konformität 228
Konkurrenz 63, 77, 176 f., 184, 232
- um Rohstoffe 12, 90, 166, 169
Konsum(-) 78 ff., 81 f., 120, 154, 176, 216, 222, 260, 289, *299*, *310*, *312*, *315*
- bürger 41, 78 f.
- ethik 75
- moralischer 76 ff., 79, 86
- strategischer 75 ff., 78, 82, 86
Konsumentenverantwortung 78, *298*, *312*
Konsumismus 16, 21, 39, 48 f., 79, 125, 252, 258
Konzerne 103, 165, 168 f., 287
Kooperation 80, 178 f., 259, 262
- menschliche 175 f., 182 f., 191, 213, 228, 290
Kredite 46 f., 48, 205, 234 ff., 264
Krisen 59, 91, 132, 168
Kulturelle Bindungen 66, 69, 94, 118, 140, 181, 232

Kulturen 54, 94, 113, 158,
- lokale 158, 182, 184 f.
- der Zugehörigkeit 183
Kulturindustrie 80
Kulturmodell 43, 48, 54, 68, 95 f., 146, 197, 207, 210, 243
- expansiv 10 f., 58, 125, 207
Kulturtechniken 199,
- des Erhaltens 211 f., 215

Lebenslanges Lernen 58, 175
Linux 192
Loyalität 180, 228

MacPlanet 194
Mikrogenossenschaften 152, 154, 158
Mikrokredite 48, 234 ff.
Mini, Automobil 24
Mobilität 17, 59 f., 65 f., 74, 107, 120, 131, 135, 139 f., 157, 164, 216, 277, *302, 310, 314*
Moralisierung des Marktes 72, 74, 77, *298 f., 310, 316*

Nachhaltigkeit 29, 79, 86 f., 103, 108, 128 f., 134, 138, 171, 196, 202, 229, 266, 269, 271, 273
Nationalsozialismus 21, 68, 75, 77, 137, 146, 181, 183, 224 f., 257, *300 f., 303 f., 307, 309 ff., 313*
Natur 52, 58, 102, 116 f., 137
Neoliberalismus 13, 21, 177, 196, 215, 237, 251, 281
Neuropa 170
netzpolitik.de 194
New York Times 280 f., *309*

Obsoleszenz, geplante 211, 269
Okeanos-Stiftung 271 ff.
Ökologiebewegung 72, 88, 96, 100, 102
Ökonomie 62, 74, 77, 92, 99, 118, 156, 175, 186, 251, *301, 317*
- moralische 178, 191, 291
Open Prosthetics Project 193
OpenWear 192
Open-source-Projekte 192
Opposition 35 f., 39, 49, 105

Passivhaus 105, 111 f., 135, 216
Phantasie, moralische 68, 172, 230, 253, 291
Philippinen 189 f., *305, 310*
Postdemokratie 219, 290, *307*
Privilegien(-) 17, 42, 130, 239
- verzicht 130 f., 222, 287
Psychogenese 57

Red Bull 37 f., 42, *296, 315*
Regionalökonomie 156
Reparieren 155, 211 f., 215
Repolitisierung 221
Resilienz(-) 188 ff., 216 f., 236, 244, 289,
- gemeinschaften 188 ff., 191 f., 199
- strategien 117
Ressourcen 50 ff., 53, 58, 74, 110, 114, 155, 162 f., 121, 127, 184, 187, 191, 205, 207, 212, 215, 288, *303*
- Konkurrenz um 12, 92 f., 166
- Übernutzung von 20, 29, 34, 52, 91, 120 f., 129, 162, 165
Rimini Protokoll 277 ff.

Scheitern 14, 16, 94, 159, 162, 168, 197, 267, 283 f., 288
Schweizer Bahn 276 f.
Selbstentmündigung 16, 29, 85
Shell Jugendstudie 195 f., *305*, *316*
Skandalisierungen 74, 76 f., 104
Smart meters 253
Smartphone 83, 85 ff., 240, 260, *299, 312*
Sofortness 47
Solaranlagen 106, 214, 253
Solidarität(s) 177 f., 181, 226, 228, 262, *304, 313*
– beziehungen 180,
Sozialpsychologie 32, 180, 228,
Soziogenese 57
Sparsamkeit 43, 46, 204 ff., 230
Status, sozialer 168 f., 234
Strukturwandel 156 ff., 159, 193 f.
Subsistenz 271
Systemkonkurrenz 11, 43, 50, 59

Tauschen, Tauschbörsen 155, 217
Technologie 7, 97 f., 111, 113, 118, 272
Tod 208 ff.
Totalitarismus 16, 21 f., 39, 49, 98, 135, 168, 211, 215, 226, 256, *301 f.*
Transformation 12, 57, 65 ff., 68, 79, 102, 118, 130 f., 133 f., 140 f., 170, 182, 184 f., 187, 198, 218, 238, 257, 260, *297 f., 317*
Transparenz 168, 262

Treibhausgase 91, 107, 112, 120, 122, 126, 134,
Triodos 263
Trustokratie 41

Überwachung 22, 40, 99, 168
Umnutzung 108 ff., 212 ff., 215, 283
Umverteilung 165, 236
Umweltprämie 21
Ungleichheit, soziale 29, 49, 125, 128, 160, 184, 226, 291
Upcycling 212 f.
Utilitarismus 174, 178

Verfügbarkeit, materielle 46, 50, 80 f., 162, 244
Verschwendungskultur 20, 129

Wachstum(s) 24, 50, 52, 57 ff., 66, 68, 90, 108, 113 f., 128 f., 133 f., 208, 284, 288, *311*
– Grenzen des 89, 91
– prinzip 59, 127
– qualitatives 110
– religion 49
– wirtschaft 29, 38, 43, 47, 49, 51, 53, 128, 138, 162, 220, 258, 268
Wegwerfgesellschaft 269
Weltwirtschaftskrise 20, 46, 59, 259
Wertschöpfungskette 20, 75, 78, 155 f., 205, 243, 262, 271, 287
Wettbewerb(s) 16, 38, 63, 66, 177, 253
– fähigkeit 63

Widerstand 23, 74, 78, 99, 108, 127, 130, 132, 227, 229, 255, 260, 270, 282, 287, 289 ff., 292
– politischer 98, 127
Wikipedia 192, 247
Windräder 111, 113, 214

Wirtschaftskrisen 20, 166 f.
Worldwatch Institute Washington 297, 317

Yes Men 280 ff.

Harald Welzer
Klimakriege
Wofür im 21. Jahrhundert getötet wird
Band 17863

Kampf um Trinkwasser, Massengewalt, ethnische »Säuberungen«, Bürgerkriege und endlose Flüchtlingsströme bestimmen schon jetzt die Gegenwart. Die heutigen Konflikte drehen sich nicht mehr um Ideologie und Systemkonkurrenz, sondern um Klassen-, Glaubens- und vor allem Ressourcenfragen. Der Autor plädiert für ein neues Denken und zeigt, was jetzt getan werden müsste, um Menschheitskatastrophen abzuwenden.

»Ebenso kluge wie gut recherchierte
und blendend geschriebene Bestandsaufnahme
unserer ökologischen Zukunft.«
NZZ am Sonntag

Fischer Taschenbuch Verlag

Claus Leggewie
Harald Welzer
Das Ende der Welt, wie wir sie kannten
Klima, Zukunft und die Chancen der Demokratie
Band 18518

Finanz- und Wirtschaftskrise, Klimawandel, schwindende Ressourcen und der Raubbau an der Zukunft der kommenden Generationen bilden einen sozialen Sprengstoff, der bald explodieren könnte. Die Autoren analysieren die Auswirkungen der sich auftürmenden Krisen des Kapitalismus und zeigen, wie die Demokratie in Gefahr gerät, wenn sie keinen Weg aus der Leitkultur der Verschwendung findet. Das Buch ist ein leidenschaftliches Plädoyer für eine Erneuerung der Demokratie von unten und eine Ermunterung für alle Initiativen, die andere Formen des Wirtschaftens und Lebens einüben und dabei nicht auf den Fetisch Wachstum, sondern auf Gerechtigkeit und Nachhaltigkeit setzen.

»In seiner Beharrlichkeit, seinem Realismus und der Aufforderung zum Handeln, die an jeden Einzelnen gerichtet ist und sich nicht in abstrakten Mutmaßungen verliert, gehört ›Das Ende der Welt, wie wir sie kannten‹ zu den interessantesten Beiträgen, die zuletzt zur Finanz- und Klimakrise erschienen sind.«
Frankfurter Allgemeine Sonntagszeitung

Fischer Taschenbuch Verlag